教育者的自我修炼

格林 \ 著

清華大學出版社
北 京

图书在版编目(CIP)数据

教育者的自我修炼 / 林格 著. -- 北京 : 清华大学出版社, 2015(2019.6 重印)

ISBN 978-7-302-39069-5

Ⅰ. ①教… Ⅱ. ①林… Ⅲ. ①教育学—研究—中国 Ⅳ. ①G40

中国版本图书馆 CIP 数据核字(2015)第 017231 号

责任编辑：张立红 张 艳
封面设计：曹媛媛
版式设计：方加青
责任校对：邵怡心
责任印制：李红英

出版发行：清华大学出版社
网 址：http://www.tup.com.cn，http://www.wqbook.com
地 址：北京清华大学学研大厦 A 座 邮 编：100084
社 总 机：010-62770175 邮 购：010-62786544
投稿与读者服务：010-62776969, c-service@tup.tsinghua.edu.cn
质 量 反 馈：010-62772015, zhiliang@tup.tsinghua.edu.cn
印 装 者：北京彩虹伟业印刷有限公司
经 销：全国新华书店
开 本：148mm×210mm 印 张：9.75 字 数：250 千字
版 次：2015 年 5 月第 1 版 印 次：2019 年 6 月第 2 次印刷
定 价：60.00 元

产品编号：061666-02

自　序

教育是一种状态

教育的希望在于教育者的深度觉醒，从这个意义上来说，一切的教育归根结底是教育者的自我教育。

教育的最高境界是一种生命状态，换言之，就是教育者以自己的生命状态去唤醒、激活孩子的生命状态，德国著名的哲学家雅斯贝尔斯说，教育就是，一朵云去推动另外一朵云，一棵树去摇动另外一棵树……

教育的全部过程应当是教育者不断修炼自己的教育状态，甚至状态。以前我经常讲，读万卷书不如行万里路，行万里路不如阅人无数，阅人无数不如跟随成功者的脚步，跟随成功者的脚步不如高人点悟，高人点悟不如自觉自悟，讲的就是教师提升自己状态的过程。

修炼到一定程度之后，您站在那里，不需要说话，自身就是教育，教师即教育也。又如用杯子盛水，到一定高度后自然流溢出来的，才是真正的教育。

教育者的状态，不仅在于具备丰富的学识和高深的涵养，更在于形成独特的个人魅力和个体气场，进入一种清晰、生动、美好、积极、自由的人生状态。教育者修炼内在之美的过程，对个体的生命发展而言，具有自我解放与自我超越的双重价值。

如此，教育者有了高度，有了内在之美，情绪是不需要人为刻意控制的，而是内心自然而然地柔和起来后，自然得意的。真正的教育，绝不仅仅是讲道理、传授知识，更不仅仅是开发孩子的智力，而是把自己精神的能量传递给孩子，维护孩子的心力，让他成为一个内心强大的人，一个能承担后果，能应对变故，能改善自身和环境的人。

归根结底，人的状态由以下两个元素来构成：

气场

“气”在中国文化史、科技史、思想史上均占有重要地位，是一个常用的概念。气是很难解释的。有生命就有气。气是刻在人身上的无形的精神符号。我们常常说一个人气场强大，是指这个人的精、气、神的能量在扩散、传递给周围的人，具有强大的由内而外的影响力。

在教育上，很少人引用“气”的概念，其实，从某个角度上看，教育的过程恰恰也是运气、然后收敛为一股平静之气的过程。气顺则人顺，气和则人和，人都是在一种生动的气韵中生活、成长的，因此，为孩子提供一种气韵生动的“场”，是孩子的心灵得以滋养的唯一途径。甚至可以说，平静而生动的气韵是涵养孩子美德的大格局。

气韵是人内在的神气和韵味，是鲜活生命洋溢的表达。人心是“气韵”

的生发之源。**教育的本真，就是以自己的平静心情，涵养孩子的平静心情。**教育者之美，不在于外貌，而在于“平夷”的美好心情。好的教师，站在那里就是教育。

人生需要有方向、需要有格局，然后不断提升自己，全面造就自我，修炼自己的气场。饶宗颐先生讲到全面造就自我之道在于：忍耐+精进。

关于忍耐。忍耐是感觉上很难受的事情，忍耐才能坚持到底，进而豁然开朗，忍耐确实是人最伟大的地方。雄心的一半是耐心，另一半还是耐心。忍耐应当是一门值得研究的学问。在佛教中，忍是属于自在的第一境界（戒）向第二境界（定）迈进的基本方法，也是实现第三境界（慧）的前提。学会忍耐了，心胸才会宽广，心胸宽广了，才能装下知识和财富。有人说，人的心胸是冤枉撑大的，不无道理。就我们常人而言，忍耐是很难做到的，因为它需要我们坚决地和自己的欲望、快感做斗争，更需要一种异乎常人的远见卓识与坚定意志。特别是在确定了一件事情，并坚持到一定程度将要发生质变之前，会出现一种难以忍受的难过。人一般在这个时候出现两极分化，忍耐到位的人，巨大的快感会不速而来，突然出现在你面前的是一种从未意料到的欢喜，欢喜在拐角的地方！没有忍耐到位，就将前功尽弃，一事无成。冯仑说，伟大是熬出来的，很形象，很准确。

关于精进。精进是人内心超越必然之路，每天进步一点点，有一天必然会实现飞跃、甚至飞翔，人的内在是螺旋式上升的。精进是分阶梯的，阶梯是人内在精神生长的基本过程，也是基本规律，就像王国维所说的人生三阶，第一阶是独上高楼，望尽天涯路；第二阶是衣带渐宽终不悔，为伊消得人憔悴；第三阶是蓦然回首，那人却在灯火阑珊处。精进之道，在于修炼自身的气息与气场以及状态，不断地精进，将不断提高自身内心世界丰盈程度。精进的途径无非是内省与感悟，内省是扩胸运动，使人有智慧，而感悟是益智运动，感悟后的东西才能算是自己的东西。

虚静

虚静，是教育者最美好的状态。虚者，居善地，将自己放到低处，自然海纳百川；静者，如佛一样，安静至极，从不说话，永远闭着嘴，而拜佛者自省自觉。

虚静是一种意识，有静有空，就能变通。老庄认为“虚静”是自然的本质，是生命的木质，是艺术的本质。老子把虚静作为一种人生态度，认为只有排除一切杂念，让心灵虚空，保持内心的宁静和澄明，才能以更明了的目光去观察大千世界。庄子认为人要达到虚静的境界，必须忘了世间万物，忘了自己的存在，远离世俗一切利害关系，不受私欲杂念干扰，以无知、无欲、无求的心态去感受世间的“道”达到物我同一，达到“物化”的状态，才能真正地体会自然，认识自然。由此，人必须回归到生命原始状态的“空”“虚”“静”，才可能真正看清自我。

教育是一种静的哲学。水静成镜像，心静生智慧。静方能归一，而万物循序生长。教育者之美如水，静水流深。但，树欲静而风不止，静是很不容易实现的。心要静，要有远见，站在将来看现在；心要静，要有大宇宙观，人在世界中只是尘埃一粒；心要静，要有宽阔的胸襟，大其心方可容天下万物；心要静，要有大爱……何其难？可心不静，一切教育都是无力的。心能不能静，是由我们如何看人生、如何看世界、如何看问题的态度来决定的。任何时候看问题，要整体地看，要积极地看，要发展地看；要以一种更加超越的时间、空间、内容三维度，把自己放到一个渺小、无用、庸常的位置上去看。

虚是教育的美学意蕴之一。虚以实之，实以虚之，乃教育之道也。所谓虚，就像用手抓沙子，过紧、过实，沙子都会从指缝间流逝，而虚以为之，沙子则能存乎其中；所谓实，就是学生的自我意识，就像牵着牛鼻子吃草，过度的“执着”，其实控制的是牛的“自我”。每个学生的自我里，也都隐藏着他们各具特色的自主、计划、创造。**教育实践上，一是虚心，向学生学习，有问题找学生；二是虚空，心态归零（笛子因虚空而鸣），学生的“主动”必然呼之欲出。**

虚静之气是一种修为，但不是虚幻不可及的。它投射到实际生活中，是人的内心、情感、气质的发展。它有一条可实现的基本通道，就是“体验”。经由体验的通道，每个人都能够发现自我、认识自我、肯定自我、超越自我甚至创造自我。

目　录

教育者的自我修炼

金

*

教育的灾难就在于所有人都以为自己懂得教育，谁都可以说几句“懂得”的话，有时候甚至是情绪化的谩骂、指责、批评，全民“懂得”实质就是全民“愚昧”。

我做了十几年的教育，到目前为止，我不敢说我懂教育，每次说起都渴望回到生命的起初——童年，重新来认识教育这个伟大的命题。

*

很多人说，童年的梦是彩色的，不过我童年时的梦总是黑白的。我记得童年经常做的一个梦总是弥漫着江南水乡的风致，这个梦到如今都时常萦绕在自己的思想空间里，似乎在左右我的很多选择。

童年的梦啊，将影响人的一生，和这个景象最为契合的是戴望舒的《雨巷》：撑着油纸伞，独自彷徨在悠长、悠长又寂寥的雨巷，我希望逢着一个丁香一样的结着愁怨的姑娘。

童年是一个人一生的原动力，童年的梦想世界，隐含了一个人一生成长的密码。做教育，我经常倡导教师和父母，**要千方百计守候每一个孩子美好的梦想，因为这关系他一生的自由和幸福。**

*

从某一种角度上看，**童年的本质应当是自愿。**

如果是孩子自愿的，报再多的班，学再多的东西，都不至于毁坏孩子童年。如果不是孩子自愿的，任何的学习和经验，都是痛苦的，都违背了“人之性”，因而失去了童年。

童年的一切记忆，都是一个人成长的珍贵种子。而我们现在孩子的童年正在“消逝”……

*

13岁之前最好在农村度过。13岁之前，在成长规律中，属于浪漫时期，浪漫时期应当以大自然为师，充分体验，充分自由想象，经历一些苦难。农村无疑是最理想的场所。

*

在都市里生活，难免局促疲惫，如果能抽出几天时间，回到童年的生活处所，或许那是一望无际的乡野、林地，甚或城镇里爸爸妈妈的一间小卖部，人群混杂的大杂院……我们总能从中汲取精神能量与地气、感知到它的温度和安全，然后我们离开，精神恢复，中气十足。大概这就是童年之必要吧。

*

人是从大自然中走来的，自然将赋予了每一个人的童年以特质，这种特质在他的一生中，将融入他的性格、气质甚至为人处世的风格之中。

比如，在水边长大的孩子具有特殊的灵性，这一点，在沈从文的《边城》以及他所有的文学作品、学术研究中可以感觉到。湘西那湾沅水，不但滋养了两岸的生命，也滋育了沈从文的如水般的性情，所以，他的小说、散文大都与水有关，可以说，对水的生命体验，培养了沈从文特殊的审美心理，转化成他笔下优美的诗意。没有一个人不喜欢这种水灵、美丽与流畅。

*

孙云晓是一位箴言式的教育家，特别是在推进我国素质教育进程中做出了重要的贡献。他对教育的认识是深刻且充满远见的，对人、对人的童年的本质具有一种独特的敏感与通透的认知。

孙云晓是在青岛海边长大的，他尤为欣赏法国作家雨果的名言："比海洋宽阔的是人的心胸。"在他看来，大海是一本书，一本永远读不完的书。孙云晓在接受媒体采访时常会提到一首青岛的《海边儿歌》：

大海大海我问你，你为什么这么蓝？

大海唱着回答我，我的怀里抱着天。

大海大海我问你，你为什么这么咸？

大海唱着回答我，因为渔人流了汗。

应该说，这首儿歌所流露的海的大美与海的深邃，深深地植入了他的内心，影响了他的文学创作之路，甚至成为其教育研究的基点与原动力。

*

无论是在水边长大、在大山里长大，还是在草原上长大，他们的童年都带有大自然的精神密码，这种自然密码将影响他的一生。

而如今，在钢筋水泥丛林里长大的孩子，童年是有缺憾的，因为他们没有真正与大自然对话过，内心也没有被大自然融化过，加之媒体的强大冲击，童年的本真几近消逝。而童年，对人的一生是起根本性作用的。

几年前，我曾经在广东的一所乡下小学做过一次演讲——《12岁之前最好在农村度过》，那次全村的村民都来听了，好几位村民听完以后，眼睛里含着泪。我想，这个教育主题适合所有人，不是城里人专享的。

*

在我的童年的记忆中，最为难忘的莫过于知了的声音了。知了分三类，叫声也分先后，其中比较著名是的"大黑知了"，一般夏天最先出现，叫声字正腔圆，像是宣告夏天来了，可以叫作“迎夏儿”；然后出现的是小种的，到了伏天才出现，叫声也“伏天伏天伏天”的，像是天热专门给人添烦的，因其声音个性，可以称之为“伏天儿”；最后入秋后还有一种小蝉，翅膀微蓝，叫声“威威威威哇”的，拖长音，傍晚叫得特起劲，可以命名为“威哇儿”。

小时候，家门前有一棵很老的柚子树，那是各种知了的家，在不断摸索中，我们学会了如何将蜘蛛网收集起来，团成一团，粘在长长的竹竿头上（南方活捉知了最好的工具）。每年暑假，捉知了都是一场童年里最为璀璨丰富、美妙无比的“盛宴”。

回想起来，这场童年的“盛宴”几乎揭示了儿童学习的真谛：

一、儿童是天生的学习者。儿童的天性是活动、是创造的，人在活动中通过感悟、总结而实现创新，创新是学习的最终呈现。如何捉知了，分几个步骤，怎样的蜘蛛网黏性强，如何避免知了被惊扰了而逃离，如何集中眼神准确黏住知了的翅膀，等等，无不透显新奇和快乐。

二、学习的过程是情感的培养过程。首先要认识的是“痴迷”和“专注”两种情感。只有伴生“痴迷”和“专注”的学习才是最为接近学习本质的学习，是天然的，而非控制的。小时候去捉知了，往往痴迷到需要妈妈“喊你回家吃饭”，也不知道中午最是高热、人是会被晒中暑的，其实那时候估计比现在还热，只是没有网络、电视去炒作高温现象，也没有官方发橙色预警罢了。

三、人的有效学习，应当是将所有感知器官调动起来以后的学习。知了美妙的声音，捉来知了用泥巴包好后烤熟后的美味和香气，用手触摸蜘蛛网，用眼睛去搜索知了极具隐蔽性的洞穴……在整个活动过程中，几乎调动了我们的所有的感知器官，使得学习产生了意义。

*

童年是不需要策划，也是不能策划的，不同的童年记忆，构成了一个人成长的原动力。

而童年，总是与游戏联系在一起。

总是记得，童年的时候，如何顶着酷热的太阳，用土办法去捞鱼，用蜘蛛网团成一团去粘知了，甚至做一些坏事，比如，学习《地雷战》，在山路上挖一个洞，用杂草和虚土覆盖上，旁边写上“小心地雷”，等待人落进陷阱……另外，童年对于玩具的向往和追求，也将影响一个人的价值观，甚至影响他一生的价值观。

在游戏中，贯穿着人的一种高级本能——学习。真正的学习，是充满情感的，比如兴趣、自由、痴迷，这是学习的本质和真相。从这个意义上说，如何引导孩子学习，如能回归到人的生命发展原点上来思考，就会豁然开朗。

总之，没有游戏就没有童年，甚至一个人成年了，他心中的“游戏”和“玩具”也会跟着成长，再看我们周边的成人世界，不会玩的人是不好玩的、无趣的。

*

龙应台说，上一百堂美学的课，不如让孩子自己在大自然里行走一天；教一百个钟点的建筑设计，不如让学生去触摸几个古老的城市；讲一百次文学写作的技巧，不如让写作者在市场里头弄脏自己的裤脚。**玩，可以说是天地之间学问的根本。**

玩，是一个重要的教育问题。如今我们的孩子除了玩游戏，已经不会玩了。**玩的实质就是体验，就是触摸，就是同伴教育，就是兴趣，就是感知训练，就是趣味思维的强化，就是小脑和大脑的协同作业……不会玩的孩子，是不会有前途的。**

*

曾经读了《读者》微博上的一段对话：

一家人围着6岁的儿子问他的理想，儿子说他想当医生。外婆说医生好，社会地位高。奶奶说待遇也不错。爷爷说除了工资还有其他的收入呢！外公说更重要的是以后找对象方便。父亲听后，满意地问儿子为什么想当医生。他说："不是说医生可以治病救人吗？"

读了，我觉得心情很复杂。我周围的朋友有时问计于我，孩子应当上什么学校、应当找怎样的单位上班，我又何尝不是和这位孩子的外婆、奶奶、外公一样，分析其好处坏处、未来前途收入待遇，然后就会自以为是地告知现实的意义和价值。以为是为孩子好，实则害死了孩子，因为孩子内心里的纯真、清高、理想，就是这样被我们这些所谓的"大人"掐杀了。再有，我遇见的许多大人物或者大教育家，一碰到他自己的儿女孙子问题时，也难以脱俗。

其实，孩子是对的，我们都错了，是因为我们看不远，把孩子逼到促狭处，没有人来保护他们的自由与干净……随着童年的消逝，最后也变得和我们一样功利和无聊，他们还会把这种功利继续传下去，成为家世的消极与无奈。

*

李贽的《童心论》是明晚期最重要的文化思潮，无童心则无真心，心体莹然方可归于本真。而教育之本质是以本真之心唤醒本真之心，人之生命价值方可得到激扬。

教育真正的敌人是世故之心，世故的最重要特征是"不会感动"。《易经》云“咸心”为感，感动是要用整个心去融入，是无法营造的。有一颗时时能感动的心，也就有了侠骨柔肠，有了生活的动力。感动是万能钥匙，能开启心灵之门。

*

与皇甫军伟对话。

分析诸多教育难题的发生原因时，涉及其中一个最为根本的原因：恐惧。

我们的孩子从懂事开始，就开始被笼罩在大人施加的恐惧情绪之中，比如“不好好学习，将来就找不到好工作”、“如果不听话，就把你送给拣垃圾的”、“如果还玩电脑，打断你的手指”、“你是世界上最没出息的人，你看别人家的谁谁谁……”

除了这些显性的恐吓以外，更有大量隐性的恐吓，比如“只要你把学习搞好了，你就什么都不用管了”、“写作业都写不好，你还想当比尔·盖茨，别做梦了吧”、“作业做好了吗”，等等。

不一一列举了，数不胜数，罄竹难书（不是阿扁说的那个），对于幼小的心灵来说，这些恐吓，其危害性远远高于“香烟”、“毒品”。

世界著名媒化文化研究者和批评家波兹曼在《童年的消逝》中强调了媒介对儿童的伤害，但忽略了恐惧情绪这个让童年消逝的罪魁祸首。

在恐惧中成长的孩子，不出问题就是不正常的。而且更为恐怖的是，这种恐惧将伴随孩子的一生，让他们在后来的生活和工作中，无法接纳自己，经常处于自卑之中。

皇甫军伟建议老师和家长：好好的话，好好说。一句话，10%是语言，35%是语气，55%是表情。

*

给广东普宁华侨中学校报拟了一段话，该校的精神主张是——和谐发展，卓越创新，所以我将该精神主张嵌入其中：

春天到达田野，青草自然生长；
阳光照进心间，鲜花意外开放。
用一颗心灵温暖另一颗心灵，教育激扬生命；
以一份真爱孕育另一份真爱，人性焕发光辉。
总有一股力量，让我们携手同行，和谐发展；
总有一种信念，让我们迎接未来，卓越创新。

在这所学校里，我感受到的最强烈的是阳光的味道，我渴望所有学校都弥漫着阳光的味道，所谓“阳光照进心间，鲜花意外开放”，因为只要我们把心门打开，让阳光照进来，我们的身心将健康、自在，从而呼吸灵魂的香味。

关于阳光，有两个著名的典故：

一、“万物生长靠太阳”，二、“不要挡住我的阳光”。

这里转述一下“不要挡住我的阳光”：

亚历山大站在正躺着晒太阳的第欧根尼前面，说：“我是马其顿帝国的国王亚历山大。”亚历山大又问：“我能为你做点什么？”第欧根尼说：“请你走开，不要挡住我的阳光。”

权倾四海的亚历山大认为，他能做的事一定是第欧根尼渴望的，因为在他看来，权力使自己无所不能。而第欧根尼却是无欲无求，他需要的只是阳光。

因此，亚历山大长叹一声：“如果我不是亚历山大，我愿意做第欧根尼。”

第欧根尼在古希腊罗马时代被奉为“躺在瓦罐里的思想家”，他活得坦然自在，不违己心。世俗的王权的法杖似乎无所不能，但在他眼里，比不上眼前的阳光更重要。王权使人压抑、窒息，而清澈的阳光则让人轻松惬意，温暖心房。

*

“空空如也”这个词里，蕴藏着一种哲学之美，空，然后生万物，老子亦云：万物生于有，而有生于无。教育何尝不是如此。

我们应当为学生建立一个“空”。在教育教学上，如果没有领悟到“空”的哲学，那么教育者就会在孩子面前俨然成为知识的“代言人”，误以为“真理”掌握在自己手里。那么，教育的意义已经全部失去，北京许多名校的教师都是这样的，越优秀的老师就离真教育越远，因为方向不对……

真正的教育是，我们带领孩子一起走向知识，共同去体验、发现、享受、创造知识。

*

优秀的人都是自学成才的。

近代最有名的儿童心理学家皮亚杰说，一切真理要由学生自己获得，或由他们重新发现，至少由他们重建。可见，发现与重建是自学能力的两个关键因素，换言之，引导学生发现和重建知识的价值与意义，应当是学生自学能力培养的基本方法。

以培养学生自学能力为核心的课堂文化构建，还需要融入四大具体意义的操作指向：

一、概括。没有概括就没有自学，概括能力的培养是自学能力培养的前提。

二、生成。所有知识都是在引导生成中，逐渐发展为学生自己的悟性认识，并进而成为学生的自我经验体系。

三、评价。从教师的评价逐渐转换为学生的自我评价，这是自学的成功内在机制之一。

四、合作。实质的合作，实质的协同机制，需要在与同伴的对话、提问、思辨中进行由浅入深地探究和提炼。

*

实现不教而教，就需要教育者转变角色，从根本上建立教育者与受教育者之间科学的关系体系。

每一个角色都隐喻着不同的矢量，因此，只要能选择好的角色，就可以实现能量转换，把能量以不教而教的方式传达出去。实际上，这也是转变教育观念的实质所在。

*

做“火柴”，不做“蜡烛”。

长期以来，我们教育者以蜡烛自喻，认为燃烧自己照亮别人，是伟大教育者的情操与美德。实际上，这个“自喻”表明了教育者的内心的虚弱与执拗。

我们的孩子内心里都有永不熄灭的“蜡烛”，这根蜡烛潜藏着无限的能量，教育者的任务是做一根火柴，点燃孩子心中的光明与温度。

如何点燃这根火柴呢?

首先我们需要简单了解一下学习与学习兴趣的形成。

人类是天生的学习者，学习是人类自身发展的需要，是和动物一样的生物性特征，是保留在基因中的信息。比如刚出生的小牛犊要站起来，它用力把前面的两条腿伸直，支撑起身体的一部分。它开始活动后腿，用力一蹬，不但没有站起来反而摔倒了，重新爬正后，前后腿一起用力，然后站起来了，晃晃悠悠地站起来了！踉踉跄跄地站起来了，迈着步，走着、跑着、蹦着……这是一幕明显的学习、成长过程，又是一幕多么生动的生命本能活动。而人是一种非凡动物，人有意识，人具有想象力，人的学习超越生物的本能活动，学习是人的天赋，热爱学习是人的生命本性，当学习者全身心地参与到学习过程中的时候，当学习者感触、体验到学习与自身生命变化和发展相联系的时候，特别是当他们积极主动探索、发现和发展的时候，学习就会变得那样快乐、美好、高效、创新。学习对于人来说，是一个永不枯竭的源泉，人会在学习中产生新的学习需求，人的思维也在不断学习的过程中产生更多的快感，这就是学习的动力。

因此，火柴的作用就在于——激发孩子，强化其学习动机。

当孩子充满乐趣地学习时，无论环境多么困难艰苦，他都感到快乐，甚至感到无比的快乐。北京史家胡同小学的著名特级教师孙蒲远就是一个善于激发孩子的“明师”：

我总是鼓励孩子有自己的见解，有自己的特色。特别是造句和作文的选材，在高年级最好不要千篇一律。

我记得让孩子仿照《落花生》一文，写借物喻理或借物喻人的文章。全班40多个孩子选40多样东西来写，有写鹰的拼搏精神的，有写松树和梅花的坚强性格的，有写爬山虎不懈攀登的精神的，有写蚯蚓外表难看可实际有用的内容的，有写案板默默无闻、无私奉献精神的……谁都不愿意与别人雷同。

1997年1月，正在清华大学上学的一个毕业生给我写的信中还提到这个事。他说：“您培养我们求异思维，就是对我们的创造性的鼓励，这对我们个性的发展是至关重要的。我想到咱们班的一堂公开课，您要求我们写一篇与《落花生》类似的作文，咱们班的选材可谓五花八门，从飞禽走兽到厨房用具，应有尽有，可以开个百货商店了。那时，咱们班的作文甚至造句，都绝不能容忍和别人类似，总要想出自己的新花样，否则就觉得丢人。这份创造性，这种求异思维，无疑是您给我们的‘财富’之一。”在教学过程中唤起孩子的独创性表现和求知乐趣，其影响是深远的。

*

做“律师”，不做“法官”。

律师，是维护当事人权益的。做孩子的“律师”，意味着是站在孩子的一边，竭力维护、捍卫孩子，而不是做一个裁判是非的“法官”，站在孩子的对立面，相互形成一种对抗关系。

除了捍卫孩子的权益，更加重要的是，捍卫孩子的天性。

什么是天性？

天性就是孩子身上凸显出的先天禀赋。天性既有从父母身上继承的遗传品质，也有蕴藏在孩子身上的特殊天分，潜伏在孩子灵魂深处的特有品质。

古希腊哲学家苏格拉底说：世界上没有两片完全相同的叶子。孩子的天性也如同这位哲人形容的一样，既有孩子之间的相同之处，也存在个体身上的千差万别。教育者的一个重大任务，就是捍卫孩子的天性，帮助他们把自身的潜能发挥到极致。

世界上的万事万物具有“真、善、美”三种不同的价值，而人类心理有“知、情、意”三种不同的心理活动。这是一组重要的对称关系。

著名美学家朱光潜先生在《谈美感教育》中说：

人能“知”，所以就有好奇心，就要求知，就要辨别真伪，寻求真理。

人能发“意”，就要想好，就要趋善避恶，造就人生幸福。人能发“情”，就爱美，就欢喜创造艺术，欣赏人生自然中的美妙境界。因此，在人的诸多天性中，有三个基本天性，那就是“求知”、“爱美”、“想好”。教育的真谛就在于顺应这三个基本天性，正如中国儒家最高的人生理想是“尽性”，即：能尽人之性则能尽物之性，能尽物之性则可以参天地之化育。

*

做“农夫”，不做“园丁”。

农夫是疏松土壤、兴修水利、涵养植物根系的，而园丁是按照自己的要求，修剪植物的枝叶，甚至不惜使用化肥、农药、生物技术，控制和改变植物的生长。

教育者应当选择做一个从事绿色农业的农夫，这就涉及我们如何对待我们的孩子。很有意思的是，我的一位朋友是中医名家，一次闲聊时，谈到一个如何形成对待疾病的正确态度，他有一个重要的养生观点，那就是：对待身体要像对待自己的孩子一样。

他说，身体是自己的，犹如孩子是自己的一样，疾病就是孩子的恶作剧，是孩子野性的一种宣泄，它是一种巨大的能量，可以转化为成长的动力。但我们往往敌视和恐惧这种能量，不惜耗费更多的能量来清除它。

这无异是一种疯狂的自相残杀。

当淘气的孩子被打折了一条腿，他还会坐在轮椅上大声哭嚎，惹得你还想揍他，可他已经残疾了。因此，对待自己的身体就要像对待自己的孩子一样，应该关心它、帮助它、引导它、锻炼它，不要漠视它、压抑它、强制它、仇视它。如果孩子犯了错误，我们更要去倾听他的诉说，而不要一棒打死，或者交给警察、送进监狱。更可放任自流。

从教育角度上看，孩子的成长是一个过程，很多时候，不听话、叛逆、顶撞，其实就像我们的身体偶尔小恙。身体就是孩子，孩子就是身体，但很多人想得到但难以做到。

而按照社会心理学的观点，不能善待“孩子”，可以等同于“自虐狂”，控制孩子的自然、自由生长，那压抑孩子的创造力、想象力，是否可以等同于古代用裹脚布捆住自己的脚导致身体重要部位——脚的异变与畸形？

*

做“啦啦队”，不做“陪跑者”。

教育者永远无法陪孩子一起跑到他的人生终点，因此，最好的选择是站在看台上，为孩子助威、呐喊，甚至起到啦啦队的作用。

我看到的教育现实中，有多少父母在做“陪跑”的工作，陪读，陪学，陪着做作业，考上大学了陪着孩子去学校报到，上大学了还每周去学校为孩子洗衣服，等等。可怜天下父母心！我完全能理解父母的良苦用心，我也接受只有一个孩子，不舍得孩子受苦的观点，但这无意中使孩子失去了一个自主独立成长的机会。

对于让孩子获得自主发展的机会，不想啰唆，但就人的成长过程而言，必须承受住孤独再感悟教育的智慧。

我们重新来温习孤独对于一个人的必要性。人必须具有孤独感，只有在踽踽独行中才能在灵魂层次上变得坚强和独立。人的孤独，是生命中一种重要的体验，有哲学家说，人在孤独的时候，才能与自己的灵魂相遇，比如世界三大宗教的创立，都是在孤独状态下形成的，也就是说，孤独是精神创造的必要条件，从心理学的观点看来，人的孤独与独处，是为了进行内在的整合。

美国作家亨利·大卫·梭罗是孤独的，但也是幸福的。正如他在《瓦尔登湖》中所描绘的那样，十分简单，十分安静。我阅读梭罗，似乎悟到了孤独的真正内涵：一、一个人怎么看待自己，决定了此人的命运，指向了他的归宿。二、无论他到哪里都能生活，哪里的风景都能相应地为他而发光。三、人孤独的时候，通常是人的品位受到考验的时候，人的成长必须经受孤独。

孤独有四大好处：

一、孤独能让一个人清醒，更加真切地感受到生活之美。我们一般人常常是靠着一种习惯在生活，到点起床、上班、下班、朋友聚会、看电视……这种毫无特色可言的生活方式其实埋藏着一种惰性。不妨给自己一些独处的时间，甚至不要看书和看电视，感悟你生活中的美。所谓美，就是在不和谐中感觉到和谐，又从和谐中感觉到不和谐。你感受的美越多，你的快乐就越多……

二、让人宁静，洗涤心思。喧闹是一种快乐，宁静是另一种快乐。宁静和平的心境犹如一股清泉，能洗涤干扰人思考的阻碍。

三、有利于思考，使心有所悟，人因悟而开心。思考者多喜欢孤独，因为这种状态下，人的心境和思想都自由，放得开，也收得拢。不用顾虑旁人的看法和言论，在这种时候往往会心有所悟。

四、孤独并不是空虚、寂寞，无所事事。孤独的妙处在于，倾听自己的心声，并认真感觉和体会在自己的生命里，灵魂流动的韵律与诗意。

不做“陪跑者”，意味着为孩子的心灵留白，使之有了孤独的机会，使之心灵品质得以提升。不过也许会有人认为，现代社会中，孩子如果孤独了，是否会让心理变得脆弱，不能承受生命之轻？我想，这和心理问题是两码事情，心理健康的标准来自于接纳自己，而孤独是一个人灵魂成长的自觉要求。孤独并非孤僻，而是在没有“陪跑者”过度保护下的一种生命自由状态。孩子的路需要自己走，必须经受孤独，当然，在孩子前进的过程中，我们可以在孩子失落和无助的时候，为之加油、呐喊，成为看台上的称职的“啦啦队”。

*

真正的教育是不教而教。

教育事业如心灵芬芳，一朵玫瑰是不需要布道的，她只需散发着它的芬芳，芳香就是她的布道。学贯中西的林语堂大师曾说，在牛津、剑桥，那些老师怎么去教学生，他们把学生叫来，一边抽着烟斗，一边天南海北地聊，学生被他们的烟和谈话熏着，就这么熏出来了。

教育是一种状态，一个教育者达到了一种较好的状态后，坐在那里，随意说说，就是最好的教育。此处解释教育者的定义，不是勾勒出阅读地图，再纠缠于一两招管用的手段，而是真正达到对教育的深刻认知，知其然知其所以然，做到心中有剑。

我坚定地认为，当教育者的状态达到一种“不教而教”的意识巅峰时，传统教育所要求的模式设计、技巧是没有用的，也是不必要的，因为每个孩子都能主动学习、独立成长、积极创造，而这时，教育本身却发挥了其最大作用，无言而教化万方。

实现不教而教并非教育家的专利，只要你愿意凝神静心，回归心灵深处，品味教育真味，普通人也可以实现。我的梦想就是，天下所有教育者都能实现不教而教，那么，我们的孩子就有福了。

*

事实上，人都是按照自我概念做事、做人，而每个孩子都是想好的，关键我们能否给予他们机会。

这句话在教育过程中极为重要，上海闸北八中刘京海校长在《成功教育》一书这样写道：每个人都力求在自我概念的情况下行事，依照他对自己的认识来决定做或者不做或该怎么做。一般而言，一个人认为自己是怎样一个人，他就能表现成怎样的人；认为自己并不是怎样一个人，他就永远不可能成为这样的人。也就是说，一个人的自我确认具有深刻的暗示和催眠作用。孩子正处于自我意识的觉醒时期，这时候如果能顺应每个孩子“想好”的天性，那么，教育就能出现神奇的效果。

实现不教而教，关键就在于这四个字：自我概念，孩子建立了自我概念，就可以自己教育自己。

而协助孩子建立自我概念的前提是了解人的需求，关于需求，众所周知的是马斯洛需求理论层次，为了便于阅读，将这个层次阶梯引述如下：

如图所示，各层次需要的基本含义如下：

一、生理上的需要。

这是人类维持自身生存的最基本要求，包括饥、渴、衣、住、性的方面的要求。如果这些需要得不到满足，人类的生存就成了问题。从这个意义上说，生理需要是推动人们行动的最强大的动力。马斯洛认为，只有这些最基本的需要满足到维持生存所必需的程度后，其他的需要才能成为新的激励因素，而到了此时，这些已相对满足的需要也就不再成为激励因素了。

二、安全上的需要。

这是人类要求保障自身安全、摆脱事业和丧失财产威胁、避免职业病的侵袭、接触严酷的监督等方面的需要。马斯洛认为，整个有机体是一个追求安全的机制，人的感受器官、效应器官、智能和其他能量主要是寻求安全的工具，甚至可以把科学和人生观都看成是满足安全需要的一部分。当然，当这种需要一旦相对满足后，也就不再成为激励因素了。

自我实现的需要 追求自我成 就实现的潜力
求美的需要 匀称、整齐、美丽
求知的需要 好奇心、了解、探索
尊重的需要 自尊：自尊心、自豪感、自主性； 他尊：权力、威望、荣誉、地位等
社交的需要 归属需要：团体、交往、友谊等； 爱的需要：爱情、关怀、被接受等
安全的需要 保证、稳定、依赖、保护、秩序、法律等安全感
生理的需要 呼吸、饮食、衣著、居住、休息、医疗、性生活等

三、感情上的需要。

这一层次的需要包括两个方面的内容。一是友爱的需要，即人人都需要伙伴之间、同事之间的关系融洽或保持友谊和忠诚；人人都希望得到爱情，希望爱别人，也渴望接受别人的爱。二是归属的需要，即人都有一种归属于一个群体的感情，希望成为群体中的一员，并相互关心和照顾。感情上的需要比生理上的需要来的细致，它和一个人的生理特性、经历、教育、宗教信仰都有关系。

四、尊重的需要。

人人都希望自己有稳定的社会地位，要求个人的能力和成就得到社会的承认。尊重的需要又可分为内部尊重和外部尊重。内部尊重是指一个人希望在各种不同情境中有实力、能胜任、充满信心、能独立自主。总之，内部尊重就是人的自尊。外部尊重是指一个人希望有地位、有威信，受到别人的尊重、信赖和高度评价。马斯洛认为，尊重需要得到满足，能使人对自己充满信心，对社会满腔热情，体验到自己活着的用处和价值。

五、自我实现的需要。

这是最高层次的需要，它是指实现个人理想、抱负，发挥个人的能力到最大程度，完成与自己的能力相匹配的一切事情的需要。也就是说，人必须干称职的工作，这样才会使他们感到最大的快乐。马斯洛提出，为满足自我实现需要所采取的途径是因人而异的。自我实现的需要是在努力实现自己的潜力，使自己越来越成为自己所期望的人物。

在教育实践中，尊重并满足孩子的层次需求，是建立孩子良好自我概念的基本线索，为了便于教育者理解，结合马斯洛需求理论，我把青少年时期的需求转化为如下层次：

第一层次是美好的食品（象征着物质上的需求）；

第二层次是赞美（象征着精神意义上的初步满足）；

第三层次是重要感（包括自尊、自信两个方面等）；

第四层次是学习上的成就感（指经过自己的努力实现目标后的满足感，需要教育者的及时反馈与评价）；

第五个层次是成为一个优秀的好人（是指自我概念的建立标准）。我们会发现，每一个孩子都是想要上进，想要获得深层满足的，这就需要教育者循序渐进地引导孩子实现不同层次的需求，孩子的自我概念就能因此建立起来。

*

引导学生发现自己，实质就是协助其发掘自身资源，包括动力资源、能力资源、毅力资源、信息资源、学习群体资源、社会资源等。

*

多元智能只是一个很好的思考角度。

创造适合每一个孩子的教育，是素质教育的基本要求，不同的孩子都会有各自的优势和特长，这也是个性化教育成为当前教育改革主流方向的原因。

于是，近几年来，很多人迷信多元智能的理论，甚至将之结合到学科教学之中去应用，认为多元智能是解决个性化教育的灵丹妙药。这是值得探讨的。

哈佛大学心理发展学家加德纳的贡献在于为个性化教育提供了一个很好的角度，但也有明显不足，那就是：仍然是站在为孩子设计教育的角度，实质上仍然没有逃脱控制孩子主动发展的教育误区。现在很多学者专门研究多元智能在各学科中的应用，其实是一条错误的道路。

*

我认为，与其迷信多元智能，不如建立更加有效的途径——假定最佳才能区。假定最佳才能区，顾名思义，就是在孩子并未表现出对某方面的特殊兴趣和才能时，教育者有意识地将某个领域“假定”为孩子的特长和发展方向，并据此对孩子进行一系列培养、训练等家庭教育活动，最终目的是使这个“假定”的最佳才能区真正成为孩子的兴趣和特长所在。

我们知道，即使是天赋极普通的孩子，身上也蕴藏着极大的潜力。英国教育家托尼·布赞简明地指出：“你的大脑就像一个沉睡的巨人。”“假定最佳才能区”的目的也正是要唤醒这个沉睡的巨人。

在教育学上，“皮格马利翁效应”已得到大量实践的证实。皮格马利翁是希腊神话中一位国王，他用尽心力，雕塑了一尊少女塑像。少女像是如此美丽，又是如此传神，皮格马利翁不禁爱上了她。从此，他每天守在雕像前，亲切地呼唤她，与她交谈、爱抚她……最后，少女石像变成了真人！

美国教育家罗森塔尔曾经做过一个著名的实验：

把一群小老鼠一分为二，把其中的一小群（A群）交给一个实验员，说"这一群老鼠是属于特别聪明的一类，请你来训练"；把另一群（B群）交给另外一名实验员，说"这是智力普通的老鼠"。两个实验员分别对这两群老鼠进行训练。一段时间后，罗森塔尔对这两群老鼠进行测试，测试的方法是让老鼠穿越迷宫，结果发现，A群老鼠比B群老鼠聪明得多，都跑出去了。

其实，罗森塔尔对这两群老鼠的分组是随机的，他自己根本不知道哪只老鼠更聪明。当实验员认为这群老鼠特别聪明时，他就用对待聪明老鼠的方法进行训练，结果这些老鼠真的成了聪明的老鼠；反之，另外那个实验员用对待笨老鼠的方法训练，也就把老鼠训练成了不聪明的老鼠。

罗森塔尔立刻把这个实验扩展到人的身上。1968年，他和助手们来到一所小学，说是要进行一项实验：

他们从小学一年级到六年级各班中选了18个班，对班里的学生进行了"未来发展趋势测验"。之后，罗森塔尔以赞赏的口吻将一份占总人数20%的"最有发展前途者"的名单交给了校长和任课老师，并叮嘱他们一定要保密，否则会影响实验的正确性。

8个月后，他们再次来到这所小学，对那18个班的学生进行复试。结果奇迹出现了：凡是上了名单的学生，个个成绩都有了较大的进步，而且活泼开朗，自信心强，求知欲旺盛，更乐于和别人打交道。

其实，当初那份名单只是罗森塔尔随机挑选出来的，不过这个谎言对老师产生了心理暗示，左右了老师对名单上的学生的能力评价，老师又将这一心理活动通过情感、语言和行为传染给了学生，使学生强烈地感受到来自老师的热爱和期望，从而使各方面得到了异乎寻常的进步。

这一实验结果深刻地表明了一点：教师对学生的期望影响着学生的学习成绩。这一结果当时在美国教育界引起轰动。

美国教育心理学家布卢姆在《工作与激发》一书中阐释了期望理论，用公式表示为：激发力量=效价×期望。“激发力量”指人们努力工作所激发出的最大创造力；“效价”指满足个人需要所产生的价值；“期望”指根据价值取向所表达出的期望和暗示。

一位有经验的小学特级教师，曾经讲过他在教学活动中的一个故事，可以用来说明“皮格马利翁效应”的威力。在他担任小学一年级的班主任和语文老师的时候，面对刚入学的学生，这种期望效应竟然能够得到突出表现。有一个男孩父母离婚，和外公外婆住在一起，而他们既无文化，又在经商，更没时间管教，孩子上课不专心听讲，学习也差，写拼音连声母韵母的位置都弄颠倒。但这位老师常表扬他聪明、会学习，是个好学生，利用选派升旗手和鼓励他加入少先队为期望目标，告诉他一定可以做好。孩子本身就又聪明又守纪律，是好学生。后来这位孩子果然有了进步，由考试不及格到期末被评为三好学生。

“假定最佳才能区”的做法其实是“皮格马利翁效应”的一种应用。当孩子没有显示出某方面特定的才华时，先以假设的方法确定某个领域为孩子的最佳才能区，并将这种假设转化为孩子头脑中的深层意识，让他们认定自己在该领域有特长，久而久之，孩子便会自觉不自觉地沿着这条道路发展。

“假定最佳才能区”的功效也许可以解释人才的家族现象。例如巴赫家族。早在1550年该家族就出现了音乐天才，经过五代之后在巴赫身上表现得最为突出，直到1800年的列吉娜、苏珊娜之后才衰败，在这前后两百多年的时间里，巴赫家族中出了约60位音乐家，其中有20位为著名音乐家。

我们可以想象，这个家族的每个孩子出世时，父母、族人乃至周围所有的人都会下意识地认为：又一个音乐家诞生了。这种潜意识里的期望值不知不觉转化为孩子的自信和动力。

作为一个巴赫家族的成员，若不通晓音乐，那是说不过去的。而环境也的确给了他们条件。从出生开始，音乐就伴随他们左右，成为他们生活最重要的 部分。家里人时时刻刻都在读音乐、写音乐、练音乐……久而久之，音乐已经化入他们血液之中，自然而然成为他们的最佳才能。

当父辈致力于某项事业而未获成功，他们往往会将此项事业交给儿孙。父辈的期望同样给子孙“假定最佳才能区”的作用。例如史圣司马迁。现在很少有人知道司马迁的祖辈为他铺平了道路，而仅以为他的成功来自在受宫刑后的逆境里忍辱负重。其实，早在司马迁之前，他的祖先就已经是周王室的太史令了，在虞、夏两朝就已功名显著，到了父亲司马谈时可说是如日中天。他曾论述阴阳、儒、墨、名、法、道等家要旨，指出其所长所短，已经具备了一个伟大史学家的条件，只是由于早逝，无法实现自己的目标，因此临死之前才如此叹道“是命也夫，命也夫！”壮志未酬，死不瞑目！

值得庆幸的是，司马谈不仅是一个伟大的史学家，更是一个伟大的父亲，为了培养司马迁，10岁时就开始让他诵读古文，20岁时又让他游天下，考查奇闻轶事，搜集史料，学公羊于董仲舒，受古文于孔安国，习家学于自己。正是打好了这样的基础，司马谈在临死的时候，才殷殷告诫儿子司马迁：“一定不要忘了我想撰写史书的事……”，就这样，父亲的愿望成为儿子的理想，父亲的才华激扬了儿子的才华。司马谈从司马迁小时起，便有意识地培养他成为史学家，将史学定位为儿子的最佳才能，结果造就了一代史圣。

孩子身上蕴藏着无尽的潜能，“假定最佳才能区”便是为他们的潜能打开一条通道。这正像在资源丰富的油田，只要钻井钻开一个孔，石油便会喷涌而出……

*

印度哲学家奥修有一本书叫《当鞋合脚时》，值得教育者反复阅读。我们知道当鞋合脚时，脚就被忘记了，对教育的启迪就是，给不同孩子提供适合其个性的教育，让孩子不至于感受到“硌脚”的痛苦，甚至感受不到自己在接受教育，那么教育就是自然而然了。

社会上流行很多“个性化教育”以及“一对一”的概念，不妨理解为用一个老师对一名孩子的“加餐教育”，并非真正的个性化教育。

个性化教育，又叫差异化教育，其尺度也是人性尺度，其内涵是“适合”，适合的才是有效的。这里的“个性”不是心理学意义上的个性，心理学上的个性是指人格，包括人的兴趣、性格、气质能力，有一本书很有名，叫《九型人格》，就是阐释不同人格的心理学著作，这样的分类很复杂，在实践中是并不能区分的。从教育角度上来理解个性，就是给每个孩子以不同的适合孩子自己的发展机会。个性化教育是和谐教育，就是“多样统一”，就是尊重孩子差异性的教育，素质教育内涵要求，就是“用多把尺子量不同的孩子”。

实施个性化教育的难点在于评价，当前的分数评价指标并非无效，但过于单一化、表面化，值得进一步探讨。在《100个基层教师的口述》中，李默老师的做法令人耳目一新：

在李默老师刚刚担任班主任的时候，这个班级有一位孩子是全班自我约束能力极差的孩子，她经常不遵守学校纪律，上课很随意地到处乱走。一节课，她要有好几次打乱教学秩序，为此，她经常受到李老师的批评，可她从来没有认真地改正过，对老师的批评教育根本就置之不理，是全班有名的后进生。作为班主任，李老师多次找她谈心，对她进行说服教育；还同她的父母进行沟通交流，共同对她进行教育。可她就是顽固不化，但李老师对她并没有灰心。

李老师重新审视了自己的工作，相信她是一个可以改好的孩子。于是利用晨会课组织班级举行了一个小小的活动“今天夸夸我，明天等着你”。李老师让孩子们用自己的眼睛去发现身边的好孩子，孩子的眼睛是雪亮的，很多平时表现一般的同学都受到了同伴的表扬，脸上都乐开了花。可就是没有人表扬这位同学，后来，李老师在全班表扬了她借给同学们橡皮和帮助老师拿教具的事儿，同时也对她平时表现不好的行为提出了要她改正错误的看法。孩子们有很强的向师性，在李老师的鼓动下，同学们也开始对她投来赞许的目光，笑容再次出现在她的脸上。这节为她准备的晨会课成功了。

事后，李老师看得出她内心充满悔意，这说明她已有改变自己和重塑自己的愿望和决心。李老师主动把她找来，鼓励了一番，决定给她一个月的改正时间，如果能经常控制和约束自己，凡事三思而后行的话，完全可以成为一名优秀学生。最后李老师说：“老师期待一个完美的你展现在老师面前，努力好吗？”

从那以后，她像换了一个人似的，完全变样了。不仅在行为表现上对自己严格要求，而且学习成绩也有明显进步。真像李老师说的“孩子的潜能像空气，放在多大的空间里，它就有多大。”

教育者应根据孩子的差异性，创造性地使用各种评价手段，巧妙发挥评价作用，让评价掷地有声，个性化、真实信服、具体简便，让孩子们真正受益。每个孩子都有要求进步的愿望，每个人都有丰富的潜能，每个人都有自己的智能优势。通过良好的教育和训练，每个孩子都能成材、成功，这是教育的本意和真义。

*

《易经》里说，形而上学谓之道，形而下者谓之器，所谓“道”，就是洞察，所谓“器”，是技术，我们并不缺乏教育技术，而缺乏的是对教育之规律的洞察。

教育之道，就在于洞察、处理人的内在自觉。北京四中校长刘长铭应当是当代中国最有人文底蕴的校长之一。常有人问他，教育是什么？刘校长认为至少有一点是最重要的，那就是唤醒人的自觉。他曾在一次演讲中引用了这样一个故事：

在北京四中的校园里，有一幅题为“追求”的锻铜浮雕。这是一位校友获得国际艺术大奖的作品，它向人们诉说着一个真实的故事。

50年前，在一节俄语课上，一个小男孩儿没有听讲，而是悄悄画老师的漫画。当老师提问时，惶恐之中他把书本和那张涂鸦之作都碰翻在地上。老师拣起那幅小画很认真地看了看说：“这画送我做纪念吧！下课后到我宿舍来一趟，我送给你一本《特列嘉科夫画廊》的藏画。”从这一天起，这个小男孩儿成了学校俄文黑板报的美工。20多年后，他成为著名艺术家，担任了人民美术出版的总编。

刘校长曾发短信问他：“老师在宿舍里批评您了吗？”

回复：“没有。”

刘校长再追问：“那您以后在课堂上又画过画吗？”

回复：“没有批评，但我确实也没再在课堂上画过画。因为他让我担任了一个‘职务’——给学校的俄文板报画插图，有了一份责任感，工作蛮认真……老师信任我，尊重我，我当然就有了一种责任感。现在明白了，那实际就是一种现代社会成员所应具备的‘契约意识’——那就是一定要把黑板报办好！不能辜负他人！四中从我们一开始入学，就肩起了它的造就之责”。

刘校长进而认为，教育最重要的价值追求，就是唤醒人的自觉，让孩子懂得自尊、自知、自律、自爱，形成健全的人格，成为一个好公民。这应当是构建现代教育文化的前提。

我很赞同刘校长的高明洞见。孩子的成长过程，实际上就是自我意识不断增强的过程，在这个过程中，孩子开始有越来越大的主观能动性，对成人的指挥和安排表现出更大的选择性。

这时，教育者应该如何对其施加有效影响呢？换个角度看就是——人为什么会不自觉地接受别人的影响呢？

人的判断和决策过程，是由人格中的“自我”部分，在综合了个人需要和环境限制之后做出的。这种决定和判断就是“主见”，一个“自我意识”比较发达、健康的人，通常就是我们所说的“有主见”、“有自我”的人。

但是，人不是神，没有万能的“自我”，更没有完美的“自我”，这样一来，“自我”并不是任何时候都是对的，也并不总是“有主见”的。“自我”的不完美、“自我”的部分缺陷，就给外部影响留出了空间、给别人的影响提供了机会。

我们发现，人们会不自觉地接受自己喜欢、钦佩、信任和崇拜的人的影响和暗示。这使人们能够接受智者的指导，作为不完善的“自我”的补充。这，就为教育提供了可能性。

其实，当教育者把孩子的自觉唤醒后，他就完成了作为教育者最重要的工作，因为人在自觉意识产生后，就获得了主动发展的永不枯竭的动力与热情。

*

一把钥匙开一把锁。推行个性化教育的任务，就必须为每个孩子找到一把适合他的钥匙。对于很多教育者来说，这似乎很难，因为学海茫茫，何处寻“钥匙”？

经过多年的教育实践，我却有一个深刻的体会，在寻找那把“钥匙”的过程中一定是有线索的，有了线索，再去量身定做“钥匙”就变得非常简单、直接。

这个线索就是自尊心。以前《南方周末》有一句话很有名，**总有一种力量让你泪流满面，这个地方其实就是——人的自尊**。

自尊是人对自我评价的总概括，是人内心深处最柔软的部位，只有捍卫、保护每个孩子的自尊，人的心灵才有可能被唤醒。

可以说，自尊是一切个性化教育的线索，教育者的一举一动都可能影响到每一个个性不同的孩子的自尊，有时可能是连自己都不注意的一句安慰或一声鼓励，却可以给予孩子莫大的关怀，也许会影响他们的一生。

这是一个令我感动的故事：

保姆住在主人家附近一片破旧平房中的一间。她是单身母亲，独自带一个四岁的男孩。

那天，主人要请很多客人吃饭。主人对保姆说：“今天您能不能辛苦一点儿，晚一些回家？”保姆说：“当然可以，不过我儿子见不到我，会害怕的。”主人说：“那您把他也带过来吧……”保姆急匆匆地回家，拉了儿子就往主人家赶。儿子问去哪？保姆说：“带你参加一个晚宴。”

保姆把儿子关进主人家的书房。她说：“你先待在这里，晚宴还没有开始，别出声。”

不断有客人光临主人的书房。或许他们知道男孩是保姆的儿子，或许并不知道。他们亲切地拍拍男孩的头，然后翻看主人书架上的书。男孩安静地坐在一旁，他在急切地等待着晚宴的开始。

保姆不想儿子破坏聚会的快乐气氛，也不想年幼的儿子知道主人和保姆的区别、富有和贫穷的区别。后来，她把儿子叫出书房，并将他关进主人的洗手间。

主人有两个洗手间，一个主人用，一个客人用。她看看儿子，指指洗手间里的马桶：“这是单独给你准备的房间，这是一个凳子。”然后她再指指大理石的洗漱台，“这是一张桌子。”她从怀里掏出两根香肠，放进一个盘子里。“这是你的，”她说，“现在晚宴开始了。”

盘子是从主人家的厨房里拿来的，香肠是她在回家的路上买的，她已经很久没有给儿子买过香肠了。

男孩从没见过这么豪华的房间，更没有见过洗手间。他不认识抽水马桶，不认识漂亮的大理石洗漱台。他闻着洗涤液和香皂的淡淡香气，幸福极了。他坐在地上，将盘子放在马桶盖上，盯着盘子里的香肠，唱起歌来。

晚宴开始的时候，主人突然想起保姆的儿子。他去厨房问保姆，保姆说：“也许是跑出去玩了吧。”主人看着保姆躲闪的目光，就在房子里寻找。终于，他顺着歌声找到了洗手间里的男孩。那时，男孩正将一块香肠放进嘴里。他愣住了，问：“你躲在这里干什么？”男孩说：“我是来这里参加晚宴的，现在我正在吃晚餐。”他问：“你知道这是什么地方吗？”男孩说：“知道，这是单独为我准备的房间。”他问：“是你妈妈这样告诉你的吧？”男孩说：“是……其实不用妈妈说，我也知道。晚宴的主人一定会为我准备最好的房间。”男孩指了指盘子里的香肠：“我希望能有个人陪我吃这些东西。”

主人默默走回餐桌前，对客人说：“对不起，今天我不能陪你们共进晚餐了，我得陪一位特殊的客人。”然后，他从餐桌上端走两个盘子。他来到洗手间的门口，礼貌地敲门。得到男孩的允许后，他推开门，把两个盘子放到马桶盖上。他说：“这么好的房间，当然不能让你一个人独享……我们共进晚餐。”

那天，他和男孩聊天，唱歌。他让男孩坚信洗手间是整栋房子里最好的房间。他们在洗手间里吃了很多东西，唱了很多歌。不断有客人敲门进来，他们向主人和男孩问好，他们递给男孩美味的饮料和烤得金黄的鸡翅。他们露出夸张和羡慕的表情。后来，他们干脆一起挤到小小的洗手间里，给男孩唱起了歌。每个人都很认真。

多年后，男孩长大了。他大学毕业后，找到了一份不错的工作，尽管并不富有，他还是一次次地掏出钱去救助穷人，而且从不让那些人知道他的名字。他说："我始终记得多年前，有一天，有一位富人，有很多人，小心地维系了一个四岁男孩的自尊。"

自尊，隐含了人发奋图强的密码，只有自尊得以保证的人才能积聚无比强大的精神能量。我认识的很多成功人士，他们都有过自尊被唤醒的刻骨铭心的经验。

再用一个常见的教育难题为例，来解释如何保护人的自尊。孩子会在不同年龄段撒谎，这是正常的现象，他们迟早会对你说谎，孩子愈大，谎言愈高明，如果说谎得逞又逃过处罚，所撒的谎会越来越多。

很多教育者很烦恼。其实，孩子撒谎的时候，是教育者巩固其自尊的关键时刻。

每个人都会经历幼稚、出现差错和失误，教育者在揭示孩子的谎言时，要小心维护孩子的自尊，因为，孩子捏造谎言有一个很主要的原因是为了隐藏事实逃避处罚。有一个父亲是这样应对孩子撒谎的：

一次，爸爸问小雨考试怎么样，他说还可以。爸爸要看他的试卷和排名表时，他却为难地说弄丢了。爸爸没有审问，没有搜查，只是拍拍他的肩说，爸爸信任他是个诚实、进取的孩子。

过了两天，小雨告诉爸爸老师要来家访，然后又欲言又止。爸爸见状，鼓励他说出来。小雨低着头向爸爸道出了真相：原来他英语考试中，由于作弊，被老师没收了试卷，英语成绩为零分。爸爸听后，没有训斥，而是平静地说："你心里也为此难受。你是希望考好成绩，让父母高兴……"孩子对父亲的理解充满了感激，也下定决心努力学习。

小雨的爸爸没有因孩子撒谎，对其进行严厉的管教，而是用朋友式的谈心很好地与之交流，他对孩子撒谎表示理解，对孩子的认错给予接受。正是他小心维护孩子的自尊，使孩子改掉错误，不断进步。

每个孩子都可能犯错，但父母的爱会使他们不忍心去辜负父母的厚望和信任。如果粗鲁直接地"揭穿"孩子的谎言，不仅伤害了孩子的自尊，孩子也许从此就会破罐子破摔，认为一切都无所谓了，长此以往，后果不堪设想。

孩子是在撒谎中长大的。教育者要抓住每一个机会，呵护孩子稚嫩的心灵，无论孩子做了什么，千万不要以伤害孩子自尊心的方式去进行说教，那样不仅无济于事，还会起反作用。

*

越是聪明的人越需要下笨工夫。比如，找到一枚钉子，但无法打进墙去……聪明人，会去找一把锤子或者石头，然后把钉子打进墙去，尽管，找锤子和石头是需要花工夫的。可惜的是，如今，愿意花时间找锤子和石头的人很少，不懂得"配套"的人，看起来很聪明，实际上是笨人。

*

学习的本质是自我更新，教育者的外力干预其实是一个高难度动作，很多时候是没有用的，甚至是有害的。即如有一个人看到一只蝴蝶正挣扎着从蛹里面出来，于是好心帮它剪开蛹，没想到蝴蝶出来后，翅膀却张不开，死了。

蝴蝶挣扎的过程正是一个人不断自我更新自我超拔的过程，做有智慧的教育者，不仅应当给予其挣扎和突破的机会，还要有一种如素的胸怀。

*

雕塑家创作作品，就是将隐藏在石头中的美或者隐含的精神，发现并加以提炼，然后将多余石头去掉，作品即形成。

教育之实质也是如此，教育者要做的最要紧的事情，就是去发现隐藏在学生内心的自我以及自我所隐含的潜能，而不是“教”。事实上，我们什么也教不会。

*

客观世界的一切都是有序的，人的进步、成长、超越、创新、发展是有序的，这是天道。

人类尊重和顺应这种“天道”，最为简约而经典的创造是建构“梯进模式”。梯进既有渐进又有飞跃，按照系统论的观念，梯进正是对事物螺旋式上升发展的高度概括。

人往高处走，沿着阶梯走，“阶梯”既体现了定位的逻辑层次，也体现了评价的价值可能。长期以来，我们在推动教育内涵改革甚至微观上学生的内在主动发展（兴趣）、习惯养成甚至教师专业发展的实践中，最广泛地将“梯进”思想融会贯通其中，可以说都是梯进方法论的成功。

在我总结提炼的八大方法论中，梯进可以说是位列第一的。

*

构建现代教育文化，建立教育者与受教育者之间新型的关系，是当前急需解决的问题，履行教育的使命，激扬生命的主动发展，还原人性之美，更要求我们尽快从一个更高、更超越的角度来理解教育主体之间的关系。

中国社会科学院历史所的张海晏先生专门研究过中国传统文化中的“和”的精神，其中讲到中国“和”文化最终的落脚点是“和而解”，深以为然。

他在《中国文化的“和”的精神》一文中谈到，《道德经》第四十二章曰：“道生一，一生二，二生三，三生万物。万物负阴而抱阳，冲气以为和。”此处，“一”指道，“二”指阴气、阳气，“三”指阴阳调和所形成的和谐状态。万物就是由两种对立因素的配合而生。《周易》乾卦《彖传》云：“保合大和，乃利贞。”这是说，阳阴合德，四时协调，万物孕生，长治久安。“大和”即“太和”，强调的是矛盾的妥协性与统一性。《荀子·王制》曰：“和则一，一则多力。”这是说，“和”能带来合力与双赢。借用今天的说法，“和”是一种“文化软实力”。北宋哲学家张载把“和”提升到“道”的高度，并明确提出“仇必和而解”（《正蒙·太和篇》）的命题，看重矛盾的妥协、冲突的化解、对抗的解除、斗争的泯灭、战争的消弭。中国传统文化中关于“和”的经典信条数不胜数，“和为贵，忍为高”，“与人为善”，“仁者爱人”，“不与邻为壑”，“四海之内皆兄弟”，“己所不欲，勿施于人”，这些信条构成了中华民族追求和谐的民族性。林语堂在《中国人》一书中，分析了中国人的和平主义、豁达大度和老成温厚的文化，他指出：“宽容是中国文化最伟大的品质，它也将成为成熟后的世界文化的最伟大的品质。”可以说，“和”文化是中华民族为世界文化提供的一个重要精神贡献。当前我国主流文化中，“创建和谐社会”，以和谐拯救世界，正是由此而来。

“和”文化对于现实社会的影响是，形成了“关系文化”，“关系文化”有利有弊，无论利弊，毕竟是符合这片土地的文化形式，因此，我们要做的，是在尽量摈弃其弊病的前提下，发扬其积极作用。

而“和”文化对于教育的积极贡献是，建立良好的师生关系或者亲子关系，好的关系大于一切教育。礼之用，和为贵，不学礼，无以立，“守礼”是中华民族文化精神所要求的人和人相处的秩序及处世原则，建立良好的关系，有人用“比”、“从”、“北”、“化”四个字所蕴藏的“守礼”的内涵，来概括教育者与受教育者之间的“礼”的演变过程。这四个字都有一个“人”字，从汉字起源文化中来理解教育之道，是一个很好的角度（参见王继华《文化育人，德润天下》）：

“比”字象形为两人步调一致，比肩而行，意思是平等、亲近、相互尊重与信赖，但教育者又是理想方向的引领者。比的过程是找差距的过程。

“从”字，《说文解字》的解释为“相听也”，就是服从、听从的意思，无论是繁体字，还是简体字，“从”都是由两个“人”组成，是两个人一先一后地往前走，前面的是教育者，后面的是孩子，“前行者”的行为方式要成为后者的榜样和骄傲，所谓榜样的力量，这种力量对孩子会产生巨大的影响。

“北”字，古汉语中的意思是“背”，本意是背离、违背的意思。也就是说，当孩子到了十四五岁的时候，大约是初中时期，具备了独立的思想和行为，这时候，他们不再“从”、“比”了，到了所谓的“叛逆期”，这时候，大人需要有一种理性与反思的精神，顺着孩子的天性来，给予孩子更大的空间。

“化”字，象形为两个人字的一正一反，是一个站着的人和一个驼背的人的对话，以表示“因时而化”的变化之道，教育者所要倡导的教化叫“化声”，对孩子的教化有成绩叫“化行”，因教诲孩子的错误行为叫“化诲”，因善于施教，犹如春风雨露叫“化雨”，因感动而转变为“感化”。“化”的行为便是将教育者的能量、期待融进孩子的生命，所谓“文化”，正是以文化道，所谓“文”是社会文化中以德以礼对孩子施加有效影响的过程，“化”的结果是为了把握规律。

教育者与孩子之间的关系，会在不同时期表现为不同形式，其内在逻辑就是一个“礼”字，这个内核是永恒不变的，由“守礼”和“来而不往非礼也”出发，建立良好的关系，比什么教育都管用。在中国，“关系”两字是所有应用学科的交集，好的关系胜过一切管理，好的关系胜过一切教育，好的关系胜过一切政治背景……

研究中国的问题，确实可以从“关系”两字着手。我们过去误以为研究“关系学”是庸俗的，是背弃正派做人原则的，其实，**在中国，“关系”是集大成者，是否庸俗，取决于你的出发点。**

培养好的亲子关系和师生关系是教育的重要课题，以下是我的一些粗浅认识：

一、关系是事物之间相互作用、相互影响的状态，是人与人之间某种性质的联系。生活中，面对亲近和崇敬的人，他的表扬会让我们心花怒放，他的批评会让我们分外愧疚；在学校，是否喜欢该科目的老师能直接影响我们学习该科目的热情；在家里，我们与谁更亲近，便容易接受谁的教育——关系的好坏何等重要！

二、什么时候与孩子的关系好，什么时候的教育就容易成功；什么时候与孩子的关系糟，什么时候的教育就容易失败。亲密的亲子关系，胜过许多教育。亲子关系是反映家庭教育效果的“晴雨表”。亲子关系好，家庭教育便如同春风化雨润物无声；亲子关系不好，家庭教育就像暴风骤雨让人难以忍受。无数的生活和实践证明，好的亲子关系胜过许多教育是一个客观规律。

三、好的关系不是溺爱而是尊重，不是依赖而是信赖，不是包办一切而是独立合作；好的关系是一种真善美的关系，是让人发自内心喜爱的关系，是促使两代人相互学习共同成长的关系。这就是关系的真谛。好的代际关系，是一种平等和谐的亲子关系，而不是一方“管教”另一方的关系。培养好的亲子关系，需要父母拥有现代的教育观念、科学的教育方法、健康的心理和良好的生活方式。培养孩子应尊重其天性，不能急功近利。父母越尊重孩子，孩子成长得越快。但，亲子关系好，不代表没有代际冲突，明智的家长总是能勇敢地选择“向孩子学习，与孩子共同成长”——这恰恰是化“代沟”为“代桥”的有效手段。

四、一切成功的教育都是和谐的教育。好的关系的本质特征就是和谐。万物至谐是自古代就有的幸福理想。儒家、道家等学派都有丰富的和谐思想。毕达哥拉斯说过：“什么是最美的——和谐。”如果美就是一种和谐，那么，只要人们感受的美越多，内心里就会越快乐。风景如斯，人之间的关系亦如是。在和谐中一切都是可能的。

五、种牡丹者得花，种蒺藜者得刺。培养好的亲子关系和师生关系，需要超乎寻常的耐心和爱心。好的关系来之不易，不经过折磨和痛苦，就不会有收获。好的教育，不是孩子取得了惊人的辉煌成就，不是孩子对我们的顶礼膜拜，更不是我们给孩子灌输多少空洞的理论或者要求孩子一定成名成家，而是建立起一种平等和谐的关系。

*

教育是家庭、社会、学校三方面共同承担的任务。古人云：子不教，父之过。现在，家庭把教育责任推给了学校，社会把成才的责任赋予了学校，学校承担了三方责任甚至更多的其他责任，比如升学、就业、致富、当官、成名成家。这些社会期望都通过考试、升学的途径，全部加到了学校身上。

其实，**家庭教育是一切教育的起点**。有人说，父母是农夫，教师是园丁，农夫关心的是土壤，是根；园丁关注的是修剪，是塑型。改良土壤，把自己孩子人生的根扎好，这是家庭教育责无旁贷的任务。家长需要做到：一是克服浮躁，静心，收心。以平和的心态面对子女的教育。注重现实，更要关注长远。二是学习。加强自身学习，提高为人父母的教育素养，发挥父性与母性的文化协同作用。三是角色定位。通过父母角色定位，保持教育问题上的一致。父亲是山，母亲是水。孩子不仅需要母亲的温暖，也需要父亲的理性精神及钢铁意志。四是不言而教，用心温暖孩子的心灵。**身教胜过言传。行动的感召胜过语言的呼唤**。父母不养成己身，那么一切的教育都是乏力无用的。

木

*

习惯如钉。

培养具有强大内心的人，有一个方法就是培养习惯，通过培养习惯来完善一个人的内心秩序。

习惯是养成教育的一部分，是抓手。但习惯就像一枚钉子，没有锤子和人的力量，钉子很难被打进墙内，因此，为了习惯而习惯的养成教育是无效的，甚至有负面作用，因为有可能控制人的大脑。真正的养成教育是构建“道”、“法”、“术”的理论实践体系，道在顺应生命发展之规律，养“心”为上。

新时期的养成教育是一个理论实践体系，也是中国教育内涵改革整体解决方案，不仅仅是培养习惯。其实践体系包括课堂、习惯、教师发展、办学理念、校园文化等五大板块。抓住其中一个作为阶段突破口，做到底、做到位，是当前学校发展的关键。

*

养成教育理论实践体系，由于10年以来在实践中不断地深化、拓展，其张力已经初步形成。

而究竟是什么养成教育之真谛呢？即：**养树养根，养鱼养水，养人养心，最终落实到一种习惯的养成上，但绝不是为了习惯而习惯。**

引用加措活佛的一段话来描述养成教育的秘诀——

每天用你最喜欢的方式做你最喜欢的事情，这是一种莫大的幸福。然后，每天重复这种快乐的做事方式和做事心情，久而久之，形成习惯。天长日久，这种习惯就会成为性格。性格决定命运。性格不是天生的，性格就是这样培养出来的。所以，要让你的命运出现转机，就要找到自己最喜欢的事情。

*

回归教育之根本，引发孩子的主动性，唤醒孩子的自觉，是教育走向春天的基本保障。但，如果只是为了“引发”而“引发”，为了“唤醒”而“唤醒”，必然又让所有教育者开始崇拜具体的、貌似高超的教育技术了，这，显然偏离了我的初衷。

对于普通教育者来说，需要有一个可操作的引发主动、唤醒自觉的内在体系，才能以不变应万变，我把这个体系叫“养成教育”，习惯才是教育的最终落脚点。

黑格尔把激扬人自觉行动的内在要求，用一个古希腊语παθοζ来表达，很多人把这个词翻译成“情欲”，是不够准确的，如果把它放在黑格尔的语境中来理解，可能是“情志”的意思，就是来自人本身合理的情绪力量，包含了理性与自由意志两个方面内容的综合。这种情绪力量并非来自基因，而是来源于人通过学习、教育、人际交往、社会风气等外在因素的熏陶，使其成为内心深处的一种自觉行为机制。也就是说，一个人一旦形成了稳定化的这种机制，当他发现自己的行为背离了自己的价值观念后，就会马上自动地纠正过来，使之显得合理、融洽。

这个自动化了的行为机制，就是习惯，我们平常所听说的“教育，就是培养习惯”，正是从这个角度上来说的。

习惯与做人品格的培养存在着一种线性关系，一个具有普遍性的问题，即教育犹如海上行船，必须按正确的航线行驶，否则，船越大越有触礁沉没的危险。也就是说，人格，决定了人的发展方向。而如果健全的人格是一个宏大的屋子，那么需要找到门和“门把手”，否则是知其门却不得而入的。这个“门把手”，就是习惯。

过去我国德育教育的失误就是把德育目标定得比天高，从而呈现出了“假大空”的低效局面，其症结就是忽略了从细小的行为着手去达到培养人格的最终目的。

可以说，一切成功都是做人的成功，一个人良好道德品质的形成最终必然落实到优良的外在行为上，因此，我们首先应该从人的行为角度来进行解释。

*

什么是行为习惯?

人们常说“习惯成自然”，其实是说习惯是一种省时省力的自然动作，是不假思索就自觉地、经常地、反复去做了。比如每天要刷牙、洗脸等。

习惯不是一般的行为，而是一种定型性行为。我国著名儿童心理学家朱智贤教授认为，习惯是人在一定情境下自动化地去进行某种动作的需要或倾向。例如，儿童养成在饭前、便后或游戏后一定要洗手的习惯后，完成这种动作已成为他们的需要。他指出，习惯形成就是指长期养成的不易改变的行为方式。习惯形成是学习的结果，是条件反射的建立、巩固并臻至自动化的结果。

结合《现代汉语词典》对“习惯”一词的解释——“常常接触某种新的情况而逐渐适应；在长时期里逐渐养成的、一时不容易改变的行为、倾向或社会风尚”——不难看出，习惯具有个体和社会群体两个层面的意义：

从个体层面来看，习惯是个体后天习得的自动化了的动作、反应倾向和行为方式，它是条件反射在个体身上的积淀。从社会群体层面看，习惯是人们在长期的生活中形成的共同的、相对稳定的行为方式和反应倾向。

*

人们通常把习惯分成好习惯和坏习惯两大类，这种分法虽然简便，却很笼统。《儿童教育就是培养好习惯》（孙云晓等主编）从不同的角度对习惯进行了较为细致的分类，归纳出来主要有：

一、按习惯的价值分：良好（积极的）习惯和不良（消极的）习惯

凡是对人的学习、工作和生活等起积极作用的，适应人的正常需要，且对人具有正向价值的一类习惯就是良好的习惯或积极的习惯。如节约能源、坚持体育锻炼等。

反之则是不良的习惯或消极的习惯。如不讲究卫生、酗酒、吸烟等。

二、按习惯的层面分：社会性习惯和个（个体）性习惯

社会性习惯多是强调与他人发生联系的习惯，通常体现为适应公共生活领域的习惯。如遵守交通规则、爱护环境、文明礼貌等。

个体习惯则是社会个体所独有的习惯。如有人习惯早睡早起，有人习惯于晚睡晚起；有人习惯早上锻炼，有人习惯晚上锻炼等。

三、按习惯的水平分：动作性习惯和智慧性习惯

动作性习惯主要是一些自动化了的身体反应和行为动作，比较简单，形成的时间较短，容易训练。如饭前便后洗手、早晚刷牙洗脸等。

智慧性习惯比较复杂，层次更高，需要较长时期的训练才能形成，这类习惯主要涉及的是思维方式、情感反应和心理反应倾向方面的内容。比如做事有计划、凡事三思而后行、实事求是、大胆质疑等。

四、按习惯与能力的关系分：一般性习惯和特殊性习惯

一般性习惯与人的一般能力要求相一致，如善于观察事物、勤于思考等。

特殊性习惯与特殊技能和能力要求相适应，如建筑师、艺术家等职业所需要的利用表象构图的习惯等。

五、按不同的活动领域分：学习习惯、生活习惯、工作习惯、交往习惯

这是按照人们日常活动的主要领域来分的，还可以进行细分。比如学习习惯中可分出预习习惯、复习习惯、作业习惯等。

六、按出现的时间分：传统性习惯与时代性（现实性）习惯

从历史上传承下来的习惯可以看成传统性习惯；随着社会的变迁人们在现实生活中形成的新习惯就是时代性习惯，比如乘电梯靠右边站立的习惯，等等。

*

教育专家关鸿羽教授在研究中发现，人的行为从方向上可分为良好行为与不良行为，从行为方式上可分为定型性行为和非定型性行为。

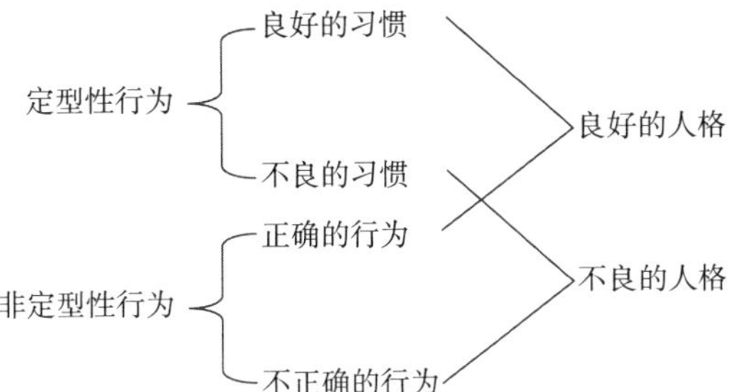

上图实际也呈现了习惯与人格的关系：良好的习惯是形成和完善好的人格不可缺少的一部分。而不良的习惯也正是形成不良人格的重要原因之一。而人的行为有四个层次，依次为被动性行为、自发性行为、自觉性行为和自动性行为。这四个层次是依次递进的，各层次的特点可由以下图表得到说明：

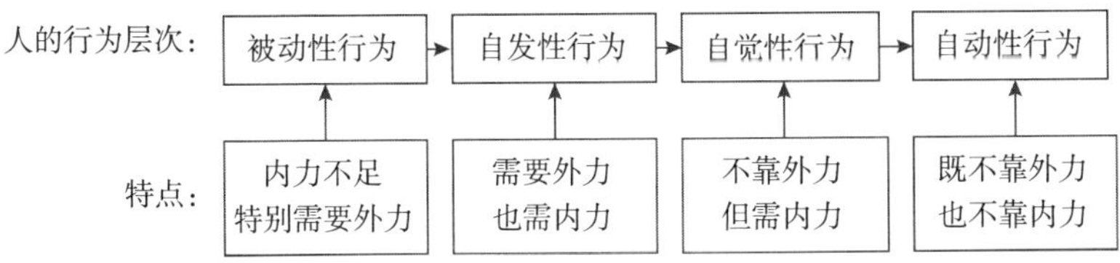

这四个层次实际上也揭示了习惯养成的四个阶段，到最后一个行为层次即自动性行为阶段时，也就是养成习惯了。养成良好的习惯就是行为的最高层次。

我们可以看一个具体的例子：

一个刚进幼儿园的3岁小孩，从前习惯了被家人抱着走或背着走，对老师提出的“自己走”的要求，他会经历四个阶段：

第一个阶段：被动。他对为什么要自己走还没有认识。在幼儿园里，老师提醒了，他就会自己走；离开幼儿园，没有老师的提醒，他就不会自己走了，还是要家人背或者抱着。

第二个阶段：自发。通过老师的教育，他对“自己走”有了一定的认识，但还不能完全控制自己，需要一定的情境提醒和外部监督，经常出现反复。比如父母送他上幼儿园，出门时他会要求被抱着或背着，但在门口看到老师时，他便会意识到自己的行为不恰当，要求下来自己走。

第三个阶段：自觉。坚持一段时间后，不需要接受老师和父母的监督，他基本上能够做到自我要求和自我控制了，偶尔会有反复，需要自己的意志努力，自己说服自己要自己走。还不是自动的行为。

第四个阶段：自动。既不需要老师和父母的监督，也不需要自己的意志努力，不管在什么地方、什么时间都愿意自己走，自己走成为一种自然的、自动的行动，即形成了一种习惯。

这四个阶段与养成教育经过的阶段是吻合的。养成一个好习惯，通常就需要经过从被动到自发、再到自觉、最后到自动的过程。

可以说，习惯是我们大脑里所有意识、感觉、思考模式综合后，落实到行为上的人体软件。在很大程度上，人的行为取决于他的习惯，透过一个细微的习惯，往往能分析一个人的思想、作风、道德或文明的程度。良好的道德行为习惯，能使品德从内心出发，不走弯路而达到高境界。从系统科学的观点来看，道德习惯是道德行动自动化的过程，是由不经常的道德行动转化为个人品德的突破点，是品德发展由量变到质变的指标，其中贯穿了“知——情——意——行”的基本线索。

*

素质是指人在后天通过环境影响和教育训练所获得的稳定的、长期发挥作用的基本品质结构，包括人的思想、知识、身体、心理品质等。全面提高人的素质的教育，可以称为素质教育。

也许很多人并不知道，素质教育其实是中国对世界教育的一个重要贡献。2008年，中国的“素质教育”正式被联合国列为世界教育品牌，由于找不到合适的英译词，世界通用名称被确定为“suzhijiaoyu”（汉语拼音）。

我们经常讲的素质教育就是指这个了。而人的素质究竟是怎样形成的呢？明确的答案是——人的素质是逐步养成的，而不是教诲而来。我想，这应当是素质教育的精髓。

这里“逐步”的意思是，“养成”是有关键期的，无论是古代、近现代，还是当代，许多著名的教育学家、心理学和思想家都认为行为习惯要从小培养。这样看来，人在未成年以前，尤其是年幼的时候是培养行为习惯的最佳时期。就现代心理学和教育学的研究看，幼儿期（3岁～6岁）、童年期（7岁～12岁）、少年期（13岁～16、17岁）都是行为习惯养成的重要时期，特别是幼儿期和童年期更是关键。

就现代学校教育制度看，幼儿期和童年期相当于幼儿园阶段和中小学教育阶段，因此，幼儿园和中小学教育的一项重要的内容就是进行良好习惯的培养。

以下这个故事，多年前，我曾经把它写在一本书的封面上，使之流传极为广泛：

1988年1月18日至21日，75位诺贝尔奖获得者在巴黎聚会，以“21世纪的希望和威胁”为主题，就人类面临的重大问题进行研讨。

在会议期间，有人问一位诺贝尔奖获得者：

“您在哪所大学、哪个实验室学到了您认为最主要的东西呢？”

这位白发苍苍的获奖者回答：

“是在幼儿园。”

提问者愣住了，又问：

“您在幼儿园学到些什么呢？”

科学家耐心地回答：

“把自己的东西分一半给小伙伴们；不是自己的东西不要拿；东西要放整齐；吃饭前要洗手；做错了事情要表示歉意；午饭后要休息；要仔细观察周围的大自然。从根本上说，我学到的全部东西就是这些。”

从小培养良好的行为习惯很重要。少年儿童成长中的每一天都是习惯培养的好时机。正如儿童教育家陈鹤琴所指出：“教育一个人要从小就注意的，讲话怎样讲，批评怎样批评，做人的态度，对人的礼貌，以及一切的一切都要从小养成。国外有句俚语说，‘开始做得好，一半做到了’。中国的先哲也有‘慎始’的教训，一种习惯的养成，莫不由‘渐’而来。做人是顶难的，一定要从小就加以训练，养成种种优良的习惯和态度，在孩提时代已经受了良好的教育，到青年的时候，自然可以减少许多问题。‘慎始则善终’，这是必然的结果。”

在少年儿童时期，由于孩子的身心发展还未定型，具有较强的可塑性，这一时期可以说是养成教育的关键期，在这个时期对孩子各种良好行为习惯进行培养，以便为孩子日后的学习和工作打下坚实的基础，是一件省力而高效的工作。

可以说，新时期的养成教育理论实践体系，是一个文化系统。尤宗周先生也在《国学概说》中明确了人生“幼儿养性、童蒙养正、少年养志、成人养德”四个阶段的教育理念，我认为这是从文化意义上对养成教育的精彩阐述。这四个阶段的阐述，其中关键词就一个字——养。养是一个渐变的、无意识的教育存在，更是教育者与受教育者之间相互精神滋养的过程。繁体字“養”字语源是“羊”。《说文·食部》：“養，供養也。从食羊声。”许慎把“養”字视为形声字，但分析“養”字的原始结构，它又是一会意字，乃一人献羊之象，其字根都是“羊”。由“羊”这个字根引发的几个字都是“养”的外延，如羊大为“美”，羊者“祥”也，羊言为“善”，羊我为“義”（儀）。文字是文化的重要载体，文字所传递的往往又是人类文化最基本的或最原始的信息，分析文字的字源学意义，是把握文化脉动的重要途径。所谓养成教育的过程，就是“善”、“美”、“祥”、“义”四个汉字的全部演绎。因此，素质是养成的。

*

怎样培养习惯呢?

培养良好的习惯，不是一两天的事情，需要经历一定的发展阶段。

按照美国科学家的研究，一个习惯的养成需要21天。

中国习惯教育家周士渊认为，这21天是个平均数，养成的习惯不一样，每一个人的认真程度不一样，刻苦程度不一样，所用的时间也肯定不一样。既然这21天是个平均数，那我们用一个月的概念更好记，而且更保险。培养习惯重在一个月，关键在头三天。同时，周先生还总结出习惯培养的七个秘决，即：

一、真正懂得重要性。

二、找出可行性分析。

三、统筹安排，逐一击破。

四、关键前三天，重在一个月。

五、每天前进一点。

六、借东风。

七、坚持不懈，直到成功。

美国著名教育家曼恩的名言，即“习惯仿佛一根缆绳，我们每天给它缠上一股新索，要不了多久，它就会变得牢不可破”。

世界上的事情，怕就怕认真，怕就怕坚持。如果你真凡事认真，真坚持去做，一个月下降一厘米难不难？不难；第二个月再下降一厘米难不难？不难。难的是什么？是坚持，这就是习惯，坚持才有习惯，习惯在于坚持。

*

关于培养习惯，笔者提炼总结了一个“七步模型”，供读者参考——

第一步：注重第一次。

第一次，在习惯养成中具有重要的作用，正如“水滴石穿”的力量都是从点点滴滴之中积累起来的。好的“第一次”往往能打下一个好的基础，因此而养成好习惯的可能性就较大，不好的“第一次”往往会使人们滑向别处，随之而来的很可能就是坏习惯。

一位母亲为她的孩子伤透了心，不得不去找心理问题的专家。专家问：“孩子第一次系鞋带的时候打下个死结，你是不是不再给他买有鞋带的鞋子？”夫人点了点头。专家又问：“孩子第一次洗碗的时候，弄湿了衣服，你是不是不再让他走近洗碗池？”夫人称是。

专家接着说，“孩子第一次整理自己的床铺，整整用了一个小时，你嫌他笨手笨脚，对吗？”这位母亲惊讶地看了专家一眼，专家又说道：“孩子大学毕业去找工作，你又动用了自己的关系和权力。”这位母亲更惊讶了，从椅上站起来，凑近了专家说：“你怎么知道的？”

专家说：“从那根鞋带知道的。”

美国著名教育家曼恩曾经说过：“习惯仿佛像一根缆绳，我们每天给它缠上一股新索。要不了多久，它就会变得牢不可破。”试想，如果绳索在一开始的时候就没有缠好，即使你再缠上100道绳索，也只能越缠越歪。因此，要先打好基础，注重第一次或前几次良好行为出现后的鼓励和强化，以及不良行为出现后的教育与矫正。这样，在每天缠上新的“绳索”的时候，习惯就会变得牢不可破。

教育家陈鹤琴对此曾有过精彩论述。他认为，“无论什么事，第一次做得好，第二次就容易做得好；第一次做错，第二次就容易做错。儿童种种坏的习惯，都是由于开始学的时候，他们的教师或父母没有留意去指导他们的缘故，以致后来一误再误，成为第二天性；所以要教小孩子教得好，必定要在第一次的时候教得好。所以，对于第一次的动作，做父母和教师的要格外留意指导，以免错误”。

“注重第一次”就是要在习惯培养的初期，打下良好的基础，不放松细节问题，使好习惯牢不可破，使坏习惯无机可乘。在养成教育中，这是一个很基础也很重要的步骤。

第二步：找好突破口。

稍微有一些医学常识的人都知道，针灸时，医师如果没有摸准穴位就随便给人扎针，不仅不能得到好的治疗效果，反而会给病人带来更大的痛苦。而在习惯养成的过程中，“突破口”就如同针灸中的“穴位”，找对了突破口，良好的习惯也就离你不远了。找好“突破口”，无疑是在习惯养成的道路上前进了一大步。

教育专家孙云晓在他的报告文学《唤醒巨人》中有一个故事非常发人深省。

周彩虹，13岁，大款的女儿，身高1.69米，可是她就是不爱学习。为了让她成绩提高上来，班主任周老师常常免费给她补课。但是，她却变着法儿想逃走。有一次，她甚至对周老师说："我家远，6点是最后一趟班车。如果您留我补课，请把打车的钱给我。"

为了培养周彩虹爱学习的好习惯，周老师不断寻找办法，后来，周老师经过研究，终于找到了一个突破口：

一天，周老师约周彩虹谈话。周彩虹以为又要谈学习，一副死猪不怕开水烫的样子，总用眼睛望着窗外。周老师笑笑，问：

"彩虹，你去当模特怎么样？"

"当模特？"

周彩虹的魂儿一下被勾了回来，她简直无法相信，班主任会与她这个"差生"谈时尚问题。

"是啊，我一直在琢磨，你1.69米的个子，审美意识强，又有运动潜质，当模特也许是一条适合你的发展之路。"

"可……可我这么小，去哪里当模特？"

周彩虹来了情绪，却又不知所措。

"你看，东华大学模特队培训班不在招生吗？"

说着，周老师取出一些资料，递给周彩虹，说：

"我研究了一下，我相信，你去报名会被录取的。"

"真的？"

周彩虹心跳加快了。要知道，她暗暗做过当模特的梦，却头一回有机会实现梦想。

之后，进入了模特班的周彩虹，仿佛变了一个人，对生活中的一切都热心起来了。预备班准备开主题班会——“祖国在我心中”，她头一个报名出节目，说用报纸设计时装来表演。周老师建议多找几个人，效果会更好一些。于是，她就找了三个男生三个女生。

从此，周彩虹更忙了。每到周末，便约同学们去附近的公园里练习走台步。她已经受了一段时间的正规训练，加上天赋灵感，还挺像个模特教练的样子。训练结束，她请同学们到家中吃晚餐，与大家建立了融洽的关系。结果，节目大获成功。

不久，全校举行班会巡展。预备班由周彩虹领队的模特表演，最后一个出场，却一下子征服了全校师生。谁也想不到，闸北八中会冒出一只挺专业的模特队，而且出在最懒的预备班里。他们狂热鼓掌，高声叫好。不用说，此节目荣获一等奖。

给点阳光就灿烂。看到今非昔比的周彩虹，周老师深深认同了这句话：成功教育就是播撒阳光的教育。

这天放学，她又约周彩虹谈心。此时的周彩虹与周老师早已情同姐妹。每一次交流对于她都是一种享受。

周老师说：

“彩虹啊，看到你在模特艺术上潜力无限，老师真为你高兴啊！”

“我也觉得生活有意思了，一切都变得那么可爱！”

“可是，我也有些担心。”

“怎么？”

周彩虹紧张起来了。她知道周老师虽然年轻却并不轻言，说什么都有比较充分的准备。

“你回去看一下，这是我从网上下载的资料，都是关于模特专业发展的。”

周老师递给她一摞资料，平静地说：

“现代社会对模特的素质要求越来越高了。一级模特，要有大学学历，最低一级的模特，也要中职毕业。明白吗？”

周彩虹的脸上掠过一丝阴云，她沉思了一会儿，说：

“这就是说，我先要初中毕业，再至少读完中职或高中，才可能正式进入模特界，对不对？”

“完全正确。”周老师点点头，又说，“我观察你很久了，发现你很机灵。只要你肯学习，在八中这样的环境里，你一定会成功的！而这一点关系到你的一生。”

也许是，这一次对症下药的谈话；也许是，当模特的成功给了她从未有过的信心。从此，周彩虹开始以新的状态学习。她上课认真听，课下与同学讨论，并且主动找各科老师补课。渐渐地，周彩虹的学习成绩上来了，与她的模特步儿一样向前向前。

周老师终于找到了周彩虹的“命脉”，这个命脉就是“时装”。当老师和她谈起做模特的时候，她的眼中一亮。而这亮光，就是她后来不断进步的动力。通过这个突破口，她渐渐开始重视学习，并爱上了学习。

第三步：树立一个同龄榜样。

对于青少年而言，父母的榜样是一方面，同龄人的榜样示范也不可缺少。心理学研究表明，对于稍微大一些的孩子来说，同龄群体对他们的影响往往超过了父母。这时，在各种习惯形成方面，同龄伙伴可能会给他超过父母的影响力。

心理学认为，个体有时会通过特别的心理动机，有选择性地吸收、模仿某些特殊的人或物。心理学把这种模仿称为“仿同”作用。仿同是一种吸收或顺从另外一个人或团体的态度、行为的倾向。而青少年常常模仿、吸收的大多是身边令自己喜欢的同龄伙伴的行为。对青少年来说，同龄伙伴与自己的生活环境相似，所经历的事情、所说的话、甚至所看的节目都相似，这时，更可能有交流的话题。人们的思维、情感和行为往往受外界环境的影响，尤其是在早期人格发展中，学习别人的言行和思维，是个体社会化的重要途径。

另外，美国学者哈里斯还提出了“群体社会化发展理论”。这一理论认为，在现代社会中，家庭之外的社会化就发生在儿童期的群体学习之中。儿童在其社会化过程中，一般需要学习两套行为系统，一套用来适应家庭内部的生活，一套用来适应在社会上的生活。家庭在儿童社会化过程中，前期起的作用比较大，也就是说，在儿童幼年时，家庭对他们的最初社会化作用大一些，而到了孩子的儿童期、少年期，家庭的影响渐渐在减弱、淡化，群体的影响渐渐增强。所以，每一个儿童都应该参与并认同一个社会群体，从而在群体中学习在社会公众中的行为方式。

第四步：引导孩子进行自我训练。

习惯是一种动力定型，是条件反射长期积累和强化的结果，因此必须经过长期、反复的训练才能形成。严格要求，反复训练，是形成良好习惯的最基本的方法。

我国古代的学者们就非常重视行为习惯的训练，重视言行一致的作风。荀况说：“不闻不若闻之，闻之不若见之，见之不若知之，知之不若行之，学智育行之而已。”古代人把他们的道德要求编成《三字经》、《朱柏庐治家格言》、《弟子规》等，让人们牢记并按照要求反复训练，效果非常明显。

国外的教育家也很重视行为习惯的训练。洛克曾说：“儿童不是用规则教育可教育好的，规则总是被他们忘掉。你觉得他们有什么必须做的事，你便应该利用一切时机，甚至在可能的时候创造时机，给他们一种不可缺少的联系，使它们在他们身上固定起来。这就可以使儿童养成一种习惯，这种习惯一旦养成以后，便不用借助记忆，很容易地、很自然地发生作用了。”

实践证明，**真正的教育不在于说教，而在于引导孩子自我训练**。如果习惯培养只停留在表面的口头话语，那这样的习惯一定是没有真正的生命力的，时间长了，还容易使人养成言行不一致的坏作风。只有反复训练才能形成自然的、一贯的、稳定的动力定型，这是人的生理机制决定的。所以说，没有训练，就没有习惯。

训练法对于成长中的孩子尤为重要，因为青少年的品德形成往往不是先从概念开始，而是从实践中体验和训练出来的。对于一些大道理，青少年理解起来尚有困难，但是随着年龄的增长，慢慢地也就理解了，这时养成的习惯就如同他们的第二天性一样自然了。

第五步：进行正强化。

大家可能有类似的体会，自己在某种情境下做了某一件事情，如果获得满意的结果或肯定的答复，下次遇到相同情境时做这件事的积极性就会提高，不知不觉中，就养成了一种习惯。这就是“正强化”。

虽然不能片面地夸大一次表扬和鼓励就能塑造一个崭新的行为，但我们应该看到：正面的、积极的外界反应和自我评价，对良好行为习惯的养成有较为明显的促进作用。

运用好“正强化”的方法，就是要在习惯的培养中，引导孩子学会肯定自己，从某种意义上说，就是要指导孩子进行“自我表扬”、“自我奖赏”、“自我鼓励”。

下面这个案例中所用的策略就是“正强化”：

丁红上小学四年级，语文成绩还行，数学是她最大的麻烦，尤其是遇到应用题的时候，老师讲的例题当时也能听懂，等她自己写作业的时候又不会了。回家后她向当工程师的爸爸讨教，爸爸给她讲了两遍，她还是似懂非懂，妈妈在一边着急了，责怪丁红反应慢。爸爸在书房里来回踱步，像是在想问题。大约5分钟后，爸爸对女儿说："我想起来了，我上小学的时候通常一个问题要讲六遍才能听懂，我们重新开始吧。"

爸爸又耐心地讲了三遍，女儿终于听懂了。爸爸说："你比爸爸小时候回答问题的速度还快呢，只要你不怕困难，坚持思考，你将来一定会超过爸爸的。""真的吗？"丁红虽然有点不相信，但欣喜之情挂在眉梢。

可别小看了丁先生的这几句话，后来丁红遇到难题的时候，不但不怕一遍又一遍地问别人，还不怕一遍又一遍地自己下苦工夫思考，直到把问题彻底搞明白为止。十一年以后，在小学同班同学里，她是唯一获得研究生学历的人。

第六步：和孩子签订一个行为契约。

行为契约有两种类型：单方契约和双方契约。我们在此只谈后者，它是指双方经过谈判，共同协商的一种对双方行为均有约束力的书面约定，体现了双方互为强化和互惠互利关系。签约双方之间是有相互关系的，如配偶、亲子、同学、同事等。双方都想改变对方的行为，一方的行为改变充当了另一方行为改变的强化物，如果有一方没有执行约定的行为，就可能导致另一方也不执行协议，整个行为契约法就要失败。

在习惯培养中运用行为契约的方法，不仅可以进行有效的自我监督、自我控制和自我管教，同时也为父母对孩子的监督提供了更为客观的环境，能省略很多不必要的"啰嗦"和"唠叨"，可谓一举两得。

在实行行为契约法的过程中，要保持行为契约的约束性，需要孩子与父母共同维护契约的约束性，才能不断强化双方的良好行为，最终养成好的习惯。

从某种意义上来说，“行为契约法”也是在习惯养成中有效改善亲子关系的“润滑剂”。它反映了两个层面的亲子关系，即父母与子女之间在教育地位上的不平等关系，以及在人格地位上的平等关系。

“行为契约法”常常用类似公司签协议的表述方式帮助孩子进行自我观察，建立良好行为，父母因此省去了许多说教，亲子之间的情绪冲突大大减少。

第七步：家校合作，形成风气。

培养习惯的最后成果，是形成家风或者校风。

培养习惯绝不仅仅是家庭的事情，要取得好的效果，父母要及时与学校沟通、配合。这样做，才能达到家校共振，使孩子的好行为真正变成稳定的、自动化的习惯。否则，如果父母与老师之间较少沟通，孩子往往在家一个样，在学校里一个样，从而变成两面人，所谓的“5+2=0”问题，正是家校缺乏配合的结果。

在习惯培养方面，尤其需要父母和学校主动配合。这是因为一个良好习惯的形成，需要漫长的时间，不像教孩子“1+1=2”那么简单，在短时间内就可以让孩子掌握。习惯培养需要孩子自身知情意行的良好统一，也需要学校和家庭的配合。当几方面通力合作、步调一致的时候，孩子才有一个好的环境，才能在这样的环境里把偶然的行为内化为长久的习惯。

一位母亲对此深有感受。她认为，父母只有及时与学校沟通，并相互做好配合，才能改变孩子的不良习惯，把孩子培养成为一个具有健康人格的人，她撰文写道：

记得我的孩子刚上一年级的时候，我非常关心他在学校里的表现，因为这是他正式步入社会的第一步。于是，只要有见着老师的机会，我就会走上前去，问问老师孩子的情况。但是几次下来，我再也不问了，因为从老师的嘴里我只能得到三个字“挺乖的”。这是什么含义呢？说得好听点，就是“好孩子，小乖乖”；说得不好听点，就是“小呆瓜”一个。如果我的孩子是个女孩，我可能还会心安理得，可他是男孩呀。我也能理解老师，那么多的孩子在一起，乱起来的时候，吵都吵死了，如果有好多的乖孩子，那是多么高兴的事情呀。于是，我想，“革命还要靠自己”，我来主动配合老师吧。

于是，我总对儿子说：“有什么事不要怕，大胆地跟老师说。”儿子答应了。但在学校仍然不能做到敢想敢说敢干。比如上课时，有些孩子只要老师一问，就马上举手，而且恨不得还没叫他呢，他就站起来了。甭管回答得对不对，精神可嘉。可我儿子总是想好了才举手，有点被动中的主动的感觉。于是，学期末，老师给儿子一个评语：“性格内向”。老师的话是对的，但我知道他的这种内向型性格不是天生的，是后天造成的。因为儿子比别的孩子早进入了社会。我和丈夫的工作都是一天8小时的坐班制，不能照顾孩子。双方父母都没有可能帮助我们。再加上住房条件差，请保姆也没有地方住，因此孩子刚7个月大的时候就送进了托儿所。两岁多就上了全托。孩子对集体生活有了一套自己的应付方式，给人一种假象：内向。课上不说，课下再说，当着老师不说，背着老师再说。所以孩子之间发生了什么事，也逮不着他，因为在老师面前他总是乖乖的。我不喜欢他这样，我希望他敢想敢说敢干，希望他是一个把什么东西都摆在明面的孩子。

但是怎么扳过来呢？首先我背着孩子，找到了老师，把孩子的过去告诉了老师。然后我又带着孩子去见老师。老师当着我的面，表扬了孩子已有的优点，并把应注意的，比如有话和老师说，大胆发言，等等又强调了一遍。从此孩子在学校里敢于和老师进行交流。我把这种沟通叫作主动中的被动……不要害怕和老师沟通，老师最不怕的就是有话当面说，最害怕的是瞒她、骗她。更不要怕正确地教导孩子，孩子对的就要鼓励、帮助，错的就要配合老师教育，千万不可当着孩子的面一套，背着孩子一套，更不可当着孩子面埋怨老师、指责老师。降低了老师的威信，也就降低了父母自己的威信。

这位明智的母亲说出了一句至理名言——**降低了老师的威信，也就降低了父母自己的威信**。之所以这样说，是因为父母和老师在教育孩子方面是站在一条线上的。

*

遵循培养人格化原则，我们课题组60多位跨学科专家（涵盖哲学、教育学、心理学、脑科学、人体工程学、医学、营养学等学科），以及数位优秀的校长、特级教师，从180个行为习惯中进行了为期3年的实验论证，最后确定了6个习惯至少是符合以下原则的：

一、符合行为循环论原则。人的自动化行为习惯一般呈现为螺旋式上升的形态。按照行为学基础理论，我们在做人、做事、学习、与人合作相处等四个方面之间寻找到关键线索，使这个线索贯通人的整体发展中，最后落脚在某一个有机的习惯上。所以，这6个习惯是和谐的、有机的，又是互相呼应的。

二、符合行为中心控制论原则。我认为，改正坏习惯是很困难的，也是事倍功半的，只有培养好的习惯、根本的习惯，让这个好习惯带动培养其他很多的好习惯。这6个习惯均是符合中心控制论的根本习惯。在这6个习惯的背后，实际上可能是几十个习惯、几百个习惯。

三、符合人格化习惯原则。习惯是一把双刃剑，会用的是一把好剑，不会用的则可能是伤害人控制人的“凶器”，因此我们倡导必须谨慎选择培养哪些好习惯，其原则就是，以人为本，从人的内在需求特征出发，培养人格化习惯，这是安全的、科学。社会上流行很多培养习惯的书，提出了很多过度细化的要求与内容，我看是需要警惕的。

我们把这6个习惯，作为适应我国全部人群的中心习惯，向全社会推广，以强健公民整体道德素养。教育不只是孩子的事情，我们渴望所有的人和孩子一起来自主培养，共同成长，共同进步。

*

习惯一：把一件事情做到底。

首先，把简单的事情做好，就是不简单。在生活中，我们会发现这样一个现象，有的人默默无闻，但始终坚持把简单的事情做好，最终总是能如愿迈向成功。其实，这里面隐藏了一个奥秘，那就是，把简单的事情做好，就是不简单。

古希腊大哲学家苏格拉底，思想深邃，思维敏捷，关爱众生又为人谦和。许多青年慕名前来向他学习，听从他的教导，都期望成为像老师那样有智慧的人。他们当中的很多人天赋极高，天资聪颖者济济一堂。大家都希望自己能脱颖而出，成为苏格拉底的继承者。一次苏格拉底对孩子们说："今天我们只学一件最简单也是最容易的事，每个人都把胳膊尽量往前甩，然后再尽量往后甩。"苏格拉底示范了一遍，说："从今天起，每天做300下，大家能做到吗？"孩子们都笑了，这么简单的事有什么做不到的？

第二天，苏格拉底问孩子们："谁昨天甩胳膊三百下？做到的人请举手！"几十名孩子的手都哗哗地举了起来，一个不落。苏格拉底点头。一周后，苏格拉底如前所问，有一大半的孩子举手。过了一个月后，苏格拉底问孩子："哪些孩子坚持了？"有九成的孩子骄傲地举起了手。

一年后，苏格拉底再一次问大家："请告诉我，最简单的甩手动作还有哪几位同学坚持了？"这时，整个教室里，只有一个孩子举起了手，这个孩子就是后来成为古希腊另一位伟大哲学家的柏拉图。他继承了苏格拉底的哲学思想并创建了自己的哲学体系，培养出了堪称西方孔夫子的大哲学家亚里士多德。

与“每天甩手三百下”一样，许多看似简单的事情，其实际的意义并不在于事情本身，而在于做这件事情的过程对人的意志品质的修炼。一如既往地做好简单的事情，是坚持，是积累，时间长了，便会内化成为人的一种韧性。

其次，任何事情都有它的时间表，做事情需要克服急躁，耐心等待是一种智慧。

曾经有一个著名的推销员，在他的退休大会上，有人问他推销保险的秘诀是什么。他微笑着说一会儿就告诉大家。所有的人都企盼着。

这时，从后台出来4个强壮的男人，合力抬出一座铁马，铁马颈下挂着一只大铁球。所有的人都不明白接下来是做什么。

推销员走上台，没说话，敲了铁球一下，铁球纹丝没动；隔了5秒，他又敲了一下，还是没动。于是他每隔5秒就敲一下，持续不停，但是铁球还是一动不动。

时间已经过去半个小时。他还没有说话，铁球还是纹丝不动。人群开始骚动，陆续有人悄悄离开。

推销员还在敲铁球。人愈走愈少，最后只剩下零星几个。这时，大铁球终于开始慢慢晃动了。40分钟后，铁球大幅度摇晃起来，任何人都没法使它停下来。

推销员最后说：“这就是我送给你们的秘诀。坚持必然会有结果。但只有耐心的人才可以得到这个秘诀。”

这个世界上没有一步登天的事。不急不躁，心平气和，审时度势，才能更长久地坚持下去。见效快，是广告上的说法，事实上，任何事的推动都需要能量的积累，很多教育者等不到“见效”就放弃，不是因为方向错误，而是因为能量的积累还没有到可以推动的地步。在家庭里最容易产生半途而废的实验，半途而废的监督，半途而废的承诺，家长的有效引导缘自于自己的认知和修养。

第三，善始善终，画句号是每一个人应该掌握的事情。幸运总是降临在意想不到的时刻，但也会因为我们最后关头一点点的漫不经心而离去。从做事开始，再以做事结束，牢牢锁定目标，才能画出圆满的句号。

有个老木匠准备退休，他告诉老板，说要离开建筑行业，回家与妻子儿女享受天伦之乐。老板只得答应，但问他是否可以帮忙再建一座房子，老木匠答应了。

在盖房过程中，大家都看出来，老木匠的心已不在工作上了。他用料也不那么严格，做出的活计也全无往日水准。

老板并没有说什么，只是在房子建好后，把钥匙交给了老木匠。

“这是你的房子。”老板说，“我送给你的礼物。”

老木匠愣住了，同样，他的后悔与羞愧大家也都看出来了。

他这一生盖了多少好房子，最后却为自己建了这样一幢粗制滥造的房子。

有时候，我们离成功仅仅一步之遥！但如果善始不善终，就很可能使那小小的一步成为无法逾越的距离。这就好比一个人爬梯子摘树上的苹果，不论他之前付出了多少汗水，哪怕离甜美的果实只有一毫米，也要小心翼翼，蹬稳梯子，伸手采摘，这样才能有所收获。

*

习惯二：孝敬父母。

在源远流长的中华传统美德史上，孝敬父母是自古至今的先贤们倡导的为子之道，做人之本。孝敬父母也是现代社会最基本的文明要求。对于当今以独生子女为主体的中小学生，具有更加深远的意义。百善孝为先，倡导新时期的孝道，还是从小培养孩子爱国之心的起点，一个人从小能做到孝敬父母，推广开去，便能懂得爱人、关心人、尊重人，增强社会责任感。从一定意义上说，孝是做人的起点。可以想象，一个不爱自己父母的人，更不用说去爱其他人了。当然长大后也很难去爱自己的国家和人民。

培养孩子孝敬父母的习惯，协助孩子觉悟孝道之美妙，并不是依靠讲道理来实现的，而必须是无痕的、无言的。

在一个阳光明媚的星期天，聪明的男孩可可给妈妈写下了一张账单："可可帮妈妈到超市买食品，妈妈应付5美元；可可自己起床叠被，妈妈应付2美元；可可擦地板，妈妈应付3美元；可可是一个听话的好孩子，妈妈应付10美元，合计：20美元。"可可写完后，把纸条压在餐桌上，便上床睡大觉去了。忙得满头大汗的妈妈看到了这张纸条后，只是宽容地笑了笑，随即在上面添了几行字，放回了可可的枕边。醒来的可可，看到了这样的一张账单："妈妈含辛茹苦地抚养可可，可可应付0美元；妈妈教可可走路、说话，可可应付0美元；妈妈以后还将继续为可可奉献，可可应付0美元；妈妈拥有一个天使般可爱的小男孩，可可应付0美元，合计：0美元。"这张纸条，至今仍被可可珍藏着。

这张纸条记录着一个孩子从懵懂走向懂事的经历，同时又在他的心灵深处培植了情操之根。更加重要的是，孝道的价值不在于启发觉悟，而在于行为。还有这么一则小故事：

有三个妇人去井边打水。

一个妇人说："我的儿子很机灵，力气又大，谁也比不上他。"

另一个妇人说："可我的儿子会唱歌，唱得像夜莺一样悦耳，谁也没有他这样好听的歌喉。"

第三个妇人默不作声，另外两个人奇怪地问："你为什么不谈自己的儿子呢？"

她回答说："我的儿子什么特长也没有，没什么好说的。"

谈话间，她们的水桶装满了水，三个人提着水桶往回走。水桶很重，她们走走停停，手臂伸得越来越痛，背也越来越酸。

突然迎面跑来三个男孩。一个孩子边跑边翻跟斗，他母亲露出了欣赏的神色。另一个孩子像夜莺一般唱着歌，天空都凝神倾听。第三个孩子跑到母亲跟前，从她手里接过两只沉重的水桶，提着走了。

以上的两个故事结合起来，我们可以理解到，培养孩子孝敬父母的习惯，关键在于教育者启发孩子的"知"，使之溶解为孩子自己的"情志"，最后形成孩子自己的"行为"。

*

习惯三：说了就一定要努力去做。

言而有信，是一个人的立身之本，信守诺言是应该具备的基本素质之一，但就养成教育而言，应该转化为具有操作性的一个习惯——说到了就一定努力去做。

首先，"说了就一定要努力去做"，要求我们遵守诺言，从而赢得他人的信任与支持。

行为分析训练学导师孟华琳曾这样说过诚信的力量："我获得了一些成功，但这不是因为我是天才，别人尊敬我也不是因为我是富翁，其中很大程度上是因为我遵守诺言！只要是我说出的话，我绝对兑现。所以，我的学生信任我，社会人士尊敬我，他们尊敬的不仅仅是我这个人，更是尊敬我坚守承诺的人品！我从不对别人失信，无论他是非常成功的名人，还是刚步入社会的穷小子。我相信，如果我经常爽约或是迟到，无论我怎么成功，也不会有人来听我的演讲。况且，没有诚信，我根本不可能成功。"

18世纪的英国政治家福克斯以其"言而有信"著称。他的父亲曾给他上过生动的一课，在他心灵上留下了不可磨灭的印象和影响。

那个年代，比较富有的英国绅士的住宅大都座落在漂亮的花园内。福克斯家的花园里有一座旧亭子，他的父亲打算把它拆除掉，本想在较为开阔处另建一座。就在这个当口，小福克斯从住宿学校回家度假，正巧赶上父亲雇来的工人在拆迁亭子。还是孩子的小福克斯很想亲眼看一看亭子是怎样被拆除的，所以他打算推迟几天再返校，而父亲要求他准时返校上课。最后，在母亲的协调下，父亲答应将亭子的拆除时间推迟到来年的假期。于是，小福克斯就离家返校了。

父亲想，儿子回到学校里整天忙于学习，时间长了也就把看亭子怎样拆除的事给忘了。于是，儿子走后，父亲就让人把亭子拆了，在另一处盖了一座新的。谁想到小福克斯一直把父亲答应的事记在心上。假期又到了，小福克斯一回到家，就朝旧亭子跑去，一看，旧亭子早就拆除了。早餐时，他郁郁不乐地对父亲说："你说话不算数！"年迈的绅士听后大为震惊，想了一下，严肃地说："孩子，你说得对。我错了，我这就改正错误。言而有信比财富更重要。纵有万贯家产也不能抵消食言给人心灵带来的污点。"说罢，父亲随即让人在原地盖起一座亭子，再当着孩子的面将其拆除。

既然许下了诺言，就要努力去做到。不遵守诺言，会失去别人的信任，失去朋友，也可能失去成功的人生。我们也是一样，如果答应了别人什么事情，一定要记得努力去做，不能言而无信。

其次，“说了就一定要努力去做”还意味着说话算数，及时改过。那些具有超凡人格魅力的人，几乎都是能做到“言必信”。一个人树立了言而有信的意识，就能经常反思自己的行为，并通过自己的言行举止感染人。

一位老师上课时，用做菜加作料的例子给孩子讲道理，讲在兴头上，顺手在黑板上写出了板书“佐料”，同学们不由得互相对了对眼神，老师把“作料”错写成了“佐料”，自己还没有发现，于是一位同学就写了一张小条，夹在作业本里，交了上去。

第二天，一上课，老师就对同学们说：“昨天我把‘作料’写成了‘佐料’，咱们班的同学给我写了一张纸条，纠正了我的错误，我要和同学们一样，把错字改过来抄三遍。”

谁知老师因为工作忙，并没有把“作料”抄三遍，这个同学干脆又交了一张条，指出老师说到没做到。

上第三节课了，同学们一起回班，一进门就看见讲桌上有一张纸条，上面写着“作料、作料、作料”，而且是用孩子体写的，没有连笔。

上课了，老师对同学们说：“昨天，我答应大家要把‘作料’这个词抄写三遍，可是我忘记抄了，今天，我把它补上了，因为我不能失信，我得说到做到。”说完，给大家鞠了一个躬，然后，把这张纸条举给同学们看，最后把它郑重地贴在了黑板的左上角。

孩子们激动了，提意见的孩子说：“老师，您真棒！”

老师和家长对提给孩子的要求自己践行，比一百次训诫都有效。另外，诚信待人一定会给人带来快乐，它所隐含的真诚价值是非常珍贵的。

第三，“说了就一定要努力去做”意味着实事求是，不说瞎话。

做人做事如果不能做到这点，那么受到损害的可能不仅是自身形象，有时甚至会带来灾难性的后果。有这样一个故事：

1946年7月4日，德国法西斯已经灭亡了一年零两个月了。这一天，离华沙170公里远的凯尔采市的几百名群情激愤的市民冲向街头，见犹太人就打、就抓、就杀，有的犹太人被抓到帕兰蒂大街7号的一幢房子里被活活打死。这场肆无忌惮的屠杀从早上10点持续到下午4点，有42人被杀害，其中有两人由于被误认为是犹太人而被打死。

说来令人难以置信，这次屠杀竟是由于小孩子说谎而引起的。赫里安，波兰一个鞋匠的孩子，当时他和父母从20公里外的乡村搬到凯尔采市，住了才几个星期，对城里的生活很不习惯。7月1日，他偷偷搭车回到乡村小朋友之中，3天后他又溜回城里。见儿子回来，父亲不禁恼恨交加，拿起皮鞭就抽他，并大声责问：“你这顽皮鬼，这几天跑到哪儿去了？是不是给犹太人拐去了？”孩子见爸爸凶神恶煞一般，害怕了，于是顺水推舟地“承认”了这几天是被犹太人拐了去，还谎称犹太人把他拐到帕兰蒂大街7号的一个地窖里虐待他。

第二天上午，愤怒的父亲到警察局去报案。在回家的路上，很多路人好奇地问父子俩发生了什么事，父子俩绘声绘色地说赫里安被犹太人拐去折腾了几天，当时，虽然二战已经结束了，但德国法西斯的排犹思潮阴云并未完全散去。几个群众听信了谎言，异常愤怒，声言要对犹太人报复，而捏造的“事实”在几个小时内一传十，十传百，越传越走样（甚至说赫里安被犹太人杀害了）。于是酿成了这一天对犹太人的屠杀惨剧。

赫里安在他此后的生命里常常充满了负罪感。帕兰蒂大街7号如今已经重新修葺，改为纪念馆，让世人不忘过去，珍惜今天。

可以说，这是由于瞎话和谎话引起来的悲剧。所以，实事求是地反映和解决问题是做人的基本立足点，故而不说谎话，不编瞎话，对于形成诚实的人格，做到诚信做人至关重要。

*

习惯四：用过的东西放回原处。

把用过的东西放回原处，首先强调的是秩序感的建立。秩序是有条理、不混乱的状况。良好的秩序感能使人产生愉快、舒服以及安全的感觉。

用了东西放回原处，需要我们具有“归位”意识。归位意识体现在个人生活中，是整洁的生活状态；体现在公共场合中，则反映出一个人的公德心和对公共财物的责任心。遗憾的是，“归位”的意识在我国青少年的日常行为中似乎还没有完全形成。

曾经有记者进行过调查：北京图书大厦三层学生部，来这一层买书的以中小学生居多。书架上的新书琳琅满目，但有些书并不是按顺序、按门类整齐地放好，原因是一些孩子看完书后不知道放回原处，而是随手放进离自己近的书架。粗略统计，在四五十名买书的孩子中，只有约十人把看过不买的书放回原处。也有孩子知道把不买的书放回去，但只是放到大体位置，找到原来位置放回去的占少数。

国家图书馆是爱书人常去的地方，按要求来这里借阅书的人都在18岁以上。在这里，学生的表现也不能让人满意。在二层中文社会科学期刊阅览室，查阅期刊的学生大多来自高校，记者发现，多数读者知道看过期刊后放回原位，但90%以上的读者离开时不知道把椅子推回到桌子下面。15分钟前图书管理员刚排好的桌椅又都被拉了出来，管理员只好重新整理，每次整理时他的手里还会拿着一摞被读者丢放在桌上的杂志和废纸、杂物。

在有些国家，用完的公共物品“归位”已经成了人们的自觉行为，就像排队买票、购物一样自然。方便别人也是方便自己，对公共财物更加爱护已经成为一种美德。

其次，养成“用过的东西放回原处”的习惯，将提高生活、学习和工作的效率。很多人经常因为找不到要用的东西翻箱倒柜，甚至大动肝火，既浪费时间，又影响身心健康，真是很不值得。要是此前能养成良好的习惯，将用过东西放回原处，什么东西放在什么地方就会一目了然，有的时候取放东西就像本能一样自然，根本不会花费什么时间。

*

习惯五：认真写字。

汉字历史悠久，在漫长的岁月里经过了无数次的演变，直到今天，还被广泛使用。汉字是美的，是艺术的，是有创造力的。美学中的很多基本原理，就蕴含在每一个汉字中。

较之字母文字，汉字要复杂得多。它结构优美，表意丰富，具有强烈的美感和丰富的表现形式。要么疏可走马，要么密不容针，要把它们写得好看，就必须先把那些奇形怪状的笔画写好，并合理地进行组织。

汉字承载了历史，承载了文化，值得我们每一个书写它的人尊重和挖掘。写字的过程，实际上就是陶冶情操、培养审美能力、提高文化修养的过程。

美国心理学家赫尔斯坦认为，笔迹是大脑传递给手指的意念，就像指纹一样，世界上没有完全雷同的笔迹。笔迹学家只要对300个书写符号下笔时的用力程度、符号的大小以及笔划布局等进行分析，就可以断定此人个性的基本特征。

有的人写字比较潦草，难以辨认，这只是表面现象。内在的，可能就是这个人比较浮躁，做事不踏实，或者不是很用心。认真书写，可以塑造人的性格，对人、对事、对生活形成一种积极的态度，最直接的结果就是可以使人凝神静气，变得更沉着。

这让我想起当年高考备考时，班主任老师在考前一个月内为我们安排了一项工作，就是每人每天认真写字一小时，而且提出了三个要求：一是清楚，不一定要多好看，但一定要清楚明了；二是标点准确，不要忽视任何一个标点符号；三是姿势端正，在白纸上也能不偏不斜写上满满一页。

当时我们都不理解，但还是按照要求做了。高考结束后，我们这个班90%的同学的总成绩比原来预想的要高出15分左右。认真写字的作用怎么会有那么大呢？考前一个月，该掌握的知识都已经差不多了，除了补缺补漏以外，最重要的工作应当是调节心神，争取在原有知识水平上多拿一些分数，而认真写字起的作用至少有两个方面，一是集中精力，沉住气，调理心神，使一个人处于沉着的思维秩序之中，等到考试了，一个月养成的这种沉着习惯就发挥作用了。二是提高卷面的清洁和表达的质量，任何一门学科的考试仍然还是需要写字的，语文不用说了，史地数理化，门门考试都需要写一定量的汉字或者数字，而阅卷老师因为看考卷太多了，所以面对清楚整洁的考卷时，感觉到了一种尊重，所以心情是比较好的，很有可能就多给那么一分两分，几门加起来，就有十几分了。

其实很多基本的东西都被人们忽视了。众所周知，在未来的社会里，基本上都是运用电脑输入汉字，加之现在考试很多都是采用标准化，写字的工作似乎显得越来越不重要了。但是笔头和纸头仍是把握信息的非常简便的工具。它可以随思随写，想到什么就可以写什么，很实用，而且手写的东西可圈可点，比电脑更自由。

写字绝不仅仅是一种工具，更是一种思维方式。著名教育家霍懋征女士曾经在国家教育部教材中心召开的“硬笔字模”鉴定会上说：“随着信息时代的来临，尽管电脑日益普及，但硬笔书写仍是日常生活中不可缺少的传递信息和知识的技能，写一手好字仍是一个优秀人才应具备的素质之一。这一基本技能在一个人的生活中、工作中、人际关系等各个领域都有着重要的作用，手写汉字所特有的艺术性、创造性也是任何机器都无法做到的。”

认真写字的习惯至少具有以下根本的意义：

一、认真写字是学生个性成长的展现。人们常说“字如其人”，字在一定程度上反映了一个人的个性特征。有的字写得刚强，有的字写得温柔，有的字写得潇洒，有的字写得飘逸。孩子在写字时，也展示和体现了自己的个性。

二、认真写字会影响孩子的身体全面发展。书写对于孩子是非常重要的。对于从刚刚入学的孩子来讲，他的书写过程其实是一个全面发展的过程，其中包括对肌肉的协调发展，眼、耳等多方面的配合全面发展都有好处。

三、认真写字能激发孩子的非智力因素。书写能力的不断提高，可以使孩子做事情认真，讲究清洁，从内心要去追求一种比较完美的东西，它对这些非智力因素也有很好的促进作用。

四、认真写字可以帮助孩子变得沉着。在认真写字的过程中，当孩子感觉哪些字特别美，间架结构特别合理时，他就会有一种美感，从而陶冶了他的情操。有的孩子写字很潦草，看不清，其实这只是一个表面现象，而内在的东西，可能就显得他比较浮躁，不是很踏实，不是很用心做每件事。认真写字的习惯可以塑造孩子的性格，以及对事、对人、对生活的一种积极态度。

教孩子形成认真写字的习惯可以分成这样几个步骤：第一，激发。给孩子讲写好字的作用，让他在内心里有要写好字的需要。第二，赏识。对他现有的字好的地方给以肯定，即使字写得再差的孩子，也要看到他好的部分。第三，协助。协助一定要有科学性。字第一是结构，第二是笔画，第三是隔线。结构差一点，字就会非常难看。但现在很多的人，包括一些大学生，结构普遍问题不大，主要是笔画。这是因为平时缺少美感，或是不够留心，对字的笔画的基本走向分析得不够，缺少认识。所以要写好字，就要在笔画上下工夫。第四，成效。让学习者彻底改变过去写字的走向，坚持下去，从一两个字练好开始，慢慢写几个好字出来，把自己的习惯肯定下来，就会看到成效。第五，强化。对孩子写字要有耐心，教育是一个形成过程。

*

习惯六：从错误中反思自己。

前面讲到，人的智慧来自于反思，反思对于个人的自我更新意义重大。人之所以为人，反思是重要的特点之一。

反思的内涵在于，一是对待错误的态度决定错误的作用。不把错误当回事，任由它发展下去，它就不会善罢甘休，总有一天会再找上门来。只有认真对待，及时消灭它，才能尽可能减少它的打扰。二是人不可能不犯错误，但聪明的人绝不犯两次相同的错误。人们常常“好了伤疤忘了痛”，只有及时整理错误，吸取教训，才能使愈合了的伤疤起到警示作用。三是学习是不断改进的过程，要把每一个教训都变成真正的经验。错误会变成经验，成为我们继续学习的宝贵资源，使学习上的每一步都是向前的。总结是在错误中反思自己的根本。

对于孩子来说，在错误中反思自己，更应侧重在学习上养成整理错题的习惯。

我想，许多的教育专家都会强调这个习惯，因为学习就是争取正确的过程，而在孩子求知的过程中，必然会出现很多的错误，如果形成了整理错题的习惯，那么错过了的就会变成经验，这种经验会为孩子下一步追求正确提供可贵的学习资源。

是的，整理错题就是整理学习资源，但关键是要让这种东西变成一种持续有效的习惯，可能就有些难度了。

作为教育者，首先要搞清楚整理错题的要求，哪些错题是需要整理的？怎样整理？怎样利用错题集？怎样进行阶段性总结？

整理错题一定不是目的，所以不能为了完成这个任务而去整理，那么怎样的错题是需要整理的呢？通常而言，需要孩子自己去整理的内容有两类，一是平时作业中因为确实不会而错的题目，二是在考试中无论是不是粗心造成的所有错误。

整理错题，要准备一个很好的本子，按照学科、时间进行编号，比如“小学五年级上学期语文错题集”，准备好本子以后，就要将错题抄录下来，先将题目抄下来，然后将自己当时为什么做错的真正原因用红笔写上去，最后把正确的答案和步骤清楚地写出来。要求是当日错当日整理，一个星期一次小结，一个月一次中结，一个学期一次总结。

怎样总结实际上就是怎样利用的问题，无论是小总结还是大总结，实质上都是不断超越错误的过程，也是整理错题的根本目的。

一星期一小结的具体方法是：首先将每天记录下来的错题浏览一遍，在“完全弄懂保证以后不会错”的题目前打上一个“x”，在“不完全明白以后有可能再错”的题目前打上一个“？”，在“不知道为什么错一直没有弄懂”的题目前打上一个“△”。

一个月一中结的具体方法是：首先把每个星期总结出来的“？”级题目想办法彻底解决弄懂，自己不行的话，一定要请教老师把它“消灭掉”，不能客气。而把“△”级题目再次抄录下来，如果一点新的发现都没有，就将它升级为“☆”级题目，如果已经觉得可以“消灭掉”了，就将它降级为“？”，下一个月中结时争取把它“消灭掉”并降级为“x”。

一学期一总结的具体方法是：通常是在期末考试前15天完成，首先把一个月一中结中的“☆”级题目整理出来，不惜一切代价把它“消灭掉”，然后再将星期小结和月中结中的“？”级、“△”级，不管有没有“消灭掉”，不仅全部从头思考一遍，想想当时是自己是如何“消灭掉”它的，从中找到15%～20%数量的题用笔再做一遍。最后把一学期一总结的成果抄录到另外一个“错题精华本”上去，每学期一个“错题精华本”，这个“精华本”一般不需一个学科一本，只要进行分类即可，最后，小学总共是12本，初中是6本，高中也是6本。如果养成了这个习惯，那么复习就会变得很容易了，除了看课本，把知识串起来，就是看自己整理的“错题成果”了，而且，这样的好习惯如果可以一直延伸到高考，那样高考就变得很简单了。

*

教育究竟应该赋予心灵什么？

这是我近年来一直在思考的核心问题。特别是当我开始推进养成教育时，经常问自己：为什么要培养习惯？是为了纪律还是为了健全人格，为了健康体魄，抑或是为了升学？均不尽然矣。核心的问题是——通过行为养成重构人的内心秩序，使心灵丰富、幸福，乃教育之新使命。

*

获利非罪，利如水，总向低处流，因此需要不断挖掘、积累，终成湖泊，从而利益蔚然。凡急功近利者，即使一时投机赢满，终归蒸发而复归大海，因为没有足够的“格局”来承载。

这，正如培养一个人的人格，人格乃“人生格局”，格局不够大，纵然才华横溢，必然“伤仲永”，而培养人格需从点滴小习惯开始。

*

教育的过程，可以概括为四句话：全面依靠（以需求为起点），引导自觉（唤醒与指导），关注状态（人的内在变化与提升），养成习惯（素质）。

*

小学是培根的阶段，初中是开花的季节，高中是结果的时期。小学阶段应当是浪漫的，与学校是否好坏关系不大。让孩子有一个美好的童年，是第一要务。美好的童年是一个人成长的文化之根。初中阶段是理性时期，要严格。高中是综合时期，要注重培养能力。

*

学习贵恒，要实现“恒”关键是“做事情有计划”。前几天崔宇兄说了一句话很经典，他说，但凡人间，没有计划的人，都是为有计划的人服务的。据美国哈佛大学学者调查，有明晰计划、目标的人只占3%，有模糊计划和目标的只占13%，其余没有计划、没有目标的人占84%。10年过后，又找到这些人，再作同样的研究、分析，发现那3%有清晰目标和详细计划的人，是另外84%的人收入的10倍，成了美国社会的精英。那13%写出过大致目标、大致计划的人，收入是另外84%的人收入的2倍，成为美国社会的中产阶级，那些一直没有目标，没有计划的人，生活的水平比较低。

*

顾炎武在《钞书自序》中提到其先祖遗训：“著书不如钞书。”凡今人之学，必不及古人也，今人所见之书之博，必不及古人也，小子读书，惟读书而已。其实，钞书是一种很好的学习方式，但不是简单抄写，而包含抄写、阅读、理解、校勘、阐释等，我认为聪明的人更需要做钞书这样的笨工夫。

*

今年夏天的一个傍晚，我在新中街一家饭馆吃饭，看到临近饭馆三个十五六岁的孩子，群殴旁边的一位中年人（略有醉意）并把他踢到了门外，趴在地上起不来（几乎昏迷）。等我们反应过来，那三个孩子已经打的扬长而去。后来据老板说只是因为中年人随意说了一句话。15岁“男孩群”现象，是教育研究的重点。

无知并非是破格的理由，对人的善意几乎是这个世界最为稀缺的非物质资源。如何进行常识教育以及善意教育，是15岁男孩群现象问题研究的切入点。

*

感恩是人性之第一缕光辉，有了感恩，世界才变得开明、亮堂，充满希望，否则，整个世界几乎是灰暗、令人压抑的。但我不知道怎样才能激扬每一个年轻生命特别是青少年的这缕光辉。

*

只有自由没有纪律的教育，是试管里的假教育，因为将来孩子长大了，这个世界不可能只有自由没有纪律，他必须学会适应。因此，教育的目的就是在自由与纪律之间，引导孩子自我定位、自我安排、自找办法……从这个意义上说，惩戒是必要的，但惩戒不是目的，只是引导孩子自我定位的教育手段之一。

*

小学六年是培根的阶段，培根的关键词在于：体验，习惯，浪漫童年。叶圣陶先生晚年多次指出，国家实现现代化，根本在教育，而教育的根本在小学；小学教师的辛勤劳动应得到全社会的尊重。

*

养成教育的首要真谛是自由。笼子里的鸟，每天接受喂食，安逸舒服，它们害怕离开笼子以后觅不到食，即使主人打开了笼门，它们也缺乏勇气逃离。而拥有自由天空的野鸟，或许有时会饥肠辘辘，但很快学会了在艰难的环境中生存、繁衍。

*

猴子是怎样变成人的呢？有一天，大山上起了大火，猴子们被迫离开了大山，开始走向平原、山川，于是学会了直立行走，学会了捕鱼，并从大火中学会了烧烤，渐渐地就成了人。而那些没有起火的大山上的猴子，直到今天仍然还是猴子。或许人并非猴子变来的，但可领悟养成教育的秘诀之一在于引导孩子的自觉危机。

*

蛇在地球上生活了1.5亿年，在只有几百万年历史的人类面前，却永远那么低调、安静却生生不息，其中秘诀之一是它们能“痛苦蜕皮”。人的发展也可能需要“痛苦蜕皮”，只是人类的“蜕皮”是内在的、精神的，我们把这种内在蜕皮叫作“学习”，也叫“自我更新”。此为养成教育的精髓之一。

*

汉语中最好的词语是：商量——没有什么是不可以商量的。

比如有一个孩子问我，如果家长反对我上网怎么办？我给他的建议是，转变父母的观念，需要与父母商量，可分为三步。第一步，把电脑搬到大家都能看到的地方玩，比如客厅，让他们相信你。第二步，主动规定自己每天上网的时间。第三步，和父母一起分享网上的好东西，甚至通过网络帮助父母解决他们的困难。经过这三步，问题就好办了。

*

变通，是对条件的一种清醒认识与判断以及对条件的占有智慧。变通并非圆滑，而是一种思维上的优越感，是知性的光芒。

萧伯纳曾经说过："一个理智的人应该改变自己去适应环境，只有那些不理智的人，才会想去改变环境适应自己。但历史是后一种人创造的。"

*

王元化先生在《思辨录》中谈到人的性格的稳定性与生动性。他认为，人的特点在于他不仅担负多方面的矛盾，而且还忍受多方面的矛盾，在这种矛盾中仍然保持自己的本身，忠实于自己。值得我们思考的是，人之所以能最终忠实于自己，是因为有一种情志力量能占据内心统治地位，这种力量，叫习惯。

其实，从实践层面上看，习惯只是人成长的一个程序与机制，关键是要在这个程序与机制中浇注一种"魂"，使习惯与人的精神乃至灵魂世界直接建立联系，习惯才能作为一种情志力量，改变人的性格与命运，否则习惯培养就会变成空洞的道德教化，甚至很容易控制人的大脑。这种魂可以说是具有时代精神烙印的价值观。

*

作为中国教育内涵改革整体解决方案的内容之一，我在全国超过百所中小学，全面展开养成教育课程化实验工作（杰出青少年的9个习惯），其中一个目标就是通过心智发展课程机制和理性运作，以修正学生内心的狭碍，建构学生强大的内心秩序，使其视野将更加开阔，心灵更加自由。这是素质教育的课程逻辑与课程评价创新。我想，没有操作系统和评价系统的素质教育是伪素质教育。

*

有了魂的教育，才有可能将教育真正落实到细节上，否则，所谓精细化管理，很有可能是一种对人性的劫持与控制，没有注入一种魂的任何操作程序，都是不完备、不科学、不具有操作性的。

据说，麦当劳的作业手册达560页，烤一个牛肉饼就写了20多页。史玉柱当年自己写营销手册也是几百页。任何伟大的事业都是由细节构筑起来的。教育也可由此获得启示，由我担任首席专家的中国教育内涵改革整体解决方案——养成教育，教育执行力细节及原创案例将很快达到九千个。

*

培养一个好习惯，就像养一块和田玉、养一方良木一样，我们抚摸它、爱护它、供奉它，与之对话，或者呼吸与共，它们的生命渐渐被我们唤醒了，最后就会反过来滋养我们。

正可谓，我们先养出了习惯，最后习惯养出了我们。

*

人的手是进化而来的。从动物前肢分化为纤细的器官，渐渐实现灵敏的感觉传递，进而实现无限的创造。

可以说，人的解放，是手的解放。人的真正的智慧，是存在于手指之间的。

我们的手正在退化，当下生活中大部分东西都不是手直接创造出来的。手工的东西如今已经是最具质感和温度的“文明”了，而造物主在发笑。这，似乎意味着，我们的手指可能开始失去了激扬生命价值的功能。

许多教育家呼吁“做中学”，倡导孩子们用手做，用手去触摸、感知这个世界，在实践和体验中获得感悟，是具有远见的。

但我认为，相对于其他形式的“做中学”，写字是最好的途径之一。写字的本质就是手指尖的一种舞蹈，一种心灵的舞蹈。

倡导写字，在这个键盘统治世界的时代，具有重大意义。写字的时候，因为涉及了人的内心的思考以及许多技巧，指尖会有很多微妙、细致、美轮美奂的动作，使得孩子的大脑始终保持活力，保持良好的生命状态。

养成教育之物质：明善本木板刷印《百川学海·茶经》，雕版印刷是古人创造出来“认真写字”的典范。

认真写字——涉及人的灵魂觉醒的教育过程。

认真写字，就是人与中国传统文化沟通的过程，因为每一个汉字都蕴含着无限丰富而深刻的密码。许多古老的民族虽然也创造了灿烂的文明，但因为没有文字，没有记忆，现在已经看不到了。而凡是有自己独特的文字的民族，无论怎样坎坷，她是不断往前走的。

认真写字的关键在于“认真”。教育专家唐曾磊老师说，认真，就如同咀嚼白米饭，一开始没什么味道，但慢慢地就会品出淡淡的甘甜。培养认真的能力，慢慢地让认真成为习惯，智慧就会自然从中生发，人生就会时时刻刻变得甘之如饴。

认真写字，其现实的教育价值在于“养心”和“养根”，即培育强大的

心灵和深厚的文化底蕴，其终极价值在于通过“认真写字”这个人格化习惯的培养，帮助我们的孩子学会做人、学会做事、学会生活，进而实现人生的幸福。

*

黄永玉大师说，我看过李叔同写字，他写字很慢，一上午才写一条。一条就50多个字吧。知道这样的细节，我心里就有谱了，李叔同的字为什么会变成这样，他不是练字而是炼心，每个字都很凝练、很静。（林格按：当然，这也成为我鉴别弘一法师书法作品真伪的秘诀之一。有人说弘一法师的字是近现代书画大师中鉴别难度最大的，伪作也是最多的，其实不然，以静心待静心，即可一目了然）

我想，唯一不过时的学习方法正是这两个字——练心，通过认真写字，重建人的内心秩序，从而生发出自主的能力，构建自主稳健的文化品格。

*

写字，与作画、茶道、抚琴、昆曲都不同，虽然都是滋养内心的过程，但只有写字是根源性的一个系统，引导我们向内看，不断发现自己，从而调整内心秩序，提升人的一种精神能量。

但是，**写字和认真写字是两件事情，写字是一个行为，而认真写字是一个文化系统**。认真的灵魂在于静心，在于把每一个字立起来，这本身就是一种修养内心的途径。蔡邕在《笔录》中说：“夫书，先默坐静思，随意所适，言不出口，气不盈息，沉密神采，如对至尊，则无不善至矣”。即认真写字的前提在于“收气”，在全国养成教育重点实验学校的认真写字核心课程中，我们会要求学生在写字之前静坐5分钟，正心先静心，心静则身正。

*

在我们倡导的“认真写字”中，除了间架结构、技法、文化底蕴累积以外，我们经常会强调写字的笔、纸、砚、墨等教育物质的重要性。

我们生活中，许多人常用旧报纸练字，可练了许久，进步不大，如果让他改用最好的宣纸，最好是有岁月痕迹的老纸，他进步会很快。用旧报纸写，总觉得反正有的是纸，写不好没关系，而用最好的纸，他会心疼，从而更用心去写字，当然会进步。另外，我们还在实践中发现，使用墨汁是很难写好字的，写字不能缺了研墨的过程，一方砚台，一块松烟墨，轻研细磨，酝酿的是心绪，沉下来的是呼吸，写出来的就是好字。

甚至平时用硬笔写字，周围的人也都受我影响，都备有一个纸质良好、装订讲究的本子（我们专家组正在研发养成教育专用好写的教育物质之《手记》），以及一支好笔（经过反复试验，我们也找到了最适合写字的钢笔），写出来的文章就自然认真考究了。其中，好纸好笔本身是不重要的，重要的由其生发出来的敬惜与认真。

*

养成教育对于我们的孩子来说，其实最要紧也是最基本的内容是：您好，谢谢，对不起。古人的仪礼教育，也高度浓缩在这三个词上。这三个词不是口头禅训练，而是内心素养的养成。

*

人只要实现了自觉管理，就会为自己而努力，也就是说，当我们的孩子建立起了责任心，就很有可能迁移到学习上来，即会逐渐明确：我为自己上学。

这是我们教育者梦寐以求的啊。引导孩子喊出“我为自己上学”这个心声的两个秘诀，就在于培养、巩固孩子的责任心：

一是责任心的萌芽于“拥有自己的秘密”，因此，我的老师曾说，没有秘密的孩子长不大；二是责任心的稳固于“在错误中受到惩罚因而内疚”，因此，教育也需要惩罚（并非体罚）。

首先，除了尊重孩子的隐私是教育者的基本道德以外，更加重要的是——**没有秘密的孩子是长不大的**。

允许孩子有秘密，是帮助孩子走向独立的脚踏石。从教育学的角度来说，走向独立是现代人的基本特征之一，而拥有个人秘密并能恰当处置正是走向独立的要素，对于人来说，秘密往往与责任相连，并且要独立承担责任。

据《信报》记者杜丁调查撰文，大多数的家长都“偷偷”翻看过自己孩子的书包，偷看自己孩子的日记。一项专项调查结果显示，70%孩子都强烈反对父母偷翻自己的书包，偷看自己的日记。

有一位15岁的女孩这样写道：有一个星期天，我准备痛快地玩一天，因为一个星期的紧张学习使我头晕目眩，两眼发花。可是，在我玩累了回家后，发现我的书包被翻过了。于是，我立刻想起了书包里的日记本。果然，日记被妈妈翻看了，并且写了留言。虽然她向我道了歉，但这道歉又有什么用呢？日记写的是我心中的秘密，可妈妈竟查了我的书包！

我又羞又愤，决了堤的泪水发狂地流了下来我真想大声对妈妈喊：你为什么要这样做？母爱，这是母爱吗？伟大的母爱，是了解、关心和爱护呀！我真想冲出家门，去远方，甚至想到了死……

有一位孩子为了防备自己的父母偷看日记，准备了两个日记本，一是写给父母看的日记本，净是要好好学习之类的话，另一个则是自己真正的心里话。当妈妈打开孩子的日记本时，上面写着：妈妈，我知道你要看我的日记本的……

这些让人啼笑皆非的故事应该让每个家长和老师深思。家长们的误区在于，因为自己是“过来人”，孩子还小，不知道保护自己，所以要查看日记，以“随时掌握孩子的动态”，“防微杜渐”。有的老师让孩子交日记，可想而知，这些所谓的日记不是编的，就是装模作样的。孩子需要有自己的世界，需要在这个世界中摸索、碰撞，在这个过程中知道问题的边界，找到解决问题的方案。任何粗糙的插手，都会让孩子在自己找寻坐标中感到不信任，感到被监视，甚至感到羞辱。

其次，就是**要让孩子为自己的过失负责**。

多年前我曾经力促孙云晓教授写一本关于自己教子经验的书，后来就有了《我要做个好父亲》这本独特的书。孙老师的女儿孙冉我也熟识，由于受到了新型民主的教育，发展很好，没有上过什么名牌中小学，却靠自己努力考上了复旦大学，现在已在一家国家级的新闻单位做了记者。在这本书中，孙老师讲了一个关于责任心培养的故事：

以前，每天早晨他都会催女儿起床，可女儿总是不情愿地说：“再待会儿。”如果真迟到了，她又会抱怨父母不把她拽起来。之后，他就决定让女儿自己对自己的事负责。他让女儿自己定闹钟。一次，闹钟响了，她把闹钟一按又睡了，结果一觉睡到十点半，受到老师的批评是自然的了。可她又不能怪父母，因为她应该对自己的行为负责。

以后，她就摆两个闹钟在房间，叫自己起床。终于，女儿不再需要父母叫床。而且学会了自己整理床铺，自己准备早餐。这是她摆脱对父母的依赖，走向独立的基础。而这正是在增强了责任心的前提下实现的。

孩子由于年幼，缺乏知识和经验，经常会造成一些过失，这并不奇怪。重要的是，要让孩子认识到自己的过失，并且要承担责任，美国前总统里根在他的回忆录中也有这样的记载：

美国前总统里根11岁时，一次因踢球把邻居家的窗玻璃打碎了，邻居要他陪12.5美元。他只好回家找爸爸。

然而爸爸了解了事情的经过后，让里根自己想办法。里根很为难地说他根本没有这么多钱，爸爸就借给他12.5美元，并告诉他一年后偿还。此后，里根开始了艰苦的打工生活。经过半年的努力，他终于挣足了12.5美元，还给了父亲。

后来，里根回忆说，正是通过这件事，使他懂得了什么是责任，懂得了一个人要对他的过失负责。一般来说，孩子有过失的时候，恰好是教育的良机，因为内疚和不安使他急于求助，而此时给予自觉的机会，可能会吃一堑长一智，由此走向成熟，有可能使孩子刻骨铭心，成为一个有责任感的人。

近年来，赏识教育盛行，不过清醒的人都知道，单纯的“赏识”是不可能教育好孩子的。

在教育的十八般武艺中，惩罚也是很必要的，因为人的发展是艰苦的，是“先痛然后快乐”式的不断自我更新。但这里所说的“惩罚”不是教条，更不是单纯的打骂，而是以民主为内核精神的自我惩罚。

有人说，惩罚教育会使得亲子或者师生关系变得紧张，那我们可以反问，溺爱、放任不管就可以形成良好的关系吗？惩罚的目的不是惩罚本身，而其目的是培养孩子的自我管理能力，并且克制“ego”[①]的膨胀。

① 以自我为中心。

*

什么是好人？这似乎是一个没有标准答案的问题。

根据中国传统文化所提供的注脚，并结合普世价值观，可以试着这样归纳一下好人的标准：

一是与人为善。朋友问我，什么是善行？我的理解是，所谓善行就是：做好事，做完自己心情变好。反之，如果做了，心情并没有变好，可能也就算不上善行了。这个问题看起来很简单，其实很复杂，我认为做好事最好讲一点回报，回报就是——自己心情好，这样才能不断地做下去。

二是想别人比想自己多那么一点点。仁义的仁，人字旁，加上两横，上面一横是自己，下面一横是别人，本质上的意思是，想别人比想自己多。

三是己所不欲，勿施于人。具备包容心、换位心、慈悲心、恻隐心，以及对弱势群体的同情与关爱。

四是尽量不麻烦别人。

五是学会给予。给予是人类最优雅的姿态。星云大师云，所谓给予，即：给予方便，给予希望，给予信心，给予欢喜。真是一个操作系统，值得每一个人去细化与实践。这个世界因为给予而会变得越来越好！

对于教育而言，教会孩子做人，是核心任务。而教会孩子做人的起点，应当是让孩子坚信自己是一个好人，并且始终用好人的标准要求自己。孔子说，“仁远乎哉？我欲仁，斯仁至矣”，启发和唤起孩子内心“我欲仁”的良知，是取得教育时效性的重要途径。

*

孩子如玉，教育孩子如盘玉。

盘玉之道在于：贴身而藏，精心呵护，经过天长日久的盘玩佩戴，就像是蝶儿经过挣扎，逐渐蜕去粗糙与生涩，恢复了岁月往昔的灵性、润泽、色彩，玉之光华绽放在掌心，方润心也。

古人总结了盘玉的三个境界，这也正如人格养成教育的三个境界：

一是武盘，就是通过人为的持续盘玩，达到迅速玩熟的目的。玉商较多采用此方式，当玉器佩戴一年后，硬度恢复以后，就开始这种有目的的武盘。武盘方法需要用白布包裹玉器后，雇请专人日夜摩擦，这样一来，玉器升温，可以将玉器中的灰土快速逼出来，色沁不断凝结，玉的颜色也越来越鲜亮，盘玉的时间需要大概一年。但这样也有缺点，就是盘玩不当可能会毁坏玉器。在教育上，在养成人格过程中，如果一味武盘，也就是不断强化训练，能在短时期取得一定的效果，但有时候会损伤人的自尊，甚至扼制人的创造力。

二是文盘，将玉器放在布袋或者锦囊中，贴身而藏，用自己的恒定体温养护它。一年后再拿出来用手盘玩，直到玉器恢复原貌。文盘的不足是较耗时费力，往往需要三五年以上的时间。如果入土时间更久的，则要盘玩十来年或更多，甚至有些玉需要几代人的盘完，才能成就绝代之润泽。正如人格养成之道，“培养一个贵族需要三代人”，教育要经历一个缓慢的过程，这是不可辩驳的事实。

三是意盘，盘玉的最高境界是意盘，将玉器持于手上，一边盘玩，一边从玉的美德中感悟、吸取精华，养自身之气质，久而久之，可以达到玉人合一的高尚境界，玉器得到了养护，盘玉人的精神也得到了升华。就人格养成而言，教育者须不断修炼自己，提高自己的精神境界，抵达“静”的内心深层，方可领悟意盘的本质，即用心灵感应心灵，用灵魂唤醒灵魂。

*

盘玉之道，同样可用来比喻人的思维养成（学习习惯之核心）。

玉之包浆是盘玉之后呈现出来的美感，也就是以玉为载体的岁月留痕，在悠悠岁月中因为灰尘、汗水，把玩者的手泽、温度，经久的摩挲，层层积淀逐渐形成的莹洁的“玉衣”，它如脂可喜、幽光沉静，让人爱不释手。

这种美感正是人的思维养成之后的智力美感——惊艳、通达、透亮、灵光。

就思维优势而言，一般有三种：一是推演型的，注重因果关系、递进关系、正反关系，凡结论须严谨、内洽、系统，能迅速把握问题的核心和核心的问题，举一反三；二是发散型的，非凡想象，用于突破常规；三是柔韧型的，善于变通，进退自如，在不易、简易、变易之间融会贯通。三者均具则为通达之大器。

需要补充的是，关于思维通达，还需要注意有一个整体观的问题。我接触了很多港台的学者、官员，感觉他们的思维非常细密、细腻、细致，简直可以理解为精细之道，但我总感觉或许是因为弹丸之地或者孤岛之僻的缘故，让他们中大多数人在思维上缺乏格局性和形势感，很难自己去建立一个体系，所以显得疲弱温柔。

*

人跟树是一样的，它越是向往高处温暖而光明的阳光，它的根就越要伸向黑暗而潮湿的泥土。我倡导要做扎根的教育，其策略是推进学校文化体系，也就是疏松土壤，维护根系，温暖人心，打开学生的心门，培养人格化习惯。

一位朋友是这样理解我所说的这个“根”的——“根”就是健康、阳光的人格体系，正如同大树之根，根系越扎实，那相应的如同各个学科、各种知识、各项技能、各种能力等等的若干枝干也会成长得更为茁壮。所以，教育者首要的是精心维护、培育、灌溉好这个“根”，以爱心做养料，耐心护其成长，这样才能真正实现了大写的人的教育。

*

在养成教育理论实践体系中，做事的核心是“规则”，之所以坚定地把规则意识作为做事情的核心，是因为，在我们国家，“能看到规则中的漏洞并肆意利用这个漏洞”的人往往被大家认为是有智慧的人，他很容易成功而不会受到任何惩罚。

其实，全世界共同的价值观是：**任何的智慧也不能逾越规则，无德之人，其智慧一文不值。**

前几天看到一个经典的教育案例：

12年前，有一个小伙子从清华大学毕业后，获得了到法国继续深造、半工半读的机会。到了法国，他发现了当地公共交通系统的售票处是自助的，也就是选定目的地后按照路段自行买票，入口也是开放式的，不设检票口，甚至随机的抽查都非常少。

他发现了这个管理上的漏洞，或者说从他的思维方式看来是一个漏洞，凭着自己的聪明，他精确地估算出这样一个概率：逃票而被查到的概率大约为3%。他为自己的这个发现而沾沾自喜。从此以后，他便经常逃票上车，还找到了一个安慰自己的理由：自己还是一个穷学生，能省一点是一点。

四年过去了，名牌大学的招牌和优秀的成绩让他信心百倍，他开始迈进巴黎一些跨国公司的大门，踌躇满志地推销自己。

但这些公司都是先热情有加，然后数日之后，却又婉言相拒。一次次地失败，使他愤怒了。他认为一定是这些公司有种族歧视的倾向，排斥外国人。最后一次，他冲进了某公司的人力资源部经理办公室，要求经理对于不予录用给一个说法。

然后结局却是他始料不及的：

“先生，我们并不是歧视你，相反，我们还很重视你，你一来求职的时候，我们对你的教育背景和学术水平很感兴趣，老实说，从工作能力上，你就是我们所需要的人才。”

“那为什么不收天下英才为公司所用呢？”

“因为我们查到了你的信用记录，发现你有三次乘公共汽车逃票被处罚的记录。”

“我不否认这个，但为这点小事，你们就放弃了一个人才？”

“小事？我们并不这样认为，我们注意到，第一次逃票是在你来我们国家第一周，检察人员相信了你的解释，因为你不熟悉自动售票系统，只是给你补了票，但在这之后，你又两次逃票？”

“那时刚好我口袋里没零钱。”

“不，不，先生，我不同意，你这样解释，是在怀疑我的智商，我相信在被查之前，你可能有数百次逃票经历。”

“那也罪不至死吧，干嘛这么认真？以后改还不行吗？”

“不，不，先生。此事至少证明两点：一是你不尊重规则，你擅于发现规则的漏洞并恶意使用；二是你不值得信任。而我们公司的很多工作的进行必须依靠信任进行，如果你负责了某个地区的市场开发，公司将赋予你许多的职权，为了节约成本，我们没有办法设置复杂的监督机构，正如我们公交系统。所以我们没有办法雇佣你，确切地说，在这个国家甚至整个欧盟国家，你可能都找不到雇佣你的公司。”

当然，在我们国家也许没有那么完善的信用记录系统。回到国内，因为有好的教育背景和能力，这位先生也有可能顺利进入国家机关或者央企工作，当然也可能自己创业迅速成功。但在他的内心秩序中，由于自己的“聪明”已经破坏一种良心上的平衡，如果不能做深刻的反思，那么我坚信，无论世俗意义上如何成功，监狱或者地狱必然是他最终的归宿。说句真话，这也是我们身边那么多“优秀”的人才，即使官至侍郎、尚书甚至大学士最终也只能折戟沉沙的真正原因。

*

中国人的思维模式确须革命。近年来负面口水仗中，自学成才的医学爱好者、非著名相声演员、上海业余作家甚至耄耋老人……都被批斗，无论是非，背后都是“文革批斗思维”的延续，网络就像“男厕所”。难怪传媒大学网络舆情研究所副所长李未柠，在接受《中青报》记者采访时说：“互联网是负面舆论的放大器。”

如何管理和利用信息已经成为当前一个重大的社会问题。

*

孙云晓老师认为，道德首先是一种能力，包括同情并关心别人痛苦的能力，调节自己情绪和抑制欲求的能力，接受和理解与自己不同观点的能力，尊重别人的能力等。这种能力会让你拥有高尚的品格。有了这种能力，还能让你成长为一个头脑清醒、胸中充满激情的人。

道德的教育，确实应当从假大空的口号教育转型为具体可抓的能力获得（智能获得）。所谓能力，即人主动利用条件实现效果的可能性，这里需要研究的是几个能力的要素，一是主动，二是条件，三是效果，四是可能性。其核心仍然是“主动”。

*

礼是儒家思想的精髓之一，所谓“礼之用，和为贵”，中国教育文化的核心也是这个礼。张居正讲评“礼”时，说：所谓礼，然其为用，必和顺从容，无勉强乖戾之意，乃为可贵。如君尊臣卑，固有定分，然情意也要流通。父坐子立，固有常规。然欢爱也要浃洽，这才是顺乎天理，合乎人情，而为礼之所贵者也。故先圣王之制礼，惟其皆出于和，此所以尽善尽美，万事无弊。

做人教育，或者是新德育，须重新思考“礼”的教育价值，“礼”应当是中国教育的哲学根基。

中国所有的改革都不能离开一种逻辑，这种逻辑就是“礼”，否则必然会犯盲动主义的错误。

特别值得注意的一部经典《周礼》，作为三礼之首，一定是初期一位高人所作，该书充满了对社会、对天人关系的哲学思考，作者认为，人和社会都不过是自然精神的复制品。战国时期，阴阳五行思想勃兴，学术界盛行以人法天之风，讲求人与自然的联系，主张社会组织仿效自然法则，因而有“人法地，地法天，天法道，道法自然”之说。《周礼》作者正是“以人法天”思想的积极奉行者。历史上每逢重大变革之际，多有把《周礼》作为重要的思想资源，从中寻找变法或改革的思想武器者，如西汉的王莽改制、六朝的宇文周革典、北宋王安石变法等，变法无不以《周礼》为圭臬。

教育改革也是如此，如果说要取得最终的成功，除了路径选择的问题，还需要强化的就是“守正出奇”，这里的“正”，可能就是“礼”的哲学传统。

*

总结前人思想，贵族精神的内核有五个：一是低调，始终保持对未知世界的好奇以及对天地神鬼的敬畏。而低调的前提是随时能高调。二是尊重，包括对自己和他人的尊重。三是淡泊，对名利保持警惕。四是原则，遵守规则，具有游戏精神，拒绝破格获取。五是真爱，真爱是用心的，而不是用脑。

*

没有惩罚的教育，必然导致受教育者责任心的缺失，也就是我们通常所说的“缺钙”。而惩罚不是目的，而是一种唤醒其内在尊严和信心的道，每次惩罚都需要使之更加坚信：我是一个真正的人，优秀的人，优秀的人错了应该接受惩罚，接受惩罚是为更好地做人，内心更强大。

这些年来，我一直坚信：每一个孩子都是想好的，想做真正的人的。这几乎成为我的信念，也是我主持的中国教育内涵改革理论实践体系的人文根基。

*

纪律是必要的，在人通往知识的道路上，纪律使人清晰、有条理，因此纪律可以帮助人获得有价值的知识。

但是，过分强调纪律却会让人思维僵化进而失去自由。在教育实践中，自由和纪律之间的结合点是，自由是思维的自由，而纪律必须是自我管理自我约束的，而不是强加的“控制”，这样，纪律和自由就能结合起来，可以帮助学生获得智慧。

总而言之，自我教育是教育的最高境界，因为它结合了自由和纪律，这是教育的科学性之所在。

*

德育，养心性尔。

在京津沪渝四直辖市德育研讨会谈“德育的实质与目的”。

德育的实质至少包括四个方面：一是每一个学生都能享受美好的学习生活，热爱学习，享受成长；二是每一个学生都能建立良好的内心秩序，立德树人，养心养性；三是每一个学生都能在学校里养成至少一个终身受益的习惯，培根铸魂，固本奠基，四是每一个学生都能具备足够的文化底蕴，关乎人文，以化成天下。

其中，最为现实的也最为要紧的是如何养心养性？著名学者章诒和先生说，科学可以使人获得更好的生活，宗教安顿人的灵魂，而艺术则作用于人心和人性。科学、宗教、艺术是人类面对自然和社会三种不可替代、彼此独立的认知方式，如何在这三维中找到自己，就是我们教育上经常讲的“定位”。由此可见，青少年可以用艺术特别是与教育文化相关联的“大美育”来养心养性，包括学校和家庭物质文化建设，是一个很好的德育途径。

*

所谓“道”，就是洞察与发现（字源解释）。教育之道在于发现，在于不执着于教，而只做一件事情——发现隐藏于孩子内心里的每一缕人性光辉。它本来就在，就像一颗种子储存于土壤中，我们去发现，去引导，去激发，去协助，然后给予阳光的温度与雨水的滋润，使其开始呼吸、发芽、自然生长。

所谓“德”，就是指一个人内心有秩序（德字的字源解释），这样看来，德育的全部工作就是协助孩子建立内心秩序，使其内心变得更加强大，而与政治教化无关。内心秩序有四个元素：一是自信（人格核心）；二是责任（人格保障）；三是目标牵引（人格理想）；四是自尊（人格健康）。

德育的实质是让学生享受他们美好的学习生活。可是现实中操作起来很难。这就要求我们教育者做到四点：一是看远一点，要允许失败；二是降低知识总量，减轻课业负担；三是全面激发学生的自觉与主动，让学生不断尝到学习的甜头；四是温暖人心，给予学生精神能量。

*

最基本的往往是最重要的，2014年基础教育发展的特点应当是回归到最基本的问题上来。

真正的养成教育是两条腿走路，在我们推动的教育强校、教育强区之战略性实践中，始终坚持两条腿走路：一条是“习惯”，通过专家组蹲点跟进，在常规创新、突出核心习惯、建立德育课程体系三个层次逐渐梯进，为学校打牢教育内涵发展的基础。另外一条是“课堂”，通过专家组五轮的蹲点，帮助学校创建有灵魂的生命课堂，培养学生好的学习习惯，提升学生学业质量，同时培育一批理念先进、学术精湛、基本功扎实的学科名师。

在这条道路上，十年来我们暗暗下工夫，在12个全国养成教育示范区和200多所重点实验学校中，找到了中国教育内涵发展的曙光和春天。教育的成功往往是常态的成功，我们要做既好吃又好看的教育，做有灵魂有温度的教育。

*

近日再读关于“玉养人，人养玉”的文章，颇有趣味：

——俗话说“人养玉三年，玉养人一生”。古人认为玉为天地之精华，最能蓄“气”，现代科学则认为玉中的微量元素有益人体，而且玉所产生的光电也能疏通经络，调节生理机能。

——人们佩戴玉石时，其元素则通过与耳垂、颈部、胸部、腕部、指部、发际等部位的皮肤，直接接触而进入人体。玉石放射出的负离子，则通过呼吸道进入而被人体吸收。还有远红外线、生物电等其他养生功效，人体均可通过不同的途径予以“笑纳”。

——佩戴老的好的玉石，内心会有一种满足感与自豪感，这种“知足常乐”、“自得其乐”的感觉有益情志健康。同时，佩戴一件珍稀昂贵的手镯，生活中，时时处处必然会谨小慎微、小心翼翼，防跌防碰，这必然就减少了事故发生的概率，这无意中亦起到了一种“行为养成”的作用了。

养成教育的真谛是“我们养出了玉，玉的生命因此被我们唤醒，反过来就养我们了”，这正如，我们“养出了习惯，最后习惯养出了我们”。

换言之，养成教育的最高境界应当是文化，关于人文，以化成天下，是为熏陶教育也。而文化需要有一种物质载体，即如佩戴一块明清老玉，有了岁月的累积之后，才能温暖人心、滋养人心、化成人心。无论家庭文化，还是校园文化，靠的是岁月沉淀、人物相养，而不是装修、设计。

*

中国文化讲究一种意象。意象在《说文解字》中有了很清楚的解释，意，就是“从心从音，音示言语，以己之心，察人之言语，便足以推知人之心志何若”，重在人心。象，则是出于“在天为象，在地成形”，象是将天地都包括在内，因此“意象”就是人与自然的对话。

在养成教育实践中，需要不断发现、精选甚至创造出诸多意象的载体，从而实现养人养心的最终教育目的。

换言之，任何一种教育物质，首先是一种意象的载体，通过这种美的载体沟通人与自然。比如佛珠，应当就是这样一种载体，觉真和尚说，带佛珠不仅仅是佛教徒的专利，选择一串珠子，佩于己身，是“提醒自己是一个好人，怎能有如此的恶念呢？”当然我们还可以这样认为，佛教也是养成教育的一种，佛经《中阿含经》中云：“所蓄物可资身进道者”，即是增长善法之具，教育需要物质来实现之，也是打通物质文化和精神文化的必然选择。

*

我记忆中最美好的花——三角梅。正如有一段话所说的那样：**做一个安静细微的人，于角落里自在开放，默默悦人，却始终不引起过分热闹的关注，保有独立而随意的品格，这就很好**。这里，揭示了新时期养成教育的核心精神——走着，走着，花就开了。

*

习惯培养的最终成果是性格，即完善人格之积极向度，性格决定命运。

我认为最好的性格是“质朴自信”与“温暖平和”。所谓“质朴自信”，就是专心致志，朴素大方，内心强大，从不急于表达自己，不在意是否被了解；而所谓“温暖平和”，就是让别人觉得他（她）文明平和、温暖舒服，而不失智慧光芒。

*

沟通不是技术，是放下自我，是道。

有网友问，怎样和孩子沟通？我的肤浅认识是，掌握三门功课即可：一是“学会倾听”，很多时候只需要倾听即可；二是“学会闭着嘴说话”，不用嘴，用心；三是“学会向孩子学习”。而走进孩子的内心的秘密是“换位”、“示弱”、“说有温度的话”。

在沟通这个问题上，我还是赞同唐曾磊老师的研究和实践，他建立了一个沟通的系统，以不变应万变。在教育上，沟通的学问占了50%以上的分量。

唐曾磊老师说，**沟通的第一个原则是，首先承认自己可能是错的，对方的所作所为一定有他的道理。**

这里的“沟通”是广义上的，包括演讲、谈话、讨论等，也包括身体、表情、语言等。关于沟通很多人都有自己的观点，但唐老师的这个原则比一般性的“换位思考”要精辟得多。

*

同样的一句话，不同的人说出来的效果明显不同，很多话，都是好话，就是说不到孩子心里去。因为，一句话中，语言只占15%，表情占30%，人的状态占55%。可见，教育本质上是一种状态，一个教育者达到了一种较好的状态后，坐在那里，随意说说，就是最好的教育。

我们课题组于2007年10月在1000名中学生中做过一个家庭教育问卷调查，其中有一个题目是：你最不喜欢你的妈妈的哪种行为？调查结果显示，其中550位中学生首选了“唠叨”，排在第一位。由此推论，**“唠叨”很可能是当前中国家庭教育的第一难题**，解决家长“唠叨”的问题，说大一点，是解决家庭教育困境的一个突破口。

毫无疑问，所有家长的“唠叨”出发点一定是好的，“唠叨”的内容也是正确的。值得反思的是，我们的“唠叨”为什么会导致孩子如此强大的“反抗”呢？

人类因为有了语言，使我们的知识传承变得更加方便、快捷、持久，语言成为人类独有的教育优势，同时，语言在教育过程中，又是一把双刃剑，善用者可以入心入骨，不善用者可能引起孩子的反感甚至直接消解教育的内容与意义。

有位妈妈声带出了一点问题，医生强迫她禁声，至少十天不许说话。

这天，儿子放学回家，进门就嚷：“我恨老师！再也不去学校了！”

如果平时听到儿子这么说，妈妈一定要严厉地训斥他。但是，这一次她没有这样做，因为她不能讲话。

气愤的儿子趴在母亲的膝盖上，伤心地哭着：“妈妈，今天老师叫我们写一篇作文，我写错了一个字，老师就嘲笑了我一番，结果同学们都笑我，真没面子！”

妈妈依然没有说话，只是搂着伤心的儿子。儿子沉默了几分钟，从妈妈怀中站了起来，平静地说：“我要去公园了，同学们还等着我呢。谢谢你听我说这些事。”

一个特殊的原因，让这位母亲体会到了“沉默”的重要意义。毋庸置疑，闭着嘴说话——我们经常说到的“沉默是金”，对教育来说，具有时代性的批判意义。

嘴巴的品质是耳朵培养出来的。在课堂上，教师如果尽可能闭上自己的嘴，让自己少说一点，留出时间和空间给孩子，也是教育行为转变中的一个关键。课堂是教师传道授业的场所，但同时也是孩子吸取知识的场所，需要的是老师和同学之间的互动，而不是老师在台上高谈阔论，孩子在台下死记硬背，老师说多少孩子记多少的学习是机械的，孩子充分思考和内化所学的知识是需要时间和空间的。好问、好说是孩子的天性，可有些老师却无情地剥夺了孩子说话的权利，学校需要教的是“学问”，而不是“学答”，上课更多的应该引发孩子“问”、“说”的兴趣，教给孩子“问”的方法，而不是一味地灌输，只关注结论，忽视学习的体验过程。

很多家庭教育的无效，甚至让孩子产生强烈的情绪反弹，是因为父母说得太多、太正确。学校教育的低效，也来自于老师们一刻不停地耳提面命——修炼自己的教育的状态，实现“闭着嘴说话”，才能赢得孩子内心的尊敬，尽管这并不容易，但需要我们渐修、渐悟。

有一个人从不乱发表自己的见解，即使是开会，当绝大多数与会者都踊跃发言时，他也保持沉默。有一位多事者很想知道这是为什么。

多事者：你为何总保持沉默？

沉默者：我习惯于沉默。

多事者：据我了解，你以前可是很喜欢说话的。

沉默者：那只是年少轻狂，总喜欢出风头。

多事者：为何会有如此大的改变？

沉默者：你的问题我不好直接回答，我问你，佛为什么会令人尊敬？

多事者：为什么？

沉默者：因为他无时无刻不在保持沉默。

多事者：（恍然大悟）我明白了。

教育者也应像这位沉默者一样，从“轻狂多言”的“风头”上自然走下来，走到“令人尊敬”的“含蓄”中来。

*

前一段时间，有些80后青年人与一些所谓文化人之间的责问，扣帽子，随意抡棒子，这种“想……就……”的思维模式的极致表现是要不得的。

一个国家的强大，某一种意义上说，是思维上的强大，是文化的强大，是国民内心精神力量的强大。当我们推进现代化进程中，万万不可忽略人文精神的导向性价值，否则，今天的日本就是明天的中国。

学会倾听，培养嘴巴的品质，是我们最最缺乏、也是最最紧要的人文精神。

*

耐心是美德。好的习惯在于耐心做好一件事情。

大学者如陈寅恪、钱钟书、王国维、胡适、梁启超、任继愈、饶宗颐，无不是耐心之人。季羡林先生曾经有一句话：抓住一个问题，十年不放。这话影响了我一辈子。

蒋介石自28岁开始写日记，坚持写了57年，甚至每周、每月还要写“反省录”。他的日记均用毛笔端端正正写在专用本上，不论戎马军营，还是到各地视察，一天不漏，就连当天的气温、气候，也认真记下。每逢岁末，蒋会亲自把当年的日记用牛皮纸封好，交付儿子蒋经国。除了蒋介石，冯玉祥、阎锡山也有这个一辈子耐心写日记的美德，冯玉祥日记六册将近五百万字，阎锡山日记也是上百万字，都是我认为值得研究的名人日记。

不以成败论英雄，在于发现每一个人的美德，这是人生的真谛。

*

无论是远古时代的两河流域的文明，还是灿烂的中国古代文明，我们都可以找到无数多的文明证物，比如彩陶，红山玉器，兽骨手镯，绿松石项链，均可以看出其中耐心的痕迹。

可以说，古人所有的“艺术品”，都是用手慢慢地反复打磨、静心雕刻出来的。故，耐心是人类文明的核心。实际上，我们今天能接触到的所有文物其实也都是古人“耐心”的成果，中国文化的层面非常厚重，我们从某一个角度讲，中国文物所包含的文化含量，大大超过了其他艺术形式，因为每一件文物，都隐含了人类文明的密码。

养成教育之物质：极品老料小叶紫檀木文房清供，该品经过了60、320、600目打磨轮，又经过400、1000、3000目砂纸轮，再用粗布轮等12道工序精心打磨而成，最后经过人长期的触摸、把玩之后，生成了养人的圆润和光泽，不是美玉胜似美玉。

*

德育教育，耐心是主要内容之一，也就是“帮助学生建立良好的内心秩序”，关联元素包括：信心，专心，恒心，爱心，开心。

耐心也是实现人的专注能力的前提，是可以通过某一种过程，渐渐培养、训练而成。

*

养成教育·班主任工作九大法则：

一、教育的过程是等待的过程。教育的秘诀是三分教、七分等；

二、主动性是人内在精神世界的支柱。真正的教育家只做一件事情：用自己的生命和尊严捍卫每一个学生的主动性。

三、有条件满足。对于孩子来说，过度满足将使其痛苦不堪，为了建立起孩子的自我，就需要学会有条件满足、契约满足的方法。

四、好的关系大于一切教育。如何建立人与人、人与自然、人与知识、人与自己之间的四对关系，是一切课程的基本逻辑。

五、做温暖人心的教育。从根本上来说，教育，就是温暖人心，人心暖和了，人就不需要教育了，教育就变成了自我教育。

六、呵护自尊，唤醒自觉。人都是自觉自悟的，我们无法直接对一个人内在的学习直接施加影响，但可以通过有效地组织学生自主学习，来唤醒人的信心、爱心、专心、恒心、自尊心。

七、人往高处走，沿着阶梯走。对于目标管理来说，阶梯真是一个伟大的发明，其应用范围极为广泛。

八、站在将来看现在。克服浮躁的唯一办法是站在未来30年看现在，就会明白我们应当作什么，不应当作什么，这是关于选择的智慧。

九、教育就是培养习惯。习惯是民族的根基，根基不稳，地动山摇。

水

*

由于过度强调控制，强调“摁着牛头吃草”，其结果就是导致大量孩子不爱学，然后不会学，不会学，从而更加不爱学，如此恶性循环，使得教育的生产力低下。

据全国养成教育总课题专家在北京市的二十多所学校的调查，由于不爱学、不会学而烦恼的孩子，初中达到了58.6%，高中达到了72.4%，严重影响了教育质量，不爱学不会学的孩子又不得不学，长期压抑，痛苦不堪。

孩子的学习不理想，家长着急，老师着急，可是我们也许忽略了，最痛苦的是孩子本人。他能体会到周围所有人对他的不满，能感知到周围所有人对他表示的失望，这种痛苦即使是成年人也很难承担。

*

厌学可以说是中国教育史上的“癌症”，我们的大量研究证实，导致当前中国学生厌学有三个非体制原因：

一是教育者按照自己一厢情愿的教育设计迫使孩子们“就范”，或者忽视孩子的主动性甚至控制了孩子的主动性，而进行被动教育，造成大量孩子对学习产生消极抵抗的心理。

二是教育者过于执着于用“大脑”教育孩子，而忽略了用自己“心灵”去感应另外一颗“心灵”，这就导致很多老师和父母，嘴里的话都是好话，但就是说不到孩子心里去。

三是教育者过于迷信于教育模式与技术，或者盲目地把国外舶来的心理教育方法奉为圭臬，而不是从生命发展规律出发，顺其自然地激扬生命内在的潜能。

如果说教育是“生产人”的事业，那么类似以上三种产能低下的“生产方式”确实到了彻底颠覆的时候了。或者说，我们的教育到了换“发动机”的时候了。这个“发动机”就是——回归心灵深处，回归到教育的本质，建立健康、自然、无污染的教育价值观。

我们知道，对学习内容或参与学习活动的兴趣，叫作学习兴趣。兴趣甚至是人生的普通但神奇的“方向盘”，兴趣对人的知识的增长、智能的提高、情感的调动、品格的形成、潜能的发挥，乃至成长、成功、成材等等都起着巨大的作用，从社会角度来看，兴趣是爱学、会学的重要基础，是终身学习的人必不可少的重要素质。

怎样把学习变成孩子内心真正的渴望，是所有教育者最为困惑的问题。只是为孩子购置一些具有娱乐功能的学习机，解决的仍然是表面问题。要真正地改变人，必须从人的内心深处下工夫，那就是——利用人的生命发展中的主动性规律。

想释放束缚孩子主动性的“紧箍咒”，激发孩子兴趣，无非是三种思路：一是感觉引导，二是降低难度，三是协助孩子发掘学习的快感。

*

在《教育的秘诀是真爱》一书中，有这样一篇故事：

一位老人遇到了一些麻烦。一些顽皮的孩子每天都要聚集在他家的附近，向他的房子扔石头。老人想了很多办法来阻止他们，叫警察，打电话给孩子们的父母，大喊大叫地威胁他们，但都不奏效；相反，孩子们似乎更加起劲，石头扔得更欢了。

经过思考，老人将孩子们召集到一起，对他们说："我现在慢慢地喜欢你们向我的房子扔石头了，为此我愿意向你们付钱，每人每天一块钱，作为你们向房子扔石头的回报。"尽管这个承诺孩子们看起来很离奇，但他们仍然非常高兴地接受了这个协议，于是，孩子们每天都在约定的时间里来向老人的房子扔石头，老人呢，也如约付给他们每人每天一块钱。

这样过了几天，老人又把孩子召集起来，他对孩子们说："很抱歉，最近我的生活出现了一些困难，我无法每天付给你们一块钱了，你们看每人每天付给你们五毛钱怎么样？"孩子们当然很不乐意，但他们嘀咕了一阵子后还是接受了老人的条件。

又过了几天，老人再次对孩子们说："最近我赚的钱少极了。我连付给你们五毛钱也无法办得到，但我还是愿意付给你们每人每天一毛钱，你们看怎么样？"

孩子们很快交换了一下眼神，其中的一个打破了沉默："别想得太美了，谁会愿意只为了一毛钱干这种苦差事？"就这样，孩子们走了，再也不来扔石头了。

一开始的时候，孩子们扔石头是出于内在动力的驱使，扔石头使他们觉得新奇、好玩、冒险，因此，那位老人越管他们就越逆反。可是，从老人给他们第一笔钱的时候，这些孩子扔石头的原因或者动机就发生变化了，他们所做的事情再也不是源于兴趣，而是从内心的渴望转变为外来金钱的刺激，当外来的刺激变得越来越小、甚至没有的时候，扔石头的行为也就失去了激励因素，其结果自然就可想而知了。

这个故事并不新奇，但我们可以从中通过洞见孩子内心变化的基本线索，这也是吸引孩子从内心里爱上学习的基本线索——感觉引导。当孩子感觉到学习是为了让别人满意，无论是满足家长还是老师的要求时，学习的动力就会降低，当孩子的学习能满足自己的好奇，能收获美感和满足感，不用催促，不用监督，这种学习都会是最有效的。

*

孩子不爱学，一般还有一个关键原因，就是在学习过程中没有尝到甜头。**而让孩子尝到甜头的唯一办法就是：减少知识总量，降低学习难度，使孩子不断获得小成功、小甜头。**在学习过程中，把一个大目标科学地细分成若干个切实可行的小目标，每实现一个小目标，就得到一次激励，从而吸引孩子一步一步地走向成功。

1984年，在东京举办的国际马拉松邀请赛中，名不见经传的日本选手山田本一出人意料地夺得了世界冠军。当记者问他凭什么取得如此惊人的成绩时，他说了一句话：凭智慧战胜对手。

当时很多人都认为这个偶然跑到前面的矮个子选手是在故弄玄虚。马拉松赛是体力和耐力的运动，只要身体素质好又有耐性就有望夺冠，爆发力和速度都还在其次，说智慧取胜确实有点勉强。

两年后，意大利国际马拉松邀请赛在意大利北部城市米兰举行，山田本一代表日本参加比赛。这一次，他又夺得了世界冠军。记者又请他谈经验。

山田本一性情木讷，不善言谈，回答的仍然是上次那句话：用智慧战胜对手。这回记者没有再挖苦他，但是对他所说的用智慧战胜对手还是迷惑不解。

10年后，这个谜底终于揭开了。

他在他的自传里是这样说的：每次比赛之前，我都要乘车把比赛的线路仔细看一遍，并把沿途比较醒目的标志画下来，比如第一个标志是银行，第二个标志是一棵大树，第三个标志是一座红房子……这样一直画到赛程的终点。比赛开始后，我就以百米的速度奋力地向第一个目标冲去，等到达第一个目标后，就又以同样的速度向第二个目标冲去，40多公里的赛程，就被我分解成这么几个小目标轻松地跑去了。起初，我并不懂这样的道理，我把我的目标定在40公里外终点线上的那面旗帜上，结果我跑到十几公里时就疲惫不堪了，我被前面那段遥远的路程给吓倒了。

在孩子的学习问题上，失败不是成功之母，成功才是成功之母，反复成功培养天才，反复失败培养庸才。**人不是一步登天的，而是在不断获得的“小成功”中聚集成就感，从而走向“大成功”**。如果学习的目标太高、难度太大，孩子努力了还达不到，失败几次之后就会失去继续努力的动力，理想的学习是“站着坐着够不着，跳起来正好”，不断尝到小甜头，才可能逐步走向最终的成功。

*

追求快感，是现代人的一种生活常态。人的快感是分两个层次的，第一层次是人满足以后的快感，第二层次是深层次的快感，那就是思维上的快感，学习的快感。对于教育而言，一切快感都是自我更新后的思维快感。社会上流行的很多“快乐学习法”，单边追求在“玩中学”的趣味学习，是对学习本质的肤浅理解。

古人说“书山有路勤为径，学海无涯苦作舟”，仿佛学习就是“苦”的。现在也有很多人一提到“学习”，马上就联想到“苦”、“累”、“枯燥”这些让人提不起兴趣的形容词，似乎学习是件极痛苦的事。其实，学习充满着快感，只是这种快感是隐藏着的、深层次的，需要慢慢挖掘，细细品味，才能享受得到：

一是充满发现的学习有快感。学习能让孩子发现新的事物、美的事物，学会观察身边的点点滴滴。在不断地发现中，人很容易获得满足和快乐。

二是不断克服困难的学习有快感。真正的学习是对未知的探索。学习如同“探险”一般，既充满浪漫新奇的体验，也有意想不到的障碍。人只有不断探索攀登，克服重重障碍，才可能“修成正果”。每一次探险，都会留下难忘的回忆。这种回忆，不仅是学习的成果，更成为快乐的源泉。

三是激发求知欲、释放潜能的学习有快感。每个人的学习潜能都是巨大的。当孩子界定一个目标，专注而坚持地付出自己的努力，整个人都将充满愉悦和激情，如果能发掘出自己从未察觉的潜能，取得相当的成绩时，成就感和骄傲感油然而生。

四是为自己学习才有快感。学习是孩子的工作，发自内心的、没有外力强迫的、为自己学习的人，才可能摒弃依赖心理去自觉、主动地学习，也才可能真正享受到学习的乐趣。

学习的确是一件苦差事，不付出努力和汗水绝不可能成功。深入的学习常让人感觉肉体的疲惫，但这对心灵而言，却又意味着满足和快乐。所以，学习的本质仍然是快乐的。这种快乐区别于将学习娱乐化所获得的表面的、短暂的快乐，是真正的、持久的、深层次的快乐。一旦发现了它，孩子就一定会“乐学不疲，不能自已”。

*

辛弃疾词云：“众里寻她千百度，蓦然回首，那人却在灯火阑珊处。”后来王国维大师化用在美的第三层境界上，使之成为中国最美好的思想之一。

这句话揭示的是西方学者永远不会理解的顿悟之美（中国顿悟的杰出代表是六祖慧能，这里的顿悟与格式塔心理学上的顿悟是两码事）。**顿悟，是瞬间对真理的把握，无需论证和推理。**

但，顿悟的获得，须要阅历沉淀作为基础的。王国维先生三境界论中，第一境界是，独上高楼，望尽天涯路；第二境界是，衣带渐宽终不悔，为伊消得人憔悴；第三境界是，众里寻她千百度，蓦然回首，那人却在灯火阑珊处。其第一、二境界都是阅历的沉淀阶段。

同样，人的学习顿悟是个人独特的心理体验，其他人是无法替代的，因此，我们无法直接对学生的顿悟施加作用，我们只能在通过组织有效的、集体的、自主的学习活动（教学的本质），帮助学生先经历“独上高楼”、“衣带渐宽”之后，实现人人的自觉自悟。

这，正是我们为什么要倡导在课程教学中“小立课程、大做工夫”、“小组学习，生命参与”、“习惯雕塑、自主发展”的理论根源之一。

*

所谓成功，其实就是设立一个由若干步骤构成的程序（从起点到终点看，又从终点回到起点看，建立起来的计划系统），每一步骤都做到100分，目的与效果，就水到而渠成了。

可是，同样的一个程序或者方案，在不同地点、不同环境、不同条件下，其效能却千差万别，为什么呢?

其实，程序与方案是次要的，关键是执行者需要注入一种魂，缺乏魂的引领，程序与方案就成为躯壳。

魂，就是价值观。一个好的价值观，是综合了热忱情感、坚定意志、大事做不来小事赶紧做的行动力之后的一种精神纲领。

一个程序与方案，就像一条高速路，而在高速路上的任何行进效果均取决于驾驶者的精神意志。

这让我联想到新课程的逻辑，如果课程观没有明确定位（魂之所在，即：培养什么人的问题，为谁培养人才等），再精妙的课程设计都只是躯壳，是没有实践价值的。

*

新东方一位教师讲到把一件事情做到极致，意味深长。

他说，将小小的汉堡做到世界各国的人都爱吃的，就是McDonald’s和KFC；将一瓶汽水卖到世界各地去的，就是Coca Cola和Pepsi；将英语培训班做到美国纽约证券交易所上市企业的，就是新东方；将乞丐做到极致、令天下所有的乞丐都崇拜的，就是洪七公；易中天教授对《三国演义》研究了20年，结果写出了《品三国》，发行了200万册。相同的道理，如果一个人把《资本论》研究20年，一定会成为大哲学家或者大经济学家。

其实，抓住一个问题十年不放，笨蛋都会成气候。就像你不断挖掘一块土地，时间长了，挖得又深又广，即使没有挖到水，天上下的雨水也能汇成渠，最后汇成水库，有了水库，你想垂钓、开游艇……你就能自由选择了。

人生不过如此。

*

正如耗散结构理论创始人普里高津所说，即使在最简单的细胞中，新陈代谢也包括几千个耦合的化学反应，并需要一个精巧的机制来加以控制，而一切课程的逻辑应当鉴此而生成。

*

在古玩领域，常提到“眼学”。所谓“眼学”，并非单指用眼睛看，而是在千万次把玩中形成的“整体感觉”。有人曾经请马未都先生解释一下“眼学”概念，马先生打比方说，好比自家小孩和其他小孩站成一堆，作为父母的，没有谁是从孩子的身高、体重或是哪个位置长了颗痣这些细节去分辨的，都是一眼就找出来的，甚至从一个背影就能确定自家孩子。

在教育评价问题上，其实也存在一个“眼学”的问题。很多时候，过度的量化、微格化，看似科学，在实践中常常是控制了人的主动性、阻碍了教育本真的回归。对于人的实质发展，谨慎使用“量化”才是正道，有智慧的教育者，只需要整体把握，做一个模糊估计，即可直接达到评价的目的。相反，实验室的研究却需要量化、细化，以获得纯粹的数据，作为研究依据，但仅限于实验室研究，而不是直接导入实践指导。

*

生本教育的创始人郭思乐教授有一篇著名的文章：《毛估估的智慧》，他这样写道：

农民买小猪的时候，不是论斤称的，而是用目测。这种方法，客家话说是“打毛（第四声）”，湖南人说是叫“毛估估”。农民采用“毛估估”体现了一种智慧，对我们的教育也是有启发的。

“毛估估”的智慧，首先在于它始终坚持整体地、动势地、实在地看生命体。它不相信某一个局部的数字，比如斤数、长度，等等。生命固然是可以用一些数字来刻画其某些形态的，然而生命又总是逸出在我们的刻画之外。有人这样说也是不无道理的：什么是生命？生命就是我们的刻画永不能达到的那个地方出现的东西。例如对人来说，司算计的大脑的活动较可以刻画，诸如推理等，而情感的心灵不能刻画。有客自远方来，是因为不需要说也不能说的情感一类的东西，即带有生命色彩的东西，它比单纯的彼此利用更宽广，更深刻，是我们生命交往活动中的不可言状的形态。

我赞同郭教授的精彩分析，人的感受、感知能力是一种生命奇迹，是本能性的，特别是对于事物，尤其是人的发展的评价，很多时候远远超过科学的工具。科学是必要的，但盲从科学是不科学的。

*

转一条关于评价学生学习状态的微博，相信对大家会有所启发：

一、您的学生是否有学习自主感？（反过来：您的课堂赋予学生学习自主权了吗？）

二、您的学生有能力感吗？（反过来：您在教学中注意让学生体验哪怕是小小的成功和进步了吗？）

三、您的学生喜欢您吗？（反过来：您尊重、理解、支持学生吗？）

*

著名作家史铁生是我们这个时代的精神底盘，他走了，就像汽车底盘坏了……对我们这一代人（70后）影响最大的句子，除了“认真是灵魂获取回报的唯一形式”，还有就是“命定的局限尽可永在，不屈的挑战不可须臾或缺”。两句话，完成了一个精妙的、完整的精神课程。

*

教师的困难在于什么都不够清晰。清晰是一个人具备概括能力与提炼能力的体现，因此，清晰是最重要的教育基本功。人只有心里清晰，在实践中才能有步骤、有阶梯、有办法、有出路、有效果，才能对教育过程进行科学控制与管理。

*

在课堂上，学生在怎样的状态下，收获最大？有幸与全国初中改革示范校辽宁省凤城六中的顾元彩校长在课堂上边听课边切磋，受益匪浅：

——**人只有在心情好、有节奏的时候，才能真正扩大收获，而教师也只**

有在心情好的时候，才能达到最好的状态。这是课堂建设的关键点之一。

——工具感。人没有认识到所做事情的意义时，就会产生一种“工具感”。而这种“工具感”会导致所有的事情都有可能半途而废。

——养成教育中，每一个行为做到位做认真了，实际上人是愉悦的，比如行鞠躬礼，到位规范后，人的心情是好的。

*

做报告，主题是《课堂文化中的“概念对”——兼谈听课评课的基本逻辑》，包括8个：教与学，急与缓，冷和暖，快与慢，动和静，弱和强，虚与实，紧和松等，课堂文化的精神内核是师生在这些“概念对”中发现自我、重建自我、创造自我。

*

充满生命活力的课堂，必然隐藏两种“活”：一是每一个孩子都主动学习，充满着生命超拔的活力气息，如春笋般的生命态；二是每一个孩子内在思维活跃，我看到多少孩子在课堂上，由于思维活跃而小脸憋得红扑扑的，像太阳花盛开那样得迷人。

*

昨天和一位朋友聊到教师人才问题，他说，如今的教育很难吸引一流的人才来从教，教育很难发展。愚以为非也，假如都是清华北大的优秀毕业生来做教育，未必就做得好。

教师的作用是悟到恰当的“尊重之道”、“引导之法”、“激发之术”，而非单纯依靠强于学生的智力和知识，师傅引进门，修行靠个人。

*

如今的高考，已经不是简单考“知识”，也不是考大家所认为的“能力”。近五年来，命题发生了深刻变化，单纯的题海战术已经不能让学生从优秀迈向卓越了。据我们专家组研究，现在的高考，大约20%考知识，20%考能力，还有60%考的是学生的内心秩序、深刻思维、文化底蕴、认真习惯。

这也是为什么依靠题海战术的“县一中”现象不再辉煌的真正原因之一。同时，这，对于新时期的高中教师的文化底蕴和思维功底提出了新的要求。所谓“素质好，不怕考”的法则将在未来10年内渐渐成为常识或者现实。

有学生问，依照您的研究，是否可以通过高考内容的改革来实质性地推进素质教育？这只是一种可能，不可矫枉过正。虽然，当前有意义的教育改革须适应当下的高考，但教育是一个系统工程，仅改革高考，只能解决终端评价导向问题，教育的根性问题并不在于此。

*

农村学子上著名大学难，非其他原因，而是农村最好的中学“县一中”教育教学观念落伍，过去死抓、狠抓、单一依靠题目训练的“血汗成功模式”，如今已不再神通。因为，高考导向性要素每年都在潜移默化地多元化、深化……日渐趋于深刻思维、稳定的内心秩序、文化底子、良好习惯等指标，未来高考的希望与出路在于：素质好，不怕考。

*

笔者伴随广东普宁侨中这五年发展，从薄弱校终成国家级示范高中，心有所得：

一是，一所学校一般须经过五年的努力，才可以基本达到一种文化高度，不可急躁；

二是，做一所有灵魂有文化的学校，可以用四个字来概括其发展的之线索：格局，扎根，积累，质变；

三是，该校内涵发展的方法论是五个：专家引领；文化铸魂；课堂增效；教师成长；阶段突破；

四是，在学校整体改革中，最为要紧的是“不是什么都要做，而是做了的要做到位”，所谓“做少，做好，做到底”，其中，校长领导力的培养很关键，文化领导力和课程领导力，两者至少须有一种“力”是校长自己的拿手工夫，这是一所学校成功的基本规律。

*

李可染大师认为学问之道莫过于两个：一是一生坚持锻炼基本功；二是天天总结。

教育也是如此，尤其是一生坚持锻炼基本功。教育的基本功包括三个方面：一是专业的基本功，包括讲授、答疑、评价等；二是学科思维训练，包括对自己所从事学科不断深入地探究、洞察、变通、概括、提炼等；三是掌握并顺应人的生命发展规律，无为而无所不为。

*

所有著名高中的校长都深知，数学学科备考如果不下工夫做到极致，高考注定难以大面积成功。而数学学科备考的核心是思维问题，包括思维的深化、活化、透化，就具体操作而言，就是通过强化思维训练，使学生做到举一反三。

*

和崔宁老师喝茶，谈到文字工夫是怎样修炼的？没有“宋词”的功底，哪来精辟、隽永的语言？没有通读《资治通鉴》或者“前四史”的认真，哪来推断、深刻的思维？没有《小逻辑》和《文心雕龙》的底气，哪来的平和、扎实的文采？

*

解决比解答重要。

专家引领确实是教育内涵发展的一条捷径，不过有些专家做做报告可以，真让他深入学校蹲点，推动课堂价值重建、实施有效的养成教育及学校文化建设等，拿得起，做得到，真有用，则极难，因为这需要极深的功力以及通达深刻的教育思想做支撑。

如果专家引领不能解决问题，而只是解答问题，很容易看起来热闹但实质上浪费了学校的时间，“浪费时间”很多时候就是“增加学校负担”的代名词。

*

教师如何在课堂中发现自己？一般分为四个阶段：

第一阶段是本我，即教师开始熟悉怎么教，从教育理论中走向实践，一般至少需要三年或者四年时间；

第二阶段是超我，研究如何讲解得更加精彩、吸引人，并更能让学生接受，这里隐含了创新性，教师逐步形成自己的风格；

第三阶段是真我，教会学生怎么学，逐步换位到学生的学习为中心的课堂教学状态；

第四阶段是无我，就是放下自我，把所有的智慧集中到如何组织学生自己学，教中无我。

*

课堂文化的生成，关键在于观念的彻底转变。

在创建课堂文化的过程中，首先，生成是最优逻辑，然若无清晰的定位、目标、内容、形式、评价以及以能力为导向的交互梯进路经，生成就是伪装的，是不安全的。其次，生成的关键在于观念的转变，我们的三条经验是："放下自我放下执着"、"看孩子不顺眼是因为自己修养不够"、"一切以组织学生自己学为目标"。实质就是全面建构"学"的文化，而非"教"的文化。

*

以课程育人，是中国基础教育与世界基础教育并轨的交叉点。换言之，现代学校应当具备生产、研发、执行课程的综合能力。课程才是学校真正的文化产品。

*

区域教育发展有两个关键词：均衡与质量。

具体而言，一是办好每一所学校，而不是办三两所名校，且须通过多元课程体系，让每一个学生都得到最恰当发展；二是狠抓养成教育，并扎实推进以生命为本的课堂的根本变革，坚持两条腿走路；三是提炼每一所学校的办学理念，并构建优质的具有积累性、价值型性的学校文化体系，让精神文化和物质文化的发展相辅相成。

总之，当前的教育发展不应盲目推崇和借鉴欧美，而应当建立中国教育的自信。要说中国教育与世界教育的并轨点，只有一个交集，那就是课程，现代学校须有生成、整合、执行、创新课程体系的综合能力。课程也是学校唯一可输出的文化产品。

*

学校要有魂，区域教育也需要魂。这个魂，就是办学思想体系，包括提炼生成自己的理论体系和实践体系。说起来容易做起来难，因为这里需要足够的经验准备，并需经严格推演、论证，使之科学、通透，即：一听就能懂，从来没想到，用起来真有用。

*

素质好，不怕考。

*

考试是一种能力，可以通过训练提高。考试能力可分为五个层次：第一层是基础知识储备；第二层是考试技术，就是精通得分点；第三层是思维，即掌握思考与解决问题的方法；第四层是文化底蕴，中西方文化修养；第五层是人格，就是做人，会做人也就会考试。考试能力是素质教育的重要组成部分。

打一个不恰当的比方，如果“培养习惯”是“培根”，“启迪智慧”就是“护理枝叶”，那么“开花结果”就是“考试能力”，就我自己的经验看来，素质好是不怕考的……我们的培优特色课程的实践证明，此路几乎能实现我的务实想法——打着应试教育的旗号扎扎实实地推进素质教育。

面对关于考试问题的纷争，想起萧伯纳曾经说过的一句话：“一个理智的人应该改变自己去适应环境，只有那些不理智的人，才会想去改变环境适应自己。但历史是后一种人创造的。”

*

追求分数，不是教育的罪。分数是一个很糟糕的东西，但目前或者相当长时间内没有什么比分数更好的衡量方法，所以我们不得不选择分数而已。

而且，素质教育的关键不是拒绝分数，而是如何获得分数？这里有两条路可以选择：一是“摁牛吃草”获得好分数；二是“引牛向草”获得好分数。

*

教育者很容易为了分数，为了眼前的“教育利益”而舍本逐末。很多的学校和家长，都把阶段性的分数作为评价孩子是否成功的唯一标准，比如为了升到好一些的学校，不惜一切代价，全中国的家长没在一起开过会，但有一句话异口同声——孩子，只要你有了好分数，其他的一切你就不要管。这真是一个可怕的国民共识！

另外，社会还流行一个观点“不要让孩子输在起跑线上”，这个观点误导了很多人。其实终点成功才是真正的成功，很简单的道理，**孩子的成长是漫长的长跑，起跑慢一点，其实不重要**。比如没能在幼儿园时期进行最有效的智力开发，难道孩子将来就一定是没出息的吗？小学升初中升不到好学校，就一定失败了吗？

这个道理大家都能理解，但一般的教师和家长却很难落实到行动上。这些就将引出另外一个更深层次的话题，那就是，除了分数和升学，我们应当如何评价孩子的发展？

人的发展需要评价，分数是其中一种不得已的评价手段。分数评价的好处是明晰而简单，缺点是“用一把尺子量所有的孩子”，把大多数的孩子变为所谓“失败者”，如果有更好的评价手段，分数评价方式毫无疑问应当摈弃的。

客观地说，分数评价方法与人的发展规律是相违背的，因为，人的发展是呈模糊状态的，这一点所有人都有共识，而分数评价的逻辑是强行分析的逻辑，《奥修寓言》中有一个这样的故事：

蜈蚣是用成百条细足蠕动前行的。哲学家青蛙见了蜈蚣，久久地注视着。心里很纳闷：四条腿走路都那么困难，可蜈蚣居然有成百条腿，它如何行走？这简直是奇迹！蜈蚣是怎么决定先迈哪条腿，然后动哪条腿，接着再动哪条腿呢？有成百条腿呢！于是青蛙拦住了蜈蚣，问道："我是个哲学家，但是被你弄糊涂了，有个问题我解答不了，你是怎么走路的？用这么多条腿走路，这简直不可能！"

蜈蚣说："我一直就这么走的，可谁想过呢？现在既然你问了，那我得想一想才能回答你。"

这一念头第一次进入了蜈蚣的意识。事实上，青蛙是对的——该先动哪条腿呢？蜈蚣站立了几分钟，动弹不得，蹒跚了几步，终于趴下了。它对青蛙说："请你再也别问其他蜈蚣这个问题了，我一直都在走路，这根本不成问题，现在你把我害苦了！我动不了了，成百条腿要移动，我该怎么办呢？"

人的发展之道也一样，是混沌的、模糊的，是不容"分析"的。《道德经》第二十五章说："有物混成，先天地生，寂兮寥兮，独立而不改，可以为天地母。"意思是说，道是混沌的，先天地而生，虚空宁静，超然独立，永恒不变，是天地的母亲。万事万物的发展均有其不可言喻的自身规律，人究竟是怎样发展的，其实我们是无法真正做到准确"分析"的。就像用电饭煲煮米饭，究竟饭是怎样熟的，我们并不知道也不需要知道，只要到了时间打开盖子就是香喷喷的米饭。如果在过程中，我们总是揭盖，最后打开时，米饭一定已经夹生了。

在东西方文化对比研究中，我们经常会看到"模糊"、"分析"、"综合"的概念。而东方文化中，侧重于"模糊论"，现代科学研究表明，人的神经细胞主要遍布在大脑皮质上，人脑皮质上神经细胞的数量有150亿之多，它们之间形成了极其复杂的联系网络，彼此沟通，相互影响，每个细胞与其他细胞可产生两千多种联系，神经细胞的不稳定性，正是大脑皮层神经细胞传递的根本特点。这是“模糊论”的生理基础。李晓明先生在《模糊性——人类认识之迷》一书中指出：“模糊性的本质是宇宙普遍联系和连续运动在人类思维活动中的反映。模糊性并非物质的本质属性，也不是人脑的主观产物，而是客体在人类意识的映照下，成为模糊性的栖身寓所……一言以蔽之，明晰兮模糊所伏，模糊兮明晰所倚。”

模糊当然不是“糊涂”，而是一种超然的评价方法，是符合客观事物发展规律的。而人的发展更应当采用模糊的评价方法，模糊的评价，实质上是上升到教育文化意义上的评价，是人性的回归。

很多人会说，目前我们无法回避的现实是“中高考”，这是目前公认的公平方式，我们应当如何把握呢？在这方面，我支持郭思乐教授的观点。他认为，当前，我们要长期地在中高考的体制下工作，因此，对基础教育的有意义的研究，都不能离开中高考存在的这一事实，生本教育十年实践证明，“素质好，何愁考（中高考），为了好，偏不考（过程中的统考）”。郭教授认为，当前教育改革的瓶颈在于区域性或者学校的统考，这样的考试是区别于中高考等社会选拔性评价的教育过程中的评价，在教育还缺少根本性改革的情况下，管理者往往借助于这种评价方式来防止教育质量下滑，其目的是实现教育活动主体之外的人对学习者情况的把握和监控，它广泛地影响了教育教学的模式，使所有的教育中人疲于应付，失去了激扬生命主动性的教育改革探索热情。

有人把当前面对现实的教育改革方向概括为两句话——光明正大搞应试，旗帜鲜明抓素质。话说得有点夸张，但不无道理。我甚至认为当前教育的问题，并不需要很多的“解答”，而是要“解决”，只有能解决问题的思路才是可靠的、科学的思路。

本书中关于个性化教育的操作系统部分，为大家提供了一个思路，变以“知识”为中心的评价体系为以“学习状态”为中心的学习质量阶梯体系，从根本上培养孩子的学习习惯和学习状态。经过我们三十年的反复实验，参加实验的孩子不以学习成绩为目标，却不经意地都取得了最好的成绩。可以说，在新时期的养成教育理念指引下，成绩和分数应当是人学习成功之后顺带的结果而已。到了揭榜季节，每年都有很多全国养成教育实验学校的校长不由自主地向我报告榜上有名的喜讯。这样，就是所谓“又好看”（终端考试成功）、“又好吃”（解放了教育者，学生主动学，素质全面提高）的双效教育。

另外，我预测大约20年以后，在逐步加强中小学职业指导并形成系统和机制后，中高考一定会被其他一定方式取代。但在未来的20年时间内，我们须在接纳中高考的前提下，进行教育改革，建立新型的教育评价机制。

*

所有的成功都是个性发挥到极致的结果。

以往所倡导的个性化教育的缺陷就在于缺乏有效的自我评价环节，所以，不能实质性地解决问题，基本上停留在理念上，缺乏操作性。

世界万物的发展都是有序的，任何事物的发生、发展都有其必经的轨道，必须经由一定时间和相当程度的量变的积累，才可能获得质变，而不可能一蹴而就。客观世界的一切发展，都是既有渐进，又有飞跃的“阶梯式”。

人往高处走，沿着阶梯走，阶梯本身也是一个引领上进的重要的教育价值观，在教育领域中，“阶梯”的提出，看起来简单，但意义深远，是当前提出创造适合每个孩子水平的教育问题的一个重要突破口，也可以说是个性化教育的实质。只有阶梯，才能使不同水平的孩子和教育者各得其所，从而避免要求每个孩子和教育者一步到位，达到所谓“完美教育”的苛求完美的问题。包括很多人会认为本来极为精彩的“生本教育”、“新基础教育”、“新教育”等教改模式，很难让所有的教师和孩子一下达到教育目标，其中一个原因，就是缺乏一个阶梯系统。

全国养成教育总课题组副组长程鸿勋教授，是当代中国最重要的教育家之一，也是我最为敬佩的导师之一。我经常讲到，当代中国的教育改革，要看四个人，其中一个就是程鸿勋教授。他说，他花了30年时间只研究了这一个问题——阶梯，并因此创造了先进、系统、有效的“阶梯式学习法”。阶梯式学习法是当代中国解决学习问题的四大方案之一，其独特而重大的教育价值在于：

一是把孩子学习的主动性、科学性不断成功地结合起来了，在人的内在世界里发生作用。

二是为每一个孩子提供适合他们水平的发展机会，是可操作的差异化教育。

三是注重过程价值，教育过程质量才是真正的教育质量，有过程活动人才会真正有所体验、感悟、生成、创造。

四是自定目标、自找办法、自我评价、自我负责的教育，是让孩子学会自己对自己负责的教育。

五是避免了就成绩而成绩的局限，从人的学习状态和学习习惯着手，从更新的角度来间接提高成绩，效果比直接为了成绩而成绩更符合人本的要求，而且更加具有操作性。

作为新时期养成教育的一个重要组成部分，我曾花了很多精力推广、完善阶梯式学习法系统，并把其纳入教育整体改革中一个关键环节，在全国养成教育实验学校进行重点实验，效果明显，解决了教育中的很多重大难题。

阶梯式学习法的真谛在于给每个孩子一个阶梯水平体系，引导孩子对自己当前状态和水平的定位，然后结合实际生成阶梯目标，自己教育自己，一步一步实现进步。为了便于读者帮助孩子生成属于自己的阶梯目标（建议结合实际画成阶梯表格，如下图所示），这里结合程鸿勋教授的总结和概括，介绍一下涉及各学习主要环节的各级水平要求。

*

环节一：上课的阶梯。

很多家长不知道，孩子的学习效果，85%取决于孩子听课的水平，上课时孩子表面都一样，而内心的差别很大。有的孩子上课很热情、思维积极活跃；而有的孩子上课态度懒散、思维简单。时间长了，结果很不一样。可以说，孩子在学校期间，出现知识、能力、品德思想等方面的差异，包括其素质差异，很大程度上是孩子长期上课参与程度不同养成的结果。

一级：跟着上课。

上课时，孩子简单地听，被动地抄着笔记。当然，能跟着听懂一些知识，也算不错了，但这样上课，劳动量很小，一点都不累。问题严重的是，现在有很多孩子，包括一些父母和教师，还不了解这样跟着老师上课，这样过分“老实”地上课是低水平听课，是学习不能提高的一个重要原因。

二级：识记上课。

又叫懂记上课。主要有两个要求：一是要积极思考。程教授回忆自己上学时，有时上课因为思考脸都热烘烘的，下课必须出去休息休息，学习好的孩子都有过这样的体验。孩子学习好坏的问题归根结底是课堂上思考不思考，是否积极思考的问题。二是在懂的基础上有意记忆，课后能复述出课堂的主要内容。孩子现在听课的记忆问题很大，有的孩子找笔者补课，问他上课情况，别说具体内容，就连老师讲的题目都不记，这样的孩子学习效果是不会好的。记忆既是人的思维基础，又是思维水平的重要标志之一。孩子正处在记忆力发展的最佳时期，大有潜力。所以，一定要加强有意记忆和课末复述。

三级：联想上课。

它也有两个要求：一是要积极思想、展开联想。深入孩子就会了解到，我们的孩子上课时很少联想，甚至不想，学得很“死”。所以可以告诉孩子上课一定要多想，想得越多越好，充满幻想都好。二是要主动积累经验。有的老师上课讲经验一套一套的，而孩子主动性不够，一检查发现，教师所讲的精华，孩子得到的很少。带过毕业班的老师都深有体会地说，孩子不积累经验，经验不系统化，就谈不上能力，中考、高考成绩不会好。孩子主动积累经验，是他们形成和增长能力的一个重要途径。

四级：多得上课。

有三个要求：一是培养概括能力。一个人面对纷乱繁杂的事物，能用几句话概括其本质，是展示他有概括能力的重要标志，是有作为的人的必备素质。概括能力是怎样得来的呢？教师上课不得不说许多话，孩子必须从教师的众多的话语中“琢磨”出主要意思，这就是获得概括能力的一个重要方面。父母若能配合老师指导孩子有意识地去这样努力，概括能力会有更大的提高。二是让孩子充分发挥个性特长上课。善于逻辑思维就多推理，善于形象思维就多想象。发挥特长上课既愉快又容易取得成绩，是取得成功的重要方面，何乐而不为？三是努力扩大课堂收获。帮助孩子用心去扩大课堂收获，比如老师的哪个字写得好，哪句话讲得漂亮，哪个姿态优美高雅等，都应该留心学习，从而提高自身的审能能力。

五级：专论上课。

跟着上课：	懂记上课：	联想上课：	多得上课：	专论上课：
孩子简单地听，被动地抄着笔记。被动参与，勉强遵守课堂纪律。	积极思考，在懂的基础上有意记忆，课后能复述出课堂的主要内容，培养自己的学习兴趣。	积极思想、展开联想；主动积累经验，加强对例题的举一反三，提高能力；主动举手发言，努力提高参与水平。	善于概括，能较好地把知识系统化，画好知识树；充分发挥个性特长上课。加强感悟，培养自己良好的精神状态，师的各种优点，扩大收获。	对知识有“超前兴趣”。有自学的能力和方法，有独到的见解，并能用较精确的语言表达出来；形成知识专题或结合社会实践的专题，进行主动探索式的学习；讨论时要善于交流，进行“合作式学习”。

课阶梯参考表格

它也有三个要求：一是孩子对知识有“超前兴趣”。有自学的能力和方法，有独到的见解，并能用较精确的语言表达出来。优秀的教师总是鼓励孩子们先学，学过了再去上课就会发现，最基础、最扎实、最系统、对他们帮助最大的还是课堂。实践证明，达到自学程度的孩子，上课更专心，也更虚心。二是能形成知识专题或结合社会实践的专题，进行主动探索式的学习，从而促使孩子走向高水平的研究性的学习。三是讨论时要善于交流，热爱集体，能很好地进行现代化“合作式学习”。这样做，孩子的上课要求具体了，状态水平明确了，对自身的学习和老师的教学都更有好处。

*

环节二：预习的阶梯。

预习一般是指一个孩子超前接触新知识、独立地去阅读和思维，孩子若能长期坚持预习实践，预习的水平逐渐提高，实质上，就是在长期坚持自学。这样，自学能力必然会得到提高，并且学会学习，这对于一个人的终生发展意义重大。

一级：简要预习。

有两个要求：一是通过阅读课本，知道将要学习的知识内容。二是及时补习一下需要用的旧知识及薄弱环节。课前，可以用较短的时间做到这样预习，也就做到心中有底，心中有数，有利于上课主动学习。

二级：重点预习。

有两个要求：一是初步理解要学的重点、难点。要理解它首先就要找到它，能找到重点、难点，这本身就是自学能力提高的过程。可用红蓝铅笔轻些划下划线，或在重要字词下面点上点，轻些画的原因是便于学习，复习时更改。二是初步理解要学内容的基本思路。如果能长期坚持，这样预习并与课上老师强调的内容相比较，会很快提高自己的预习水平。

三级：问题预习。

有两个要求：一是提出问题，并把问题联系起来系统化。二是对重点问题有自己的初步探索。在学习过程中，发现问题比解决问题更重要。只有提出问题的人，才会真正地学习，奥妙无穷的世界只向那些敢于发问、勤于思考的人敞开大门。善于提问、善于把问题系列化是善于学习的重要表现。

四级：解析预习。

有三个要求：一是分析能力。人普遍存在的毛病是停留在事物的表面上。孩子的学习过程，就是学会“抠”书的过程，能自己“抠”得进去，是很可贵的。二是培养解决问题的能力。起码应学会运用工具书和参考书，课本上简单习题应自己解决。三是一定要有自己的理解和思路。可以把自己的看法、体会，用简练的文字在书上做些批注。这既是重要的学习方法，又非常有意义。

五级：探究预习。

它也有三个要求：一是能形成学习专题。例如学习三角函数公式时，形成“三角函数公式关系表”、“三角函数运用经验集锦”等，使学习具有研究性。二是对专题有自己的体会和理解（新见解、新思路、新发展），培养创造精神和能力。三是善于和教师、同学们讨论，善于合作学习。

显然，预习的各级水平是既有区别又有联系的。高一些的水平是在低一些水平的基础上提高形成的。

简要预习：	重点预习：	问题预习：	解析预习：	探究预习：
提前阅读课本；及时补习要用的旧知识及薄弱环节。	初步理解要学的重点、难点；初步理解要学内容的基本思路，利用工具书自行扫除学习困难。	提出问题，并把问题联系起来，系统化，形成自己的经验体系；对重点问题有自己的初步探索。同时写出学习提纲。	培养分析和概括能力；学会运用工具书和参考书解决问题；用简练的文字在书上分重点、次重点做好批注，形成自己的批注风格。	能形成学习专题，使学习具有研究性；对专题有自己的体会和理解，具有新见解、新思路、新发展，培养创造精神和能力；善于和教师、同学们讨论、合作。在课前进行专题研究。

预习阶梯参考表格

*

环节三：复习的阶梯。

预习时，是孩子初步接触新知识，不可能全部深入理解，上课是教师主导下的活动，也不可能完全按自己水平、按自己意愿去进行，必然会出现有的理解浅一些，有的甚至不理解，这样，完整的、深入的理解任务，就落在复习上了。

一级：巩固复习。

巩固所学的知识是复习的基本任务。具体要求是“尝试回忆”，用孩子的话叫作先“过一下电影”，就是开始复习时，先不看书和笔记本，而是把课上学习的基本内容有顺序地、扼要地回想一遍。

二级：重点复习。

它有两个要求：第一个要求是要狠抓基础。我国基础教育多年来一个重要的成功之处就是强调打好“双基”，即打好基本知识、基本技能的基础教学。第二个要求是善于请教，养成请教教师、同学的良好习惯。

三级：系统复习。

它有两个要求：第一个要求是，系统复习是单元系统复习、阶段系统复习、考前系统复习的简称，所以要找出知识之间的内在联系，从整体和系统上掌握知识，培养概括能力。第二个要求是熟记知识系统。无论是批注、提要还是图表，既然是自己动了脑筋找到的知识联系，那就一定要有意记忆、记熟。青少年正处于记忆力发展的最佳时期，要求孩子把全章节的知识系统全背下来、背熟，并能自然地表述出来，这不仅使孩子牢固地掌握基础知识和系统，为应用做好充分准备，更是发展孩子的记忆和思维，引导孩子学会学习的方法。

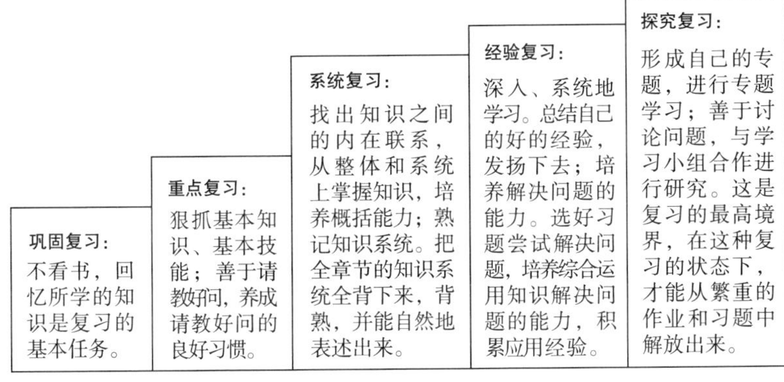

复习阶梯参考表格

四级：经验复习。

人都应该有每干完一件事就要总结经验的意识，学习和复习更是如此。经验复习有两个要求：一是深入、系统学习。复习后，在内容、程序、书写等方面，自己有什么好经验要总结出来。发扬下去。经验系统化就是能力。二是培养解决问题的能力。要适当地选一些题目试试，简单的题目，自己能不能一看题就明了考的是什么基础知识。综合性的习题，自己能不能明确解决的思路，这样做可检查自己学习、复习的效果，也可提高对知识完整化和系统化的认识过程，培养综合运用知识解决问题的能力，积累应用经验。

五级：探究复习。

它也有两个要求：一是进一步形成专题，搞专辑或专题学习。这是一种集中、透彻的学习，是一种突破一般标准达到高水平的学习。二是善于讨论问题，善于合作学习。在前面预习和上课中都谈到此项要求，搞好复习，特别是专题研究的复习，更需要合作学习，合作研究。

*

环节四：作业的阶梯。

孩子学习知识后，必须对其进行检查和应用。作业是知识检查和应用的重要形式之一，因此，做作业是考察完整掌握知识的必要环节和重要手段。有的孩子做作业是为了应付老师和父母，为了“交差”，为了表扬，因此出现赶作业、抄作业的现象。可见，教育者必须加强孩子对做作业意义的认识。

一级：认真完成作业。

有两个要求：第一个要求是要先做复习、独立思考。就是一定要先复习，后做作业。第二要求是注意审题，认真解答，书写工整，按时完成。

二级：提高效率作业。

它有两个要求：第一个要求是准备充分，充满信心。为了提高效率，要准备充分后再做作业。首先是知识上的准备。不但要对基础知识进行复习，还应该有经验和能力上的复习。明确这次作业应该准备的内容。其次是环境准备。自己学习的桌面要收拾干净、整齐。不常用的资料不要摆在桌面上，正在用的学习资料及作业本等也要按一定的顺序摆放好，常用的文具要放在固定并容易取放的地方。这样做能提高作业效率，还能养成井井有条的良好学习习惯，对将来的工作也很有好处。然后是时间上的准备。要安排一个不被干扰、不间断的时间来做作业最好。有充分准备的人会充满信心地去工作。这一点，父母亲应给予充分考虑。第二个要求是要像考试一样的去做作业。现在有较多的孩子做作业不科学，不懂得做作业前应先做好复习、掀开作业本应一气呵成，再做检查，而是边看书边做作业，效率很差。有的孩子还有磨蹭的毛病，在学校写作业有效率，自己在家做作业时，就玩弄东西，磨磨蹭蹭，耽搁时间。

三级：自我评审作业。

实践证明，这个做法对孩子提高成绩很有效。它有两个要求：第一个要求是对作业进行自我检查，及时更正。做完作业后，自己及时进行检查，既保证了作业的质量，又可以形成自我教育的意识和习惯。第二个要求是自我评审作业。自我评审作业的做法很简单，就是要求孩子做完作业后，在题目前面，用红蓝铅笔的红笔画个标记，当然要征求老师同意才好。比如，有的题目非常简单（老师不愿意留，孩子不愿意做），孩子认为自己一定能做对，就画上一个竖杠“丨”。若题目有点意思是动点脑筋做出来的，就画个钩“√”。难点的题目就画个三角“△”，感到很难又很有收获，就画个醒目的大三角或多个三角。只有碰到这样的作业，才会尝到甜头。告诉孩子做作业一定要吃几个“糖三角”。有的作业是很有代表性的典型题（或是个小规律的题），就画个五星“☆”。特别好的就画大五星，代表收获特别大。再难的，有点“超纲”的就画个花“*”。单元复习时，要把上述标记整理一下，改动一下，肯定下来。孩子学习的一个重要问题，就是对学习本身的自我意识问题，学习理论中称为“元认知”问题。自我评审作业有利于培养孩子元认知学习。

四级：经验作业。

它有两个有求：第一个要求是重视教师对作业的批改，及时更正，做好小结。孩子对作业的思路和表述，一般都带有明显的个性特征。因此，教师的批改就具有个别性和针对性。第二个要求是学会自己总结作业经验。就是要在题目后面写明画三角、画五星的原因。比如，如果是老师说这道题好，可以在题目的右方画上一条竖线。题目很好，可以画上三条或五条竖线，并写上自己的经验和教训。如果是自己找到的好题。可以在旁边画上插入线“∠”，并写出自己的经验和教训。这样做，可以记录自己学习时的思想，还可以形成一份重要的作业学习资料，提高作业水平。

一些学习很用功但成绩不理想的孩子，其中原因之一，就是只在题海中苦苦煎熬，而忽视甚至无视这种精细推敲、比较归类的学习方法。

总结经验，若从小开始就这样努力，以后总复习就好办了。一、二级题自己看看即可，重点抓三角题和五星题。可以和同学讨论，也可以请教老师，把好题学得更精、更透，一定会有更大的收益。

五级：发展作业。

有两个要求：第一个要求是学到知识和规律后能自己估计有什么应用，这才是高水平的学习。第二个要求是能结合实践发现问题，形成专题，注重专题研究的过程、方法和成果。五级作业水平不是高不可攀的，很多孩子试着发展作业，很有收获。

认真作业：	效率作业：	评审作业：	经验作业：	发展作业：
先做复习，后做作业；注意审题，认真解答，书写工整，按时完成。	准备充分，充满信心；像考试一样的去做作业。克服磨蹭，严格要求自己，注意效率。	对作业进行自我检查，及时更正；自我评审作业，做完作业后，在题目前面，按照题目难度用红蓝铅笔的红笔画个标记。	重视教师的批改，及时更正，做好小结。学会自己总结作业经验，写出自己的经验和教训。形成一份重要的作业学习资料。	学到知识和规律后能马上联想到生活中有什么应用；结合实践和实际生活发现问题，以问题为中心，形成专题，注重专题研究的过程、方法和成果。

作业阶梯参考表格

*

结合程鸿勋教授在《生命发展阶梯》一书中提出的思路，以上详细介绍了决定孩子学习成绩的四个环节的阶梯水平参考标准（这个标准只是一个参考标准，不能作为所有孩子的绝对标准），希望能把这个阶梯交给孩子，引导孩子画一个适合自己的阶梯表格，把对自己的要求填入表格，从而实现自我升级，自我评价，自我教育。这样做的目的，是给了每一个孩子适合自己水平的参考评价体系。教育重在评价，替代单一的分数评价体系的唯一可能就是，把阶梯当作评价工具，在人的学习状态方面进行自我评价，从根本入手，从而提高学习成绩。

当然，再好的成功方法和学习指导方法，如果没有“持之以恒”作为保证，一切都是没有意义的。并且，不仅需要孩子“持之以恒”，更加重要的是教师和家长需要“持之以恒”，可以肯定的是，只要父母愿意持之以恒，那么就一定可以帮助孩子迈向成功。

*

每个孩子都应当创造适合自己的学习风格，这也是个性化教育的进一步延伸。

经过概括、提炼，中国学生一般有五种优秀的学习风格，建议引导孩子按照以下描述的要点进行选择，确认自己的学习风格，并在此基础上创造适合自己的有效学习方法。

*

类型一：反省型。

反省是人获得智慧的基本途径。人在学习的过程中，必然有从掌握不够准确，到掌握准确，再到掌握熟练的过程，越是生疏、越是不熟练的时候，就越容易犯错误。因此，有的孩子在知识学习上，主要是通过整理错题档案进行错题登记、错误改正、错误分析和复习，总结经验教训、掌握知识、不断发展，这种学习风格称为“反省型学习风格”。

浙江省高考文科状元李红军就是这个类型的学习风格，他这样描述自己的学习：首先，要建立错误登记本。其次，态度必须认真，对平时练习、考试中出现的错误、失误、漏洞进行订正，及时登记。对有把握不会重犯的错误，可以不用记。最好把错误进行归类。大致分为两类：知识遗忘类和理解错误类。对前一种类型要侧重于多翻、多记，对后一种类型，侧重于思考。山东省高考理科状元陈恕胜，也认为错题本必不可少。他说：“每次小测验结束之后，我都要把全部错题搬到错题本上。也许有人会说，这样太浪费时间了，但它却可以帮助自己找出错在哪里，为什么出错，怎样才能避免出错。”

形成反省型的学习风格，学会用整理错题的方式学习知识，指导孩子必须明确以下三点：

一是整理错题之前，首先要准备好专用的本子，按照学科、时间进行编号，比如“初中二年级上学期代数错题集”。

二是整理错题的时候，要先把题目抄下来，然后将错误的原因简洁地用红笔写上，最后把正确的答案和步骤清楚地写在下面。

三是利用错集的方法是，一周一小结，一月一大结，学期末的时候再做一次总结。每周小结的具体方法：首先将每天记录下来错题浏览一遍，一边看题目一边在脑子快速地想出这个题目的解法，想出来了就往下看，实在想不出的，看看自己写的错误提示；如果还想不出，就要看看下面的解法，并且再练习一遍，必要的再补充解题提示；浏览后，对于“以后保证不会出错”的题目前打个红色的“×”，在“不太确定以后还会不会不出错”的题目前打个“？”，在“对错误还没有完全搞清楚”的题目前打一个“！”。

每月总结的具体方法：首先把每个每周总结出来的“？”级题目彻底“消灭”。自己实在搞不懂，可以去问同学或者老师。而对“！”级的题目再行抄录下来，如果一点新发现都没有，就把它升级为“☆”级。如果觉得可以“消灭”了，就把它降为“？”级，下一个月总结时，争取把它“消灭”。

学期总结的具体方法：通常在期末考试前15天完成。首先把每月总结中的“☆”级题目整理出来，坚决予以“消灭”，然后再把星期小结和月结中“？”级和“！”级的题目和不管是否已经消灭，都要从头思考一遍，想想当时自己是如何“消灭”它的，从中找出15%～20%的好题用笔再做一遍。最后把一学期总结的成果抄录到另一个“错题精华本”上，每学期一个“精华本”，内部按学科进行分类。

*

类型二：自学型。

自学型学习风格的孩子，表现为能够开阔思路，不拘泥于课堂教学的一招一式，用自己的感觉、兴趣、心得和体会，指导自己的学习方向，独立自主地进行学习，从而获得良好的学习效果。

最典型的自学型学习风格，表现为对身边环境的探索和自学，从日常生活和身边的事物中发现有趣的事情、发现问题，并去探索这些事情背后的道理和真谛，在探索的过程中学习知识，形成能力，有成就的科学家们小时候多数都有这个特点。

在学校学习中，自学型学习风格表现多种多样。有的孩子喜欢通过自己看课本、做习题、看课外书来学习和掌握知识。他们往往不喜欢拘泥于课本的知识范围，特别是对自己喜欢的学科，而喜欢“超纲”、“超前”学习。也有的孩子喜欢跟着进度走，上课的时候并不特别专心听课，但对老师的课堂提问比较感兴趣，通过一边上课一边看教材，能够迅速找到问题的答案，并且能很快理解。这些上课并不完全专心的孩子往往反应速度奇快，因为他们经常能“领先”于老师的讲课而提前掌握当堂课的内容精髓。在复习阶段，他们也不像多数孩子那样，仅完成老师布置的作业了事，而是喜欢做些老师认为“学有余力”的同学可以做的题来做，而不管自己是否“学有余力”，还要四处搜寻有难度的课外题去做，挑战难题是一种乐趣。通过这个做难题的过程和搜寻的过程，他们经常能有效地“领先”于课堂教学的进度，在课堂学习中对知识理解和掌握得更快，表现得更自信，在测验考试中信心也特别足，而且成绩也特别好。

可以说，自学型的学习风格，表现出了最充分的学习主动性，最大限度发挥了学习的能动作用。这样的孩子，在学业上一般都很容易成功。懂得自学的人，才是真正会学习的人。任何人的课堂学习都会最终结束，到那个时候恐怕除了自学外，就很难再有什么知识上的收获和突破了，聪明的教育者，都懂得给孩子自学的余地。教育家魏书生在引导孩子自学方面独具特色，他提出的“知、情、行、恒”的指导自学模式对教育者具有重要的参考价值：

知。提高孩子对培养自学能力的认识，通过案例分析的方法启发孩子获得自学能力的愿望。

情。使孩子从感情上体验到自学的幸福和欢乐。直接兴趣固然能使人获得感情上的幸福和欢乐，但间接兴趣，即在理智指导下的行动的成功，同样能使人获得感情上的幸福和欢乐。人的生理欲望能够服从心理欲望；理智的满足产生的幸福感常常比本能的满足所产生的幸福感更为坚实、持久，孩子在感情上充满了劳动者收获自己劳动果实的那种幸福和喜悦。

行。人的行动主要分两部分：第一向何处动（学什么），第二怎么样动（怎样学）。前者是定向的问题，后者是规则的问题。

恒。孩子对自己的认识也好，从感情上体验自学的欢乐也好，自学时的定向、规则运动也好，都必须持之以恒。反复加深认识，不断重复，才能由一次次单一的认识、情感、行动，最后形成一种习惯，一种心理品质和个性特征。

*

类型三：以本为本型。

有一种孩子的学习风格是紧紧地以课本为中心，不依赖其他学习资料进行学习。但，他们并不是机械地记忆课本上的内容，而是要在真正理解的基础上，把自己的情感参与到课本中去，把课本里的基本知识、基本技巧和典型例题习题运用得像支配自己的手一样自如，甚至可以为别人编写教辅参考资料。

著名数学家华罗庚提倡读书要“由薄到厚”，“由厚到薄”，据此，可以把利用课本的过程分为三个阶段：

一是把书读“薄”。在学习开始的时候，先把学习内容概读一遍，掌握内容的脉络和相互之间的前后联系、逻辑联系等，这样就能从总体上把握知识的体系，形成知识检索的快速线索，便于运用时高效地提取。在学习的不同时期，“概读”的基本要求也有所区别。学期开始时，要浏览全部教材，知道全书由哪些知识部分组成，每个部分的主题是什么。在学习转入每个部分时，要略读每部分包括几章，每章解决哪些方面的问题。学习每一章时要看它由几节组成，共有多少概念、规律、公式、定理、原理等，它们的用处是什么。学习每个单元的课文时，了解每个单元由几篇课文组成等。概读时还要注意充分利用书的目录，目录体现了书本的基本内容和体系脉络。还要注意前方、章节的导引段落、总结段落和知识间的黑白语句，它们往往揭示了知识的主要内容及其相互之间的联系。了解了知识的概要，就把书读“薄”了。

二是把书读“厚”。这是读书的主阶段，又叫“细读”。读理科类教材时，把课本具体章节的概念、规律、公式、定理、原理的意义和应用，结合例题、代表性习题等详细阅读，边读、边想、边记。对于陌生的题目、记不住的公式、没有理解意义的内容等要充分思考，尽量多地提问题，并把每个问题都解决。读文科类教材的时候，一边读书，一边想课文的性质、写法特点，把握课文的结构、可以分成几个部分、每个部分的中心意思，课文引用了哪些名言警句、点睛之笔等。对于读不懂的段落要反复读，反复想，直到读懂为止。在做好前面这些工作的基础上，还要注意新内容与以前学习内容的联系贯通，充分联想、甚至要跨学科联想，把不同部分知识、不同内容的共同点找出来，使之构成统一的体系，使知识更清晰、理解得更深入。这样，就把书本上有的知识和书本上没有的联系都读进了书里，书就读“厚”了。

三是再把书读“薄”。这个阶段叫“复读”，它在学习中的作用很重要。首先起到巩固记忆的作用。复读要求速度相对要快些，对于比较熟悉的内容像放电影一样一扫而过，而对于比较生疏和理解起来比较困难的地方才细加咀嚼。其次起到理清脉络的作用。与概读环节里了解脉络不同，这个环节是把脉络更加细化、知识间的关系更具逻辑性、更有条理，联系更有机。对脉络的掌握要熟练到，可以从最概括的层次，迅速推到最具体的环节，以及知识点涉及到的典型习题都要能联系起来；也可以从最具体的环节，从一道典型的习题联系到相关的习题，相应的原理、概念等。既有从上而下的脉络推演，也有自下而上的脉络总结。再次，领悟“基本”，“基本”是系统知识的根据和出发点，是理解和运用知识过程中大量重复运用的东西、是知识结构的核心内容。领悟基本就是发现基本内容并理解基本内容和一般内容之间的关系。不过要注意，“基本”不是别人告诉你就能理解的，而是经过孩子大脑的深思熟虑后对知识本质的一种领悟。“知道”和“领悟”根本上是不同的。“领悟”意味着理解了知识的本质，这是一种对所学知识的掌握的境界。经过反复阅读后，孩子掌握了书本知识的结构，领悟了知识的基本，熟练运用知识的技能，就会觉得书的内容很少，书本变得越来越“薄”。

*

类型四：提问型。

有一部分孩子采用提问型学习风格，就是通过找出问题，思考问题，解决问题，来达到学习的目的，很有特色。

一切知识，其实原来都是人们在不断地解决生产生活中遇到的问题，它们在没有被解答出来以前，对整个人类来说都是问题，所以追根溯源，在学习中如果能够把所有的知识再还原成问题的形式，就会发现只要能够回答了那些问题，实际上也就掌握了知识。在遇到新问题的时候，就能够从新问题与自己掌握的问题之间的联系出发，去解决它们。这样，学到的知识就不再只是没有生气的知识，而是活的知识，有实在意义的知识。科学家所做的科学研究也是在不断地提问中前进的，科学研究的基本步骤就是：发现问题，将问题表达为课题，然后进行假设，通过实验论证，最后对假设进行检验。如果研究的实验结果与假设一致，那么就可以做结论，如果不一致，还要重新假设，重新检查整个过程或其中的部分环节，从这个角度来说，学会了运用提问的方法学习，也就开始掌握了科学研究的方法。

提问，包括通过对现象进行观察提出新问题，通过对别人的研究成果和比较公认的结论提出质疑。在课本知识的学习上，形成“提问型”学习风格的孩子会每日提问自己，也和同学互问。提问一般从以下几个方面做起：

首先，明确每天每科的学习重点。上完一天的课后，做每门作业前，问自己的第一个问题就是：今天这门课学习的重点是什么？然后在脑子里迅速地按照学科进行回忆，不要轻易地去看课本，不急于看笔记，而是在脑子里勾勒出来一幅轮廓，列出提纲。实在想不起来的，才去翻课本，翻完再在脑子里整理一遍轮廓，直到自己非常清楚为止。

其次，有了提纲还要有详细的内容。回忆完了提纲，还要再回忆具体的内容。例如，当天上课老师讲过的例题，课上做的习题等，这些都是反映学习内容的运用的，它们的重要性一点也不亚于知识本身。没有这些题目的支撑，知识本身就是死的，没有用的，只有与这些题目结合起来，知识才是活的，可以用来解决问题的。这些题目往往又是非常典型的，很多以后要做的题目都有可能是对它们进行改头换面，或者组合拼接，所以，把所学的例题和所做的习题在脑子里再过一遍非常重要。

再次，做完作业后回顾提问。提问一下自己今天做作业时遇到了什么难题，用的是什么知识解决的，与哪个例题有类似点等。然后把这类问题用专门的本子记下来，或者用红色笔记在课堂笔记后面。这就代表了自己学习上的难点和重点。对于那些轻而易举就做出来的题目，就可以先不用管了。

单元复习提问与每日提问的方式基本相同，只是做作业的环节变成了复习作业，把整个单元的作业温习一遍，简单的题目不必动手再做，前面标记出来的有困难的题目，要重点对待，有必要的可以再做一遍，与以前做过的其他题目进行联系和比较，看看有没有新的收获，把自己的收获汇总成单元小结。

除了常规提问外，还要大胆进行联系，常常把知识与生活中的现象联系起来，把不同学科之间的知识联系起来。这种联系能够不知不觉起到复习提醒的作用，使知识的掌握不断更新、更加牢固，还能够锻炼思维，提高知识的运用能力和水平。

此外，还可与同学相互提问。有时候，自问自答觉得枯燥，也可以与有相同爱好的同学交换提问。这样能够使提问的过程，既有交流，也有刺激，更有意思，效果更好。

*

类型五：合作型。

有一种孩子的学习风格是合作型的，就是通过与同学一起学习、相互帮助，来相互促进、共同提高达到良好的学习效果。

学习的过程中既需要独立思考、独立做作业，也需要相互启发、相互促进。思想的交流，不同于物体的交换。人们进行物物交换的结果，必然是有所得必有所失：例如你拿一个苹果去换别人的一个梨子，结果你得了梨子却失了苹果。但是思想交流却不同，把你的想法说出来，别人听到了、理解了、接受了，那么别人也就拥有了你的想法，而你的想法还在你的头脑里。反过来，你听到、理解、接受了别人的想法，也可以增加你的见识，而别人的见识依然还在。所以，在学习中相互交流心得体会，是一种合作。

在中国青少年研究中心的一项名为“杰出青年的童年与教育”的调查中发现：杰出青年童年时，当与他人在一起做了好事，希望老师表扬俩人的占58.78%，先表扬自己的占36.4%，只表扬自己的占4.05%。这说明杰出青年童年时能够较清晰地认识自我与他人的关系，了解个人在集体中的地位和角色，并善于从他人的角度考虑问题，所以受到同龄人的欢迎。调查还显示，杰出青年童年时与父母和老师也相处得很愉快。一项调查结果表明：杰出青年对父母交代的事情愿意去做的占91.22%，经常帮助父母做家务的占81.08%，与教师关系平和的占45.95%。对于教师的不同意见，他们的独立性较强，附和教师意见的只占8.78%，能以相对温和态度接受教师意见的占72.30%。合作是现代文明人的基本素质之一。

指导孩子形成合作型学习风格，需要与孩子沟通，注意如下几个方面：首先，让孩子学会审视自己。看自己是否经常听别人的意见和想法，是否因为帮助别人而有成就感，是否喜欢和别人讨论问题，是否愿意把自己的独特想法说出来与别人分享，是否对不如自己成绩好的同学不耐烦或者觉得他们笨，是否习惯于把比自己成绩好的同学当作“对手”，甚至成绩不如自己的同学比自己想出更高明的主意时能否马上赞美他等。其次，让孩子能够修炼自己。人与人合作不愉快，是因为对别人太苛刻，只有学会欣赏别人的优势和长处，才能与人相处得亲密，合作得友好。第三，寻找喜欢合作学习的同学，一起努力。长期的学习伙伴相互之间尽量各有所长，人数不用太多，四五个人，甚至两个人就能组成一个优秀的合作学习团队。

除了以上列举的五种学习风格，其实还有竞技型学习风格、题海型学习风格、举一反三型学习风格，等等。每个孩子都可以创造出适合自己的学习风格，有特色的学习才是个性化的学习。

*

“区别”是最重要的事情。我自己的体会是，区别好进退、正反、上下、松紧，基本上可以悟到教育之真谛。而我深知，如果还能区别层次、结合、虚实、动静，那么就基本上可以成为教育大师了。

比如，在教育上，“宽”与“严”是很难把握的。有一种区别的方法，那就是严以做人，宽以学业。做人，每个人都应当也应该做到，所以可以严格出真人；学业因人而异，潜能不同，不必苛求，所以包容个性。

十

*

近来最喜欢的句子是：你若盛开，清风自来。

人的状态，时时刻刻会对周围的人产生影响。如果每天心中都盛开一朵莲花，清风便自然来，灵魂便芬芳流淌。

教育也是这样的。

*

就教育而谈教育，确实是很低级的，大多都是玩技巧的。而真正的教育，根本就不是技巧，是道，是人生。

古人云，形而上者谓之“道”，形而下者谓之“器”。可知教育并非利器，而是人道。

理想的教育，就像合脚的鞋、合适的腰带，如果合适了，是感觉不到鞋和腰带的存在的，无为而无所不为。

而所有过于强调教育技术价值的教育都有可能是一种失败的教育。

*

有一天早上，我坐在车上看周围的车——有很多牛气的品牌，什么宝马、奔驰、途锐、奥迪、英菲尼迪、陆虎，也有很多相比较而言很害羞的夏利、奇瑞、现代、BYD等。我在想，假如每一个开车人都在想自己车的档次和品牌的话，那么，让他们站在那二十几层楼的屋顶、距离地面5000米的飞机上看，甚或在处于更高位置的太空来看，这些品牌的区别究竟是什么呢？

其实，反思教育也需要跳出来看，不能局限在自己的一个空间维度上，站得高高的、挪得远远地看，大的就是小的，多的就是少的，急的就是慢的，实的就是虚的，深的就是浅的。也许，这个时候再来谈我们的教育，才是一种道，而不是急哄哄的玩技术。

*

做教育有三个境界，第一境界是说教（施加影响），第二境界是课程（课程逻辑），第三境界是文化（格局构建）。何为文化，“关乎人文，以化成天下”，文化就是空间，就是气候，就是风水，就是书香……

当然，“道”需要“器”来承载，这里的“器”是指物质之用，而不是单一的说教技术。

*

甲骨文“养”字的造字本义：放牧羊群。

人们逐渐理解了养育自己的生命，让生命变得丰富饱满的方法方式，虽然基本上和养育一头羊羔差不多，但是其中更加深入的技巧和奥秘还是需不断习练才能掌握的。

因为，养育牲畜和农作物，只需要照看其基本的营养，维持其基本的生存；而养育一个孩童，乃至蓄养自己的精神灵魂，却是一段持久的关照历程，它需要你不断倾尽心力，以一颗不断上进、开放的心，来体味生命这种东西，观察生命在每一个阶段的微妙复杂的变化，采取智慧的手法来加以正确的导向，才能最终孕养出一个丰富的生命灵魂。

这便是“养”字所蕴含的深层含义，它是一段持久关照的生命过程。一个决定养育新生命，或者涵养自身灵魂的人，需要在开始一切工作之前下定决心，正视整个历程的持久性和艰难性。

实现“养”的教育价值，关键是创建一种文化格局与气候，分两个方面：

一是比每天和孩子谈论教育和学习更加根本的是，用文化来育“心”，从而构建具备长、宽、高的人文精神空间。

二是除了育“心”，还需要育“气”，即养成教育中的“养三气”，养其宁静之气，养其浩然之气，养其通达之气。相对应的途径无非有三：静心守正；明志积义；合一明道。

*

每个人的生命的发展，从子宫起始，就是在一个丰富、自由、温暖的空间里自主生长的，而离开子宫以后的“空间”，就是我们的教育所提供的心灵生长空间，虽然是抽象了的，但其特征和要求是一样的，应当也是自由温暖的，这是生命的本然需要。

延而伸之，教育所提供的心灵空间，不仅需要物质与知识来承载，更需要教育者自身的精神滋养，既有精神滋养又有物质与知识承载的空间，那就是文化了。

因此，从根本上说，做教育就是做文化，包括学校文化、家庭文化、社会文化。之前我说过，文化的内核是价值，那么教育的设计，首先便是价值的发现、沉淀与传承。

*

适逢清明节，又适逢日本地震及核泄露危机，答问《中国日报》记者关于死亡教育是否必要的答复：

死亡教育从教育内容看是必要的，特别是当前人心混乱之际。人如果对死有了深度、理性的认识，将会倍增对生的珍惜与爱护，从而产生敬畏之心。有了敬畏之心，内心世界才会安定、归位、沉静。在藏传佛教中，就把死亡教育当作核心的内容之一，参见《西藏生死之书》，该书博大精深，不仅仅是宗教意义上的经典，也是哲学上的经典。

但，在中国目前比较成熟的学校教育体系中，死亡教育不可也不必要独立进行，比较理想的方式是纳入生命教育大体系中来进行，比如从尊重生命、珍惜生命、激扬生命三大内容中进行渗透。生命教育才是最根本的教育，不知生，焉知死？

*

涵养，就是一个人有许多优点，但能把大多数优点藏起来。

*

有时候我们忽略了“庆祝”的人文价值。

至少，“庆祝”将给每一个人增添一些积极意义。原GE董事长杰克·威尔奇说，只要有理由我们就会搞“庆祝”，下面的人很受鼓舞、士气很高。

教育，何尝不需要庆祝？

当春天来临时，当学生学习取得进步时，当集体获得荣誉时，当天气转晴时……

*

对学生进行生活教育，是很重要的，但并非告知、说教生活的理论，生活的艺术，生活的技能，而是以自己的言行来不断印证对生活的热爱，包括享受生活、对生活的责任以及对生活的信心等。杜威、陶行知等先贤早年提出生活即教育至今也不过时。

生活的教育，不能回避物质之基础，但更加重要是精神之品位，特别是从审美角度上的，对一切人类文明成果的敬重、珍惜、欣赏，应当成为其主要线索。我最近的教师三大专题演讲，第一个专题就是：会生活就会做教育。

生活的本质是发现、珍惜、享受、创造，因此我比较主张的是，培养自己对美的感受能力，积累丰富的发现美的经验，美无处不在故生活无处不在。**推荐几本百看不厌的书：明·高濂《遵生八笺》、张竞生《浮生漫谈》、林语堂《生活的艺术》、蒋勋《天地有大美》、王世襄《自珍集》。**

一、生活教育的第一个阶梯是：发现。引用一下费孝通对发现的四个操作工具来阐释：美各其美，美人之美，美美与共，天下大同。就是说，发现生活中的每一处美的存在，然后不吝啬地赞美他人之美、自然之美、知识之美，美就养成了美，由此而实现大同之理想

二、生活的教育的第二个阶梯：珍惜。敬重一切自然成果、人类文明的成果，并尝试理解、保护之。

三、生活教育的第三个阶梯：享受。享受生活，指的是建立积极乐观的生活观，培养高雅的审美情趣，享受生活应当成为一种信仰。

四、生活教育的第四个阶梯：包容。如果说对生活的发现、珍惜、享受，需要人有一种智慧，这种智慧叫包容，这是人性中最优美的一个名词，没有包容就没有生活。

五、生活教育的第五个阶梯：创造。创造生活则是一个技能活儿，需要想象力，需要行动力，需要付出艰辛的汗水。

*

中国教育的主要问题是：一是内涵问题；二是文化问题，即文化价值的传承创新问题。

几十年的实践证明，内涵拓展了，才能撼动坚硬的体制，而文化价值的

继承与创新将最终推动教育质量的提升。当前“急吼吼”的教改风潮只是阶段性的问题，不足以谋中国教育之未来。

*

民国时期最具有争议的大学者刘文典，曾经因为不满蒋介石指手画脚踹过蒋的裤裆，但蒋并没有惩罚他。曾有学生问国学大师刘文典：如何才能写好文章？刘答：观世音菩萨。

什么意思呢？观：多多观察生活。世：明白人心世故。音：文章要讲究音韵节奏。菩萨：就是文章要传达出悲天悯人的情怀，要有关爱众生的菩萨心肠。

*

康有为创办万木草堂的目的是培养维新人才。万木草堂采用新的教学内容，改革教学方法，特别重视道德品质的教育，在近代教育史上谱写了宝贵的一页。王照以“乾坤一草堂，生机回万木”称颂万木草堂，此为现代教育的起点与高峰。

*

我主要研究的是教育内涵改革，故而时常会企图以美的教育修补慌乱的道德危险，而美需要“具体”、需要生活化，因此就会关注这些富有文化内涵的人文物质载体。我坚信，教育做到极致一定是文化，关乎人文，以化成天下。

在教育上，最终将由文化的高度来决定其影响力。关于这一点，我对未来始终保持积极的态度，目前虽有些困难，不久之将来，当一批人率先觉醒之后，人们就会对这些溶解教育价值、文化价值、艺术价值、历史价值的精神食粮（教育物质）产生渴望，这种渴望，实质就是一种自我教化，是重构中国人心灵世界的起点。

*

我们为什么会培养出一代极端自私、贪图享乐、一脸浮躁的青年人？我希望见到的青年才俊，是精光内蕴而不是贼光闪亮的“认真之人”，这样的人才，才可能拥有美好的未来。

缺乏深厚的文化浸染，赶超速度追求暂时的成绩和虚荣，必然会培养出经不住历史检验的投机之才。我想，这，不能只归罪于大学教育，而应当返归中小学教育阶段，我们是否通过家庭文化、学校文化、社会文化为孩子们提供一个“大器”生长的土壤？是否从教育之初，便注意培养孩子们坚毅的文化性格？

*

瑞士心理学家荣格说，文化是有故乡的集体灵魂。

每一个人都会在一种养成习惯的精神价值与生活方式中得以熏陶和同化，它的最后成果是人格。

《易经》里说“关乎人文，以化成天下”，说的就是文化的实质。从全文角度看教育的“教”，其意义是：上一代人对下一代的人影响，需要通过“文化”来实现。而“文”的核心是“心”，可以理解为用心灵去感知心灵，用心灵去唤醒心灵，这似乎已经启迪了教育的本质。

在教育实践中，文化通常表现在具体的非语言的行为、精神状态、制度上，但这些都不够，文化的最终实现，必须依靠物质载体的建设与累积，只有这些可以称之为“文化证物”的具体象征，才能渐渐沉淀，并且形成影响人的气氛、气场、气势。

*

美是教育的灵魂。

一个人文化的自觉，才是教育的最终实现，然而，这就需要找到一条适合大众的途径来抵达。

在漫长的人类文化发展进程中，毫无疑问，美，成为内在觉醒的重要途径之一。

为了实践美的教育，近年来，我提出了“教育物质”的概念，其实践的意义在于寻找并实现真正的教育，无言地熏陶，以及潜移默化地自我发现。

这里从另外一个角度还涉及到何为教育本质的问题。

在我看来，教育应当是可以触摸的、可以感知的、可以创造的一种美，而非虚无的道德教化与灌输程序。那么，这种实在的美，必然需要附着于每一件具有价值性、文化传承性、互动性的美好物质之中，每一件教育物质的前世今生构成了滋润人心的文化具象。

人的生命价值因与教育物质的呼吸与共、把玩对话而得到激扬与深度觉醒。

*

对于中国教育来说，需要传承、坚守中国传统文化的精髓，然后才能吸收、借鉴西方教育思想的营养，从而实现“面向未来”和“面向世界”。

换言之，教育原本是传统文化精髓的体现，比如无忧、忘机、天人合一等，相对于艺术界、文化界而言，当前中国教育界的文化底子参差不齐，这使得我们的教育改革和发展变得极为困难。这也是我们企图突破学校文化建设理论与实践的深层次原因。

*

跳出教育才能找到教育的原点。

晗东兄表扬我在教育上已经独家掌握了“合金”的秘诀和技术，就是将“铜”以及其他诸多“金属”熔铸在教育文化系统中，比如“教育物质”概念的提出与实践，使教育改革变得更加具体、有效、独特、通透。就像半导体，主要材料是硅和锗，单单这两种材料却不能形成我们所需要的半导体的导电性能，必须掺进锑、砷、铟等微量元素，才能发挥半导体的特性。

其实，对于以文化为线索的教育改革的合金式实践，是一个极为艰苦的探索过程，从大量的积累到逐步提炼，从提炼到生成体系，最后达到一个新的高度。

尼采说，一切美好的事物都是曲折地接近自己的目标，一切笔直都是骗人的，所有真理都是弯曲的，时间本身就是一个圆圈。

*

教育确实存在一个更高的境界，通达而具体，无言而教化天下。

希望能将道、法、术打通并形成一个教育意具化、文化育人之宏阔路线。只有完成了这一步，加之之前用十年淬炼出来的学校教育内涵发展整体解决方案，才可以说，养成教育就成了一个完整体系。

把教育的“道”融合到物质中去，如盐化入水，无痕但有味有含量，以美为线索（美育），以文化内涵为核心价值（灵魂），引导建立人与物的良好的依存关系（温度），是养成教育体系中最有趣的事情。

*

近日王岐山谈文化的感受时说：我现在努力看书，悟出个道理，文化产业的前景，中国人还是离不开自己老祖宗的东西。

过去的百年，我们对传统文化曾持强烈的批判和剿杀态度，但也没有建立一个新的文化系统让大众接受，我们今天赖以生存的文化实际上脱不开过去的文化。教育的前景也是如此，须站在过去看未来，方可具有视野上的纵深度，改革才会更加坚定，此为回归之道。

当前，我们正在重建对中国教育的自信，其前提也应当是重新梳理中国文化、深入认识中国文化本身的生命力所在，在消化之后开创出新的路子。没有文化作为根基的教育，是不会有前途的。

*

与一位老师谈到“诗教”，诗歌是语文教学的灵魂，无论是古代诗歌，还是现当代的诗歌，还有经常被忽略的外国诗歌，其对人的美好情感和语言美感的培育，超过了任何文学形式。我和马老师还回忆了我初中时期，如何不经意间接受雪莱、普希金、泰戈尔、艾略特、但丁的影响，特别是泰戈尔，让我终身受益。

*

教育内涵发展的路线应当是：守住中国传统文化、守住经验、守住向上的人心，然后明确阶段之突破口，梯进发展。

*

古今中外的经验皆可证明，给孩子什么样的成长环境和教育，就等于把孩子培养成为什么样的人。古代思想家墨子曾提出“素丝说”，认为染于苍则苍，染于黄则黄，所入者变，其色亦变。

最好的环境是能养心的，这种环境通常由优质精神（价值观、符号系统、行为规范、风气、正向评价机制等）和美好物质（具有美感和价值感的具体物质元素）两部分合理构成。物质是基础，精神是上层建筑，前者决定后者。当人处于好的环境之中，是不需要教育的或者教育就会不知不觉中转换为自我教育。

养树养根，根在习惯；养鱼养水，水在文化；养人养心，心在守静。

*

每一个孩子都是一株深谷幽兰。兰蕙之香，需要教育者在慢慢的摸索中，不断去品鉴、赞美、反思，耐心地攀登人性的阶梯，方可寻迹抵达深谷之妙境。

而孔夫子所言“芝兰之室，与之化矣”，则说家庭和学校都应当建设有灵魂的文化，即有“香味”的教育空间，才能达到化育之最高境界。

在教育物质中，兰蕙作为“国香”，不可忽略。在中国传统文化的“岁寒四友”中，竹有节而无花，松有叶而少香，梅有花而缺叶，而兰花个性完美，以它叶、花、香独具的色清、韵清、气清的完美品性展示于世人。

*

有丰富的书本知识，也未必有文化。那么，我们应当怎样才能有文化呢？

一、通常的一种方式是：先刻苦学习书本知识，然后试图把学来的知识忘掉，剩下的就是文化。所以，文化是一种沉淀下来的混沌意识，似有似无，一旦有了合适情境，文化就会还原为已经参与了你个人灵性的知识，活化了的知识。

二、纸上得来终觉浅。真正的文化，80%来自于你的体验、你的听说、你的反思，从这个意义上，文化就是智慧。体验、听、说、反思孕育大智慧。

三、文化是一种状态。当修炼到了一定境界，你的“存在”就是文化，文化是一种人格化了的存在。你站在那里，坐在哪里，就是文化。

有没有文化，与接受了多少的书本知识熏陶，没有必然关系。有很多人，即使学富五车，但仍然没文化。而很多农民，看起来没什么书本知识，甚至不识字，但有文化。

我认为，教育也应当上升到文化层面上来理解，才能抵达教育的理想：不教而教，无为而为。而不至于纠缠教育的技术以及心理学的实验……

*

演艺圈的人最没文化？

多年以前，我也是这样认为的。

记得海岩曾经在他的散文中，提到陆毅，说他很可怜，为了出演了自己的戏《永不瞑目》，陆毅读了这本书，而这本书是陆毅完整读过的第一本书。我很惊诧，当时我很担心陆毅也会看到海岩的文章……

许多人会认为演艺界的人大都是花瓶，金玉其外，败絮其中，个别所谓实力派的，也是经过多年沉淀以后，装出了一些深沉。因此，也流传着很多关于演艺圈没文化的笑话。

对此，后来我有了一些新认识：

一、所谓文化，是一种状态和意识。提高的途径有很多。读书是一个途径，而听得多、看得多，并且善于感悟，也可以有文化。比如，农民也能教育出优秀的孩子，那是因为他们可能没知识，但有文化。

二、所谓文化，是一种人生智慧。演艺圈的人，都要经过无数多角色与剧情甚至歌曲的熏陶，每一个角色其实对自我都是一次文化意义上溶解，溶解多了，人生的智慧自然就会生成。

三、所谓文化，是一种觉悟。演艺圈的人尽管也许有很多的无奈甚至潜规则，但有无数多的机会接触到杰出的导演、编剧、企业家、政治家等各行业的高人，个人便在不知不觉中不断获得觉悟。

四、所谓文化，是一种勇气和包容。作为公众人物，他们要承受的东西比他们得到的东西要多得多，我们常人无所知，他们的“牺牲”、“包容”

与“勇气”，也是一种文化与智慧。

演艺圈大多数人是有文化的，并且具有较高的素质。作为教育学者，我非常关注和爱护他们，我知道、熟悉大多数有名气的演员、主持人、歌手，甚至很多细节，显得“八卦”。那是因为他们有了电视和网络以后，他们事实上成为影响青少年甚至部分成人的“榜样人物”，而精神意义上的“榜样教育”，是大教育的关键内容之一。教育是没有边界的，这，也是教育。比如，香港“艳照门”事件是中国演艺界的一次重创，它的影响比2003年的“非典”要坏许多倍，不知道如何重建?

*

人的修炼是一个漫长的过程，因此需要年龄的积累，年龄是养成的必要条件，仅有年龄自然是不够的，还需要特别的个性智慧、意志与毅力，还要有狠工夫——用三年时间完成普通人三十年功课。

古人把这种上了一定年纪并且修炼大成同时活着的人，叫“人瑞”，任何时代，“人瑞”都是极为难能的文化精神之手杖，更是民族的精华之精华。

他们的内在世界聚集了非凡的能量，因此，他们的言谈举止、片言只语、书法画作无处不流露着我们迫切需要吸吮的精神营养。

我个人的学习与提高，有一个窍门就是：只接触最优秀的东西。其中一个具体方法就是接近“人瑞”，参悟“人瑞”的全部字句与作品，从而引发、引申为自己的一些系统思考与灵性觉察。这可是我思考教育的一个秘诀呢。

这里举几个例子：

一、文怀沙。

二、黄永玉。

近来代表性文字：《比我老的老头》。

三、范曾。

近期文字性作品：《吟赏风雅》、《老庄心解》、《吟赏江山胜境》等。

四、季羡林。

近来代表性文字：《季羡林谈人生》等。

当然还有很多……

以上四位的共性是：博大，深刻，通透，灵活。

*

尼采说，人跟树是一样的，它越是向往高处温暖而光明的阳光，它的根就越要伸向黑暗而潮湿的土地。而根的伸展，是静谧的，是深入的，是不为人察觉的，慢慢地渗透，慢慢地汲取所需要的水分。我倡导要做扎根的教育，其原因是当前我们的文化思潮呈表面化，教育也处于“拔根”的浮躁和焦虑之中。

做教育，最要紧的是根，如果没有根，就不能“文”（存在），何谈“化”（内化）之。而这个根应当是心性，是中华民族独有的文化沉淀，体现为四个字：“虚”、“静”、“清”、“净”，这四个字概括了教育者的内心高度。

做扎根的教育，其策略是推进学校文化体系建设，也就是疏松土壤，维护根系，涵养水利。具体而言，做扎根的教育就是做好五件事情：一是推进建设以心灵温暖心灵，打开学生心门的精神文化；二是推进建设涵养宁静精神的物质文化；三是切实落实养成教育，推进建设匡正内心秩序的行为文化；四是高度尊重生命之根性即生命发展之自主性规律，全面推进激扬生命价值的课堂文化；五是以人为中心，推荐建设人本管理文化。这五者是相互关联的，是一个实践系统。

*

在中国古代，“美”就是“德”，美德是也。鲁迅先生和蔡元培先生，当初也都强烈支持“以美辅翼道德”，从而“渊邃性情，高尚好赏”。但他们都没能实现，是因为需要一个承载美的精神的物质体系。

各宗教的精神之所以能在自己的教徒中传播，是因为有殿堂、有庙宇、有法器、有经典著作，而美的“处所”和美的“法器”是什么呢?

以文化立校，以文化育人，当以构建美的物质体系（比如藏书）和美的物质空间（比如书房、书香校园），来滋养人的心灵的生长，这也是我近年来正在全力以赴的一个教育理论与实践探索的题目。

*

在新时期养成教育理论实践体系中，顶层是学校文化建设理论实践，我们认为已经在这个层面上实现了重要的突破。

其中有意义的是，在文化建设中，也是坚持“两条腿走路”：一条是建设精神文化，包括梳理办学理念，建立两个体系（方法论体系、行为文化体系等）；另外一条是建设物质文化，我们经过长期的实践和提炼，提出了独创的教育物质理论，指导学校和区域从以往简单的广告设计中摆脱出来，坚持价值性（传承与积累）、独一性（特色）、审美性（美的教育）三合一，走出了一条前所未有的文化建设创新之路。

所有的事情都是一件事情。我想，不仅仅是学校教育，还有家庭教育，最终走到最后的一定是一种文化，关乎人文，以化成天下，除了自我探索，还可由专家来引领，可更加有序、有效、有力，不走弯路。

*

心静则身正。

十年前有幸结识了中国珠宝首饰设计大师程学林先生，当时并不完全理解他用一块明代的玉片就可以设计出美轮美奂价值极高的首饰。近年来懂了，这是价值观的问题，是美的发现与创造问题。这和养成教育的理念是一致的。

当时从程学林大师那里得到的启迪是：一是无用为大用；二是设计的内涵是人生感悟；三是传承文化是所有物质的核心价值。这三个启发如今全部融进了我主张的养成教育实践体系中，物我统一，直抵教育的制高点，此为教育物质理论的“种子”。专门说一句，程大师是名门之后，放弃一切，终成大师。

有朋友说近年来，我对教育物质（古书、古玉、名家字画、木器、雕塑）的研究和实践投入了太多的时间，会不会走偏了？我只是想通过一种要求具有独特灵魂的教育实验，超越多年来形成的我自己的教育理论瓶颈。学校文化理论体系是一个前所未有的理论高度，我不知道自己能否抵达。

*

中国教育的全方位复兴是大国崛起的基础，其核心是价值理念体系的重构，因此，细枝末节的教育技术的改进，比如课堂的单一改革，已不足以解决根本问题。我们迫切需要类似福泽渝吉（一万元日币上的头像）、杜威那样创建理论体系学说的中国思想家，更迫切需要千千万万的教育实践家共同来铸造学校之魂。

在推进中国内涵改革的十年实践中，我深深地感觉到，对于区域和学校来说，比起打造所谓教育品牌，更加重要的是创建办学理论与实践体系，从而呈现为教育文化，以文化育人，没有魂的教育可能是缺乏生命意义的教育。

比如，最近帮助构思、提炼深圳一所哥们的学校的“魂”——发现教育·办学理论实践体系。发现是人心灵深处最深刻最根深蒂固的需要，每个人都渴望自己是一个发现者、探索者。教育的本质即发现。

*

潜教育才是最高级别的教育，在当下迷信教育技术的时代里，应当重新思考潜教育的教育价值和教育功能，这一点，已经引起了教育界的重视，比如，各地都在大力创建校园文化。近年来，在各级学校的信任下，我亦"沉迷其中""不务正业"，主持或者参与设计了20多所全国养成教育重点实验校的办学理念的提炼和校园文化体系的构建工作。

*

文化育人是教育的最高境界。作为莲光小学的名誉校长，我非常荣幸参与了该校建构学校文化体系、打造教育品牌的全过程。当前，作为全国养成教育重点实验学校，莲光小学成为重庆乃至全国的一个窗口，真的经历了一个艰苦卓绝的精进过程。在我的笔记中有几点体会与心得：

一、学校文化体系的建立，其核心是办学理论体系，如果没有这个魂，学校文化很容易变成行为艺术、变成装修工程。因此，应先提炼办学理论体系，然后用文化作为载体，传达教育价值以及核心价值观。

二、一个强有力、高水平的学校班子以及执行力强的中层干部队伍，是做好学校文化体系的组织保障，其中奥秘就是，校长能用价值观去领导队伍，而不单纯依赖管理和授权来实现同心同德。用价值观领导一切，是莲光小学成功的关键。

三、重点突出一个行动纲领——映日荷花别样红（"莲光"的隐喻以及深度阐释），集中所有力量于一点，从而找到精神支撑点，自然生成了自己的教育品牌——微笑教育，并且先培育根部。根部就是：微笑德育，微笑课堂，微笑管理，没有这三条根，微笑教育就是一句空话，是没有内涵的。

四、学校整体改进的思路与顺序是：内涵发展——特色发展——规模发展——文化（品牌）发展。顺序错了，一切便都容易出错。

……

*

一所学校的“发动机”就是办学理念，我希望每一所学校都有自己的一套办学理论实践体系，这也是当前中国教育内涵式发展改革的突破口之一（我主持的“中国教育内涵改革整体解决方案”的六大内容之首）。

近日重看《水浒传》，想到梁山泊的办学理念是“替天行道”，是我认为最好的办学理念之一。用这个“魂”团结了108个好汉，干出了一番大事业。尽管后来被招安，那是因为宋江的理想是“为国效力”而不是“把皇帝拉下马”。他很清楚被招安后自己不会有好下场，但他依然知其不可为而为之，事实上也是一种难能可贵的精神品质。

近年来，我一直乐于做“铸魂”的工作——协助优秀学校提炼自己的办学理念体系。有很多的感受和经验，想来主要得益于当年在国务院体改办工作期间，因为身边都是国家级智囊，潜移默化之中受了影响，使我形成了几套自己独特的方法论。近日《中国教师报》专门登载了我的其中一套工具，叫完备性系统方法。

*

模式是一个具有稳定性的思维、管理、课程操作流程、机制的制度总和。如教育模式的建立，须经历一个相当漫长的实践、验证、抽象过程。对于当前各学校、教育机构正争“拿来”的某些时髦模式（也可叫品牌），一般都缺乏根本性的理论实践体系作为支撑，是不具有稳定性、复制性的，模式要慎谈!

*

停，人亭也。在古道之中，我们经常还能看到亭子，古代的行人累了后，就停下来歇脚。停是行止，懂得行止，才能进步。美国也有俚语“Stop and smell the roses”，意思是你只有停下脚步，才能闻见生命的玫瑰香味，发现周遭的美好。这里流露着教育的真谛：偶尔停下脚步来。

哲人说，时间是用来浪费的。这句话不能片面理解，实际上是一种积极的人生观。人一生可能有95%以上的时间都处于待机状态的。巴尔扎克在《葛朗台》中说，所谓强者，是既有意志，又能等待时机。亦如《易经》中“需卦”所启迪——等待是教育最重要的智慧，在学生的成长过程中，缓说破，擅留白，尝试学习闭着嘴说话（沉默是金），在教育意蕴上都是充满美感的。

在学校文化中，构建“亭”的文化，是深谋远虑的。鄂尔多斯东胜一中徐斌校长是我的好朋友，他对教育理念的把握与理解是——自主、平和、扎实、创新，我们一起探讨、提炼学校的自我教育办学理念实践体系，谈到校园文化建设中的“亭”的安排，我建议了两个小亭的命名：一曰“花间亭”，取于李白诗《月下独酌》中“花间一壶酒，独酌无相亲，举杯邀明月，对影成三人”，休憩之意境；二曰“天全亭”，取于苏东坡《涵虚亭》中“惟有此亭无一物，坐观万景得天全”，阔大心扉之意境。虽在小处，但却为学生和教师的精神创建了无限的空间和想象。

*

刘梦溪先生撰文《中国城市的“精神”紊乱》，言自从北京有了“精神”后，各省各城市也渐渐都有了自己的“精神”。我看了一下，其实没有一个城市的精神是独有的，似乎均可相互套用，这就是抽象精神的方法论问题了。城市精神本起“魂”之大用，若没有唯一性、口碑性、系统性，那是形式主义了，不能入心入骨，对城市形象建立也起不到什么作用。

每所学校也是这样，生成、提炼出自己的“魂”，是很要紧的，但如果只是停留在口号或者理念上，没有实践体系来支撑，就会变成天下雷同的“八股文”（一般常见的都是八个字）。

每次去学校或者主持校长培训，我都会先明确三个问题：一是明确理念。也就是办学理念是什么？学校的精神之魂是什么？二是明确优势。所有事物都是优势发展地，校长首先需要明确自己学校独特的优势，把优势做大，学校就崛起了。三是明确阶段突破口。任何事物都是阶段发展的，而阶段发展的关键是找准突破口。

*

一般而言，我们国家凡是建校超过80年的学校，特别是中小学，无论如何都会是一所好的学校，因为“有文化”，这种文化就像年年秋叶飘落、化为土壤的营养，在有营养的土壤上，种什么长什么，浸润一代代师生的正是文化的积淀和传统。

我的认识是，如果是新学校，最迫切要做的就是文化，有文化，人才能静下来做教育，而现在开始起步积累，受益的将是未来几十年几百年的学生和教师。而家庭最需要做的也是文化的积累和传承，在一个崇尚读书供奉传世典藏或者把玩古玉文房清供的家庭中，根本不需要教育，因为文化的熏陶就是教育的全部，当然，也顺便承担了文化传承的责任，功在千秋。

*

和西安张国锋君谈“符合”，古时候发兵，需要皇帝和统帅各执一虎符，皇帝所执的虎符为阳，统帅所执虎符为阴，阴阳符合方可发兵。西安市的陕西历史博物馆也藏有一枚从西安西郊发现的虎符，据考是公元前475至公元前221年的战国文物，称为秦代错金“杜”字铜虎符，高4厘米，作猛虎疾奔状，象征军威和进军神速。虎符的身上刻有嵌金铭文40字，记述调兵对象和范围，制作工艺极为精巧。

虎符给我们的启迪是：一，符合，是配套也是吻合，这是一切事物发展模式的核心；二，授权方法，是信任，是明确期待，更需要约束。

教育也需要符合。符合就是善恶、远近、虚实、阴阳、本末之配套；符合更是系统论，教育本身就是一个系统工程，需要建立一种整体大于各部分之和的理论实践系统。

*

郑州七十四中的办学理念终于确定为“中的精神”，这是我参与提炼的数百家著名中小学办学理念中最为妥当的一个。

识别中原人，从语言上说，就看他是否会念这个“中”字。中是中国智慧的集大成者，其发源地就是在古代的“中国”，今天的中原。

何为“中的精神”？近日得篆刻家韩登安所刻的巨大寿山兽钮章一枚，印文为：饥而食，渴而饮，昼而兴，夜而寝，无浪喜，无妄忧。这其实就是“中”的真谛，守中而自在。

*

在学校物质文化方面，有几个关键原则：

一是生成性。在原来的土壤上去提炼、生成，是学校物质文化建设的不二法门。只有在办学理念的领导下去生成的，才具有真正的文化生命力，才能不断积淀、传承下去，才是独特的、·校·品的。

二是相互性。人物相拥，人物互动，每一个文化物质元素的应用，都应隐藏着吸引人参与、互动、应用的玄机，否则就是为了设计而设计，变成广告公司的业务了。

三是价值性。学校气象、学校格局、人文环境之任何要素，都不能回避其价值性，而价值性往往是内隐的、多元的、不确定的，但有一点是一致的，就是时间越长价值越大，价值才是文化的核心。

四是逻辑性。整体上对空间的研究和利用，必须有一个严密的逻辑，使之建立一种体系，而不是元素堆砌，任何局部都应当统一于整体。好的校园文化是篇上乘的大块文章。

五是弥补性。天地有大美。尽管任何格局总有不足，比如风水气韵不足，所以通常需要从校门主体、自然景观、石刻陈设着手，完善弥补其不足，浑然融合，方可顺风顺水。

在此基础上，才可开始考虑艺术性、科学性等。

其中，价值性是其核心，忽略价值性是当前我国学校物质文化建设的最大误区之一。

*

谈教育很多年了，越来越觉得“道理”是虚无的，而需要将“道理”溶解在具体上，把玩、供奉、呈现教育物质作为一种未来教育精神的实现途径。我坚信，一个家庭只要倡导艺术情趣、藏书千卷、一家人经常围坐在大画案上交谈，孩子是不需要教育的，会熏陶出来。

学校也一样，凡有文化沉淀的学校，就一定能成为百年名校。这也是我为什么坚持在200所学校做文化沉淀实验的原因。因为，我深知，对于学校文化价值的“沉淀”和“养成”是一件积德的、功在千秋的事情。

*

一所学校的文化体系的建构，我认为其核心是“铸魂”，即提炼办学理念，一般而言可分成三个环节：一是价值观；二是方法论；三是实践体系（点、线、面）。其中比较难的是：对理念的生成、提炼、推演最终成为体系，使之具备完备性、内洽性、逻辑性、开放性、延伸性。

*

养鱼养水，但养水之前，需要找到或者建筑一个合适、搭配的水盆或者容器，这就是教育物质或者文化空间在教育中的价值与意义。

在实践中，我们把学校文化分为三个界面：第一个界面是理念文化，包括铸魂（办学理念）、制度、行为等；第二个界面是格局文化，即大空间管中空间，中空间管小空间，进而形成气候、格局、细节三大板块；第三个界面是校园核心文化，是学校的“灵魂”，也就是说，学校文化底蕴的积淀需要有一个核心区域作为承载人文物质之“重器”。

这三个界面，相互映照，相互依存，浑然为一个整体，这个整体叫“体系”。

*

与一位老兄小坐闲谈，他的两条忠告：一是在小格局内做大格局（客家话有一句俗话正好对应：在尿缸里撑船），是一件很天真的事情，需要反思并且重新谋划；二是做任何事情，要有“护城河”，要有“壁垒”，不然很快就被人性之弱点弄得溃不成军。

其实，一所学校的发展也是如此。学校的精神壁垒建设包括两个方面：一是所有教师具有统一的价值观、目标和使命感；二是尽可能将有限的资金投入到教育物质上，渐渐沉淀，形成文化的高度与文化号召力，即如寺庙建设藏经阁一样，师徒向往，庄严神圣，这里，恰恰是整座寺庙最具文化内涵的精神高地。

*

当下中国教育内涵改革的瓶颈已经显露无余，那就是：中小学校长和教师的文化底蕴单薄，缺乏稳定的文化性格，也没有养成沉淀的习惯。这，使新时期教育的目标出现了断层和割裂，因为我们的首要目标是：培养一代具备深厚文化底蕴和良好内心秩序的新人。

当然，由于文化的缺失，使得课程教学改革、养成教育、教师专业发展等关键问题，往往就会停留在技术层面上，反复改，改反复，最终走向迷茫。

毫无疑问，破解此瓶颈问题，需要市长、局长真正地思考教育问题，需要我们的教师和校长克服浮躁，走向生命深处，沉淀自我，深度觉醒自我。同时，需着手构建有价值的学校文化体系，因为有了文化的高度，才能整体提升教育的文化性、价值性、有效性。

*

学校校训，是办学理念的重要表述之一。

近日中央美术学院公布了校训“尽精微致广大”，据资料介绍，中央美术学院建院初期，徐悲鸿先生从《中庸》“故君子尊德性而道问学，致广大而尽精微，极高明而道中庸，温故而知新，敦厚以崇礼”中选取“尽精微致广大”，将其用于指导素描教学与绘画造型。这一教学理念也集中体现了美院多年来的精神品质，如今明确为学校校训。

我们可以从中得到一些启发，确定学校之校训，首先，要有一种超越阶级和时代的伟大之使命；其次要有深远的教育价值之追求；三是要立足于学校文化传统或者创建者之办学逻辑起点；四是要能抵达每个师生的内心，使之成为其信念，等等。

*

就校训而言，我认为比较好的还有一个，那就是：闳约深美。

1918年春，蔡元培先生书“闳约深美”赠上海美专。时任上海美专校长的刘海粟先生请人刻成匾额，将其作为办学思想核心。

对“闳约深美”可以诠释为：“闳”就是知识要广阔，胸襟要开阔，乃为学之要义，亦是人生之要义；“约”就是在博采的基础上加以慎重的选择。《周易》中的“简易”之说，更是倡导崇尚简约，以简驭繁，顺适畅达。有行必有止，有开必有关，呼与吸，进与退，快与慢，多与少，皆是辩证关系；“深”就是钻研精神，百折不回，如果说“闳”是在横向上指空间宏大与宽阔的度，那么，“深”则是在纵向上指时间深入透彻的长度，二者相辅相成；“美”就是最后达到完美之境，美不仅仅是漂亮好看，也并非只是“羊大”为美，而是从“美是人的本质力量的对象化”开始，突出强调了人对美的追求，也就是说，通进人们对形式美、自然美、和谐美、艺术美、崇高美、心灵美的不断追求，提升美的品位，使人意识到美是包括了真与善又高于真与善的境界。

“闳”，然后“约”，然后“深”，然后“美”，是一种梯进的逻辑，完美地诠释了为人为学的四个阶梯，步步推进，终至至善。

*

我们在太原的全国养成教育重点实验区（万柏林区），扎扎实实地进行大养成教育实验，坚持两条腿走路，两股绳拧成一股绳：养成教育（行为规范体系）+生命课堂（课程教学体系）+学校文化（文化建设体系），专家团队长期蹲点引领，阶段突破，减负提质，此次来做第一阶段验收与深化，景象让人欣喜。

*

教育的出路在于文化。文化的目的在于渐渐地润养人的心灵，提升人的精神水平，从而实现自我觉醒、自我完善、自我超越、自我创造。

十年来，中国文化思潮的走向，从浮躁、功利彻底地转为不安、焦虑甚至恐惧，教育也必然受其影响，学校和家庭当在文化上有所作为，从而引导人们安心、静心，终可回归到教育的原点上来。

目前，我们想做的是构建学校文化理论实践体系，这是当代中国教育内涵改革的顶层，这就要求理论和实践上有所突破，比如教育物质美学的研究和应用。

*

广东省最具文化积淀的中学当是广雅中学，我的好朋友何冠南先生现担任学校主要领导之一。

近日偶得清末木刻印刷名家陶子麟所刻的梁鼎芬诗集，一言一语，切实让我感知到了清四家之一梁鼎芬的骨气与学识。

梁鼎芬，字星海，号节庵，广东番禺人，清代末期大学问家，因弹劾李鸿章弃官回籍。清末名臣张之洞正总督两广事物，赞其“高其风节”，慕其“学问如此渊博”，遂于1886年开始延请他主讲惠州丰湖书院、肇庆端溪书院，此后，梁鼎芬开始为张之洞办教育出谋划策，协助张之洞推进了近代洋务教育的发展。1887年，张之洞提出在广州创建广雅书院。梁鼎芬极为赞赏张之洞创办广雅书院，提出著名的“广者大也，雅者正也，大而能正，公无愧焉”的办学宗旨，在广雅书院的创建过程中，张之洞常与梁鼎芬商议办学之事。1888年春，书院建成后，梁鼎芬出任首任院长。在广雅书院，梁鼎芬具体推行“新旧兼陈”的教育体制。他采用分科教学的方式，设经学、史学、理学和经济四科，使书院具备了现代学校的雏形。在张之洞教育思想的指导下，加之梁鼎芬的勤勉努力，广雅书院很快办学有成，并在社会上产生较大影响，后来曾一度成为广东的学术文化中心，也是当今广东基础教育的一个重要文化品牌。

梁鼎芬先生提出的“广者大也，雅者正也”现在仍然是广雅中学的核心办学理念。学校文化的传承，往往就是有这样一个“魂”所领导而发展、传承的。在我看来，广为宽度，雅为高度，时间为长度，三者结合构成教育空间，较为深刻隽永。

*

十年的教育内涵改革实践，让我每到一所学校，首先要做的事情，是帮助找到学校的魂，生成并提炼出学校的办学理念体系。假如学校是一台汽车，那么魂就像汽车的发动机，有了性能良好、科学完备的发动机，学校才能整体、协调、高效地发展。当然，这个发动机也是教育品牌标准之一。

哲学上有一个理论：整体大于各部分之和。将各部分整合为一个整体而发展，就需要有一个魂来统领其所有的部分。

所有事业都一样，梁山泊的“替天行道”、孙中山先生的“天下为公”、中国共产党的“为人民服务”，以及现在大部分大企业的企业理念，其实都起着“魂”的统领作用。

作为中国教育内涵改革整体解决方案的主持人，我通常都是从这个核心问题上切入的，从而帮助学校或者地区生成自己的办学理论实践体系。换言之，“找魂”应当是创建学校文化的首要任务。可以说，没有魂的学校文化，实际上是一种广告装饰意义上的堆砌和粉饰，而课堂文化、行为文化、管理文化、物质文化等教育实践文化也就变成了跟风模仿，是没有生命力的，换一个局长、校长就可以随便就推翻重来，那是对教育文化资源的一种浪费。

*

万通控股董事长冯仑曾经谈如何做带头大哥。他说，做大哥必须做好三件事情：一是给大家指道：看个方向；二是能扛事：承担责任；三是敢牺牲：摆不平的事，能牺牲自己就都能摆平。比如你钱少拿一点，晚拿一点，别人在争的时候你自己拿出点让他们别争了。**指道、扛事、牺牲，这六个字就是天下所有领导、大哥必须做到的事。**

我希望每位校长都来做带头大哥、大姐，按照西方国家的概念，学校也是一个社会企业，一个不能盈利但需要有道德承担的社会企业。这个特殊的社会企业，其实也需要有一位带头大哥。

*

我作为评委之一，参加了北京师范大学附属学校校长招聘环节，其中问到一位应聘校长关于如何处理制度与人性化管理之间的矛盾，校长回答较为清晰，但不够深刻。这两者之间融合的秘诀是，制定制度使之呈阶梯升级与自我评价体系，符合人性的阶段觉悟特征，即为人性化。

换言之，有效的制度，应当是以激扬每一个生命主观能动性的制度，而对阶段觉悟之人性的觉察，是制定一切制度的前提。

*

每一所学校都应当有自己的核心价值观，而校长首先要做的事情，就是管理好价值观。这一点值得向新东方学习，老俞提出的四大价值观，目前确实贯穿了新东方的全部经脉，即：诚信负责——做人的最低标准；真情关爱——处理人与人之间关系的首要；好学精进——人内在发展的唯一途径；志高行远——人的精神状态定位。

*

一切管理都需要管理好所有人的精神满足度，即快乐。

凤凰卫视新闻采编总监吕宁思先生分析“是什么偷走了中国人的快乐”，认为至少以下原因导致我们都不快乐：第一，缺乏信仰。第二，总是和别人比较。第三，对美好的事物不感动。第四，不懂得施舍。第五，不知足。第六，焦虑。第七，压力大、标准高。第八，不敢坚持做自己。第九，得失心强，就是患得患失。

在我看来，其第三个原因“对美好的事物不感动”，甚至麻木，是导致我们不快乐的问题核心。而如果我们注意引导大家对美的发现、对美的体验以及对美的表达和评价，渐渐地就打开了人的心门，其他八个问题都将迎刃而解，是为“窍门”也。

很赞赏深圳翠茵学校教育家型校长邓小华同志对“发现即教育”这个办学理念的探索实践，在发现教育体系中的“发现管理”板块中，实质就是“快乐管理”，就是通过引导大家发现美、感受美、互相赞美，最后实现人人快乐、幸福，所谓“美美与共，天下大同”。

*

如果说书房是家庭教育的道场，那么学校的教师学术典藏室则是学校教育的灵魂所在，这里可以随意地喝上一杯咖啡，也可以随意地取一本线装书慢慢翻阅，更可以和学生谈心，甚至也可以不定期举办名家对面对活动……相对于其他的校园文化来说，做有灵魂的学校文化，需要突出其重点价值之所在。

*

在过去三十几年以来，用土办法解决问题的教育家，曾经做过重大贡献，比如魏书生、崔其升等，但未来理想的学校应当重新寻找教育的科学、内洽、系统之力量，包括：文化的力量，常态的力量，体系的力量。特别是体系的力量，此为顶层设计的关键。

而在学校办学理念实践体系中，比较难以提炼、萃取的是“价值观”，它是领导学校发展全部张力之核心，也是生成、推演出“方法论”以及“呈现体”之前提。

*

去深圳出差时，经过大芬油画村，顺便去看了看那里丰富的油画作品，抽象的，风景的，人体的，古典的……应有尽有。让我惊奇的是，这些几乎可以乱真的很多作品均来自只有小学文化程度的农民画工之手。这里的每幅作品的价格是几百元到几千元，而我们知道，目前艺术市场上，一位不甚知名的艺术家，一幅油画作品至少需要上万元乃至几十万元。

我的问题是，具有娴熟而精湛的画画技术的画匠，为什么永远也成不了伟大的艺术家？这些作品缺少的是什么？

大概是缺少“魂”吧！因为，有技术未必是艺术，即使熟能生巧，也未必能成为伟大的艺术家。正如有知识未必有文化一样，有多少人拥有极为丰富的知识，谈起话来满嘴都是“概念”与“逻辑”，却分明只是在“掉书袋”，而不能成为真正推动社会进步的文化人。

在教育领域里，一个人即使拥有丰富的知识，掌握了熟练的教学技巧，如果没有“魂”，没有一种精神高度，没有一种通透、系统的状态，没有把“知识”揉碎了重新排列组合转化为“文化”的能力，永远只是一名教书匠，成不了教育家。

*

“基”是什么？按照字面意思，就是土壤，修“基”就是通过归因的方法，重新翻土，重新唤醒土壤自身的潜能，这就要求拒绝一切化肥，拒绝一切不符合种子成长要求的因素。

相对于孩子的成长而言，“基”就是家庭，家庭是孩子的第一所学校，真正的教育是环境的教育，怎样在家庭中创建一种文化成为迫在眉睫的问题，教育做到底就是做文化。

怎样的“文化土壤”最适合孩子成长呢？

那天与另外一位教育专家说起，我将和皇甫军伟联合推动一项教育界的“新文化运动”，他很兴奋，说：“这不是两个巨人在握手吗？”

*

在家庭文化中，“家”应当类似人的信仰，人累了，倦了，就要回到那个地方去；家，是心灵停靠的地方，是精神修养的空间。既然如此，就应当设法减去一切功利元素，更不要把家当作教育孩子的“教室”、“兵营”，甚至应当远离“教育”、“训练”，有的只是大家的休息、放松、静心的文化，最好把麻将桌去掉，改为到处可顺手拿到的书本，就足够了。在我看来，没有教育的家庭才是最有教育价值的，最好的教育是孩子没有感受到在接受教育。如果我们的孩子一想到家，就想到“教育”，渐渐地，孩子的心就离开了家，去寻找属于他自己的空间了，比如网吧，这样的家庭文化一定是很低级的。

*

家长和教师，若没有享受到教育本身给自己带来的快乐，那么教育这件事情就变得特别无聊甚至无耻。那么，我们该从哪里寻找这种“享受”呢？

*

优秀的教师和家长心里最清楚，自己的优秀一定不是因为掌握了多么高超的教育技术、方法、工具，而是自己做人很成功，会做人才会做教育。

我坚信，会做教育的人，一定是一个受周围人欢迎的人，是一个孩子受到委屈能信赖的人，是一个心地善良乐于帮助别人的人，是一个热爱学习的人，是一个领导遇到困难立即想起来的人……

从这个意义上说，好的关系大于一切教育。

*

温文尔雅是怎样养成的？举一个例子，假如你带了一个和田玉手镯，即使你的性子很烈动作很粗糙，因为怕手镯磕碰，动作上就有所矜持，由表及里，渐渐影响了内心，性格也变沉稳了，最终习惯成自然。此时你又反过来把自己的精神融进手镯，使玉也有了生命。此乃养成教育之真谛也。

*

居里夫人说，17岁时你不漂亮，可以怪罪于母亲没有遗传好的容貌；但是30岁了依然不漂亮，就只能责怪自己，因为在那么漫长的日子里，你没有往生命里注入新的东西。我的理解是，30岁之后要好看，需要有丰富、安静、包容、美丽的内心世界。

*

土壤板结，或者盐碱化，再好的种子，再好的教育技术，都是无济于事的。教育，根本任务就应当疏松土壤、优化土质，使我们的儿童的自然生长环境得到基本保障。

事实证明，我之前说，解决家庭教育问题，通过培训家长教育技术无法实现，而市面上怎样教育孩子的书，都是细枝末节的技术性唠叨，是有害的。我越来越感觉到，家庭教育问题，最终需要通过引导构建家庭文化来达成，跳出技术问题层面，不谈教育，才有可能彻底解决那么多的困难。

*

从社会学意义上说，信任是为了简化人与人之间的合作关系。在学校和家庭中，好的关系大于一切教育。

在学校教育和家庭教育中，核心价值观是——信任，可以说，信任是精神文化的核心，唯有“深刻的信任”可以让每一个人都能盛开心灵之花：信心、耐心、爱心、开心、包容心、感恩心。

只要信任文化一旦建立，其余的精神文化就会自觉建立并且呈现为生机勃勃之态。比如：以学生生命为本的教育才能实现。再比如以学生自主为核心的有效科学的课堂文化就能生成。再比如家庭中的教育就会润物细无声，情绪问题就会迎刃而解。再比如，行为文化就有了“信任”这个灵魂，从而就可以逐渐养成、沉淀。再比如管理的问题就会变得扁平、有效，最终实现自我管理。等等。

信任文化的建立，需要我们自觉培养五种思维习惯：一是换位的思维习惯。换位是人获得信任的前提。二是授权的思维习惯。相信的实现的就是授权，而不是控制和管理，全面依靠他人的主动。三是积极的思维习惯。凡事积极地看，即使失败，也有可能扭转局面。四是发展的思维习惯。就是发展地看，任何一件事情都会发展。五是反思的思维习惯，省己而达人。

*

家庭教育中，许多人会忽略沟通平台的价值。如拥有一张有气场、大尺寸的独板案是奇妙的。家庭成员在此案上吃饭、读书、写字、开家庭会议……比天天朝奉电视重要得多。

*

养成教育分三个层次：第一个层次是行为纪律建设；第二个层次是人格化核心习惯，从而实现养心养德；第三个层次是养之文化，包括家庭文化和学校文化，关乎人文，以化成天下，这是根。

对于家庭来说，是书香家庭的营造，是父母手不释卷的习惯。这里，有一个非常重要的线索，就是“家学”，家学，是相对于塾学而言的，其内容至少包括家训家风、家庭行为、物质、空间文化等，其定位是知、情、意、行……

而家学的重建之起点在书房。未来10年，我希望每一个家庭都应当有一个有价值的书房。人是“熏”出来，人更是环境“养”出来的，这是家学的真意。

刘鹗室名“抱残守缺斋”，梅兰芳室名“梅花诗屋”，沈钧儒室名“与石居”，俞平伯书屋取名“古槐书屋”，范曾书屋“抱冲斋”……给自己的书屋起名，是古今文化界里的一个传统。说是起名，倒不如说书屋主人对自己的一种激励，以求静心、慎独的心灵之境。

*

拥有一种有品位、有质量、有文化内涵的家庭生活，这是家庭教育的全部内容。

一是拥有一张大书桌很重要。大书桌上，可以一家人一起读书、喝茶、闲聊，是精神融合的载体，更是家庭成员身份确认的仪式，要比天天“供奉”那台电视机更重要一些。

二是拥有高质量的藏书。书是家庭文化的核心，一个家庭的内涵主要体现在藏书上。当然，我还认为，有价值、有收藏价值、有质量的书，更加是核心之核心。藏书之道，宁缺毋滥，每一本都是自己心爱的、珍惜的，书就有了温度和真正价值。

三是拥有滋养心灵的神物——和田玉。玉作为中国传统文化中的重要元素，一直以来都影响和滋养着国人。人们习惯于身上佩戴一块玉，人养玉、玉养人这样的概念已经深入人心。而和田玉品行通透、温润、内敛，深深符合中国传统文化的精华，给人一种难忘的美，是这是一种来自文化深处的柔和气息，是一种历史的沉淀、美丽的沉积，别有韵味。

四是其他必要的文房、字画、文化摆件。

……

总之，在家庭中，不断积累一些可以传代的物质，其中蕴涵了谋求高品质精神生活的长久意义，不仅可以传承文化，也可以不经意实现潜教育的价值。

*

家庭文化构建的三个原则：

一是以读书为先导，进而推进家庭传世藏书计划，这是重建“中国家学体系”的突破口之一。

二是培养家庭成员共同的人格化行为习惯，优化家庭的精神生活方式，提升家庭生活美学价值，从而实现家庭文化价值。

三是作为补充，对家庭教育来说，营造一个优雅的文化环境，配之以雅致的家具及文玩器物，随时把玩，甚至比读书更重要，明人高濂在其所著《遵生八笺》中认为：文房器具，非玩物等也。这里的操作要求是：藏不厌精。

“中间有病四边治”，教育的问题要上升到文化层面上去思考，才有可能从简单的教育技术崇拜，转向对教育根柢的探索和培育上了。这，涉及中国教育土壤的深层次问题。如果不从文化上去突围，一定会陷进另外一个教育功利主义的局限之中。

*

书房应当是家庭文化的核心所在，它不仅意味着一个独立的阅读空间，它更重要的功用是滋养一份平和安静的心态，培育美好的心灵。

书房不在于大，乾隆皇帝的书房“三希堂”才五平方米，书房的可贵在于精雅，因为它让人在一个熟悉而放松的状态下想心事、理私情，帮人赶走浮躁与焦虑，让思想与创造力集中，让灵魂在一个哪怕只是暂时的小空间里不受限制地驰骋，获得最大程度上的精神自由。

书房应当是家庭成员心目中文化的圣地，这里的一木、一书、一石、一笺，都应当是高贵的“神明”。我们对书房物质的敬奉之心，恰恰是一切家庭教育的智慧之源泉。

*

书香门第，主要是建立属于自己的书房。

书房，是最为典雅的一个名词，说出这个词语，很容易令人联想到一个书香人家。书香是与铜臭相对的。林语堂先生说，一个正常的良好的人家，每个孩子应该拥有一张书桌，主人应该拥有一间书房。书房的用途是庋藏图书并可读书写作于其间，是心灵的栖居地，也是家庭教育的文化圣殿。

那么，书房里应当藏有哪几种书？

这个问题各有观点，我比较倾向于这三种分类：

第一种是拿来供奉的。书不一定都是拿来读的，只要书具备珍藏价值，真、精、稀、新，无论线装，还是精装，无论是铅印，还是雕版，这类书才能充满书香，当然也是让人心静的心灵尤物。这一类书，主要是用来把玩、供奉、收藏的，其实这是对文化的一种敬畏。让人进屋一看，满目书香扑面，令人肃然起敬。很多人反对我所说的这种“供奉”，我倒觉着可以宽容一点，摆个书柜总比摆个酒柜、麻将台要好，书香总比酒气肉气铜钱气要好。特别值得一提的是，这一类书主要是旧书、古书，旧书的魅力是如此无限，披挂风尘、颜色泛黄的旧书几乎是一种“文物”，不仅宜鉴赏、研读、做学问，其独具的历史沧桑感更可匡正现代人普遍存在的浅识浮情。

第二种是拿来读的。人一生中是要读一些书的。除了自己的专业书以外，拿来读的一般也可以分成兴趣专题。举一个例子吧，我长期以来，喜欢读名家的日记，日记比传记要好玩，因此我收集了大量的名人日记，王元化、鲁迅、冯玉祥、阎锡山、翁同龢、吴宓、王闿运等，下午的时候，一杯茶，一根烟，一本日记，消磨的是时间，进入的是名人的心灵深处。

第三种是拿来品的。正如作家陈实所说，品书，如煲汤，慢慢煲，煲出精华；如熏艾，慢慢熏，熏除疾痛；如吃茶，细细品，品出甘甜；如尝新谷，细细咀嚼，嚼出米香。《诗经》中的“如切如磋，如琢如磨”，大概就是这种样子。书能够读到“品”的境界，那就是享受了。古人说学养学养，以学为养，养生养神养心。拿来品的书不是很多，一般都是自己偏好的经典，比如我书房中，除了我心爱的线装古籍善本，另外还有一些很耐看的书，内外之美兼修统一，比如《沈从文文集》（港版）、《汪曾祺全集》、刘再复的《走向人生深处》、王世襄的《明式家具研究》（美国版）、黑格尔的《小逻辑》、《莎士比亚全集》（英文版）等，都是用来品的。

*

有人曾经告诫我，如今甚至未来20年，与拥有房子、汽车相比，更加含蓄而稳妥的是，拥有书房或者私人藏书楼，这样更会受人尊重。从现在起步，这并不困难。我因此建立了自己的价值观。

对教育特别是家庭教育而言，拥有一个有思想的书房，远比一切说教都重要，也更加能让孩子在不知不觉中受到最好的教育。

*

现如今，谁家没有几本藏书。关键是，一屋子书当然是好的，但，有没有两三本爱不释手、反复阅读的好书？有没有三两本这个世界上已经难以找到的神品、圣品？

研究了张充和先生收藏的十三套书书目，因为先生并非专业的藏书家，所藏古书谈不上多么顶级，但颇有意趣，故纸温暖尔，并且每一套都有先生珍贵的亲笔题签。我在想，如果我们每一个家庭都有那么十几套好书，我们的国家将会怎样？

*

好的书房或者教师学术室，可以溶解所有文化的价值，可以说是教育最要紧的“场”。

*

在现代教育实践中，书房是家庭教育的“道场”，为了推进教育理论和实践的突破，形成构建书房的方法论，这些年，访遍大江南北诸位人文大家之私人书房，渐渐梳理出了一个操作体系，并为近100个家庭创意设计并陈设了以不同文化主题传世典藏为内核，文房清玩、木器佳作、书法对联为“形势”的教育格局，其中物质元素均经过了严密地提炼、选择、生成、鉴定，主要是想做一个教育实验，尝试开创出一条家庭教育静态文化之新路，顺便写了一本很好玩的书：《教育的物质》。

*

理想的教育，是用心去营建一种家庭之文化。若我们家庭有一屋子的好书，都供奉在典雅朴素的金丝楠书架上，陈列有序，书香萦绕，就不需要什么“教育”，更不需要花十万八万把孩子送到名校了。因为教育的本质是文化的一种存在，是道场，是贯穿人文精神的物质之必然。

实现文化育人，营造家庭文化，有一种可能，就是全家一起来敬畏、供奉、触摸文化之物质，如经典图书（传承文化）、和田老玉（五德育人）等。书不必拿来读，供奉即可，玉不必随于身，收藏爱护即可，时间久了文化就有了。

*

真正的教育是无痕的教育，是环境的教育，是父母身体力行的教育，而不是过多地教诲与训斥，某种意义上说，说教往往是无用的。

因此，建立良好的亲子关系，营造有着浓厚书香气的家庭氛围，无疑是家庭教育的首要问题，很多教育专家认为，好的关系，大于许多教育。

其中一个最好的方法就是：陪着孩子一起读书。这个理念的提出，应当是教育观念的一次变革，它至少蕴含了以下六层意思：

一、首先，身教重于言教。

教育不是朝夕之间就可以完成的事情，育人是一个漫长而细致的过程。一个孩子的世界观、人生观的逐渐形成，是需要教育者潜移默化去影响的。对于一个孩子来说，除了适当的言传以外，更主要的还需要教育者的身教。用自己日常生活中的一言一行，比如，养成阅读的习惯，孩子也会于潜移默化之中受到熏陶而热爱读书，并能将自己对某些事情的看法与父母沟通。

二、通过一起读书，形成良好的亲子关系。

陪孩子一起读书，意味着你可以走近孩子的心灵，再也没有比这样的模式更加有效的了。我们经常会发现，什么时候与孩子的关系好，什么时候的教育就容易成功；什么时候与孩子的关系糟，什么时候的教育就容易失败。明智的家长总是能勇敢地选择了“与孩子一起读书”、“向孩子学习，与孩子共同成长”，这恰恰是化“代沟”为“代桥”的有效手段。

三、营造良好的智力环境。

苏联作家巴甫连科说，不读书的家庭，就是精神上残缺的家庭。阅读不仅可以让孩子获取广博的知识，陶冶情操，还能使孩子得到放松休闲，缓解焦虑，调节情绪，与孩子一起读书，既能留出一些时间与孩子共处，又能要求自己也养成读书的习惯，一举两得。据研究表明，儿童的发展、记忆，在很大程度上取决于家庭里的智力兴趣如何，家长读些什么，想些什么，以及他们给儿童的思想留下了哪些影响。

四、阅读可以改变人生的宽度。

阅读不能改变人生的长度，但可以拓展人生的宽度；阅读不能改变人生的起点，却可以改变人生的方向。

书能够影响人的心灵，人的心灵和人的气质又是相通的。一个人要想把自己打扮得可爱、漂亮或者具有吸引力，就去读书吧。

经常读书的人，一眼就能从人群中分辨出来，在为人处世上也会显得从容、得体。

经常读书的人不会乱说话，言必有据，每一个结论会通过合理的推导得出，而不会人云亦云、信口雌黄。

经常读书的人会思考，知道怎么才能想出办法。他们智商比较高，能够把无序而纷乱的世界理出头绪，抓住根本和要害，从而提出解决问题的方法。科学地拒绝盲目，他们做的每一步都是深思熟虑过的。

这些，都是平时不读书的人所欠缺的。

但是，读书显然不仅仅是为了增加优雅或者提高身份，而是为了获得素质。

五、阅读习惯改变命运。

所谓素质，如爱因斯坦所言，就是将学校里、书本上所学来的东西都忘掉后剩下的东西，即习惯。

读书的最终目的当然是为了——提高对人性的认识，锻炼心胸，逐步训练感受幸福的能力，培养自信心，形成实践能力：

1. 关注人性，了解人情世故以及变化的规律；

2. 关注经验，关注现实可行性；

3. 关注过程，知道如何对过程进行控制，并胜任应当胜任的职责；

4. 培养做事意识，摆脱书呆子气，从中掌握应对挫折、失败和困境的技术；

5. 把握人生中的大规律，并加强性格中那些具有竞争力的因素；

6. 为了实现大目标简化日常生活。

有道是“腹有诗书气自华”，因此，养成阅读习惯将受用终生。很多人的成功都得益于良好的阅读习惯。

六、不同年龄的孩子读不同的书。

不同年龄的孩子情况不同，所以阅读当然要分年龄。

小学低年级孩子能够独立阅读的书籍有两个主要特征：一是以图画为主；一是在文字上面标有汉语拼音。此年龄段的孩子阅读基本脱离了父母的帮助，但识字量有限，所以常常依靠图画和汉语拼音来认识文字，理解书籍的内容。

小学中年级是孩子阅读的重要转折时期，随着孩子识字量的增加、知识经验的增加以及思维能力的发展，他们具有了阅读字书的条件。从这个时期起，他们喜欢阅读的书籍中的图画越来越少，拼音越来越少，而文字越来越多，文字所含的思想内容也越来越丰富。孩子不仅通过图像、声音，也通过文字符号来认识现实社会和历史。对孩子来说，这是一个非常重要的转变。

小学高年级孩子指小学五六年级学生，年龄在10～12岁。随着孩子心理发展水平的提高和阅读经验的积累，小学高年级的孩子阅读范围逐渐扩大，阅读内容也由浅入深。小学中年级孩子能读的书，他们仍然很感兴趣，并对作品有了更深的理解。

初中时期也称少年期，孩子在12～15岁。儿童心理学指出，少年期是从儿童期向青年期过渡的时期，即从依赖成人过渡到独立于成人的时期。这个时期少年的心理特点是半儿童半成人的状态。说他们是儿童，因为他们的身体和精神还在继续生长，他们感受到了这种生长，并获得了力量和勇气，但还不能确切地知道自己力量的程度。同时他们已近成年，比儿童有了更多的知识和经验，在某些方面开始具有独立解决的能力。

到了高中，就已经接近青年或者已经是青年了，此时的阅读选择就会变得越来越丰富。他们的理解能力已相对成熟，社会经验和知识的积累也达到一定水平，因此他们有能力阅读几乎所有的作品。他们不仅需要了解、学习外部行为规范，还需要理解社会的价值观念。在社会化过程中，他们要完成五个任务：谋求获得独立；确定自我概念；获得性别角色；适应性成熟；学习适应成人社会。而这些通常都可以通过阅读来获得。

*

青年人的发展，无非需要三步：一是正确理解别人的东西。包括两个层次的意思，理解能理解的，尊重不能理解的。二是试图超越别人。超越很难，最可贵的是“试图心”。三是系统化，就是把前人的智慧消化到自己的体系中，所谓“自成体系”。

*

学校文化的灵魂在于美。美，统领整个学校文化的体系，具体化为美的物质和美的精神两个方面。

孙云晓老师曾说，美是最具魅力的教育，多年前与北京实验二小李烈校长在四川讲学，李校长说他们学校的厕所里也养着花。

在教师成长文化中，美也是首要的因素，只有内外兼修的美感，才能润泽培育每一个学生秀美的内心世界，从而熏陶出整个民族的气质。

*

有些教育是有坏处的，让学生和教育者都感觉到“亚历山大”（压力）和“焦裕禄”（焦虑、郁闷、忙碌），这样的教育是有害的。

与其如此，不如教育者就做好两件事情：一是修炼教育者自己，教育的本质是教育者的自我教育；二是创建理想的书房或者校园文化。其他的一切都顺其自然，无为而无所不为，这已经是很好的教育了。

*

利他，是最具智慧的投资。特别是艰难之际，如能将利他之心贯彻到底，并通过身边人传达出去，有一天走出艰难之际，突然会发现自己才是最富有的，因为利他见于艰难，利他之美见于未来。

利他之心还在于多给别人一些。一位神交已久的藏家说：假如我花三十元买了一张股票认购证，现在价值涨到一万了，我最多卖您三百，这是所有收藏家的所为，因为他们不是商人，他们总是先考虑利他，顺便利己。

*

剥离雷锋的时代性因素，抽象其精神实质，实际上是中国传统文化的精髓之一，这种精神可以谓之为“仁”，孔子的解释是：己欲立而立人，己欲达而达人。雷锋自己的理解是：即使是普通人，也尽全力服务于需要帮助的人们。这种道德精神，即使在将来一万年，也会继续传承下去。

*

孔子的思想可以说既禁锢了中国的文化价值系统（起着中心控制作用），又切实有效地解决了人与人、人和社会之间的稳定性问题，难怪很多人说，成也夫子，败也夫子。

在孔子的思想中，没有任何争议的是“三达德”（“三达德”即指“智”、“仁”、“勇”三大品行）中的“仁”字，也就是“倡导做一个好人”的基本道德理想，促进了中国社会的发展和进步。这个“仁”，有人理解为果仁、脑仁的仁，颇有意思，也就是为人之“核心”罢。当前德育的问题，也可以从孔子的“仁远乎哉，我欲仁，斯仁至矣”得到启迪，唤醒学生“我欲仁”的良知与冲动，应该是实现德育有效性的途径之一，也是德育的逻辑起点和具体抓手。

在我收集的传世典藏专题《中国智慧——影响中国历史进程的18部书》，有一套几乎可以称之极品的《宋刊论语注疏》，原本在日本皇宫，该书由张元济先生于1929年影印后遇火灾片子毁掉再也没有再版，开本33.5cm×22.2cm，一函五巨册，上等白纸接近白绵纸，手感舒服，应当是历代《论语》中最好的本子了，各大型图书馆均不具。

*

教师培训的核心问题是要有可操作的技术，最好一听就能懂，从来没想到，再也忘不了，用起来真有效。我主张不要逼着教师人人都会使用“单反相机”，不妨将高深的理论经过精简、优化、系统化为人人可上手的“傻瓜机”，尝到照相的快乐了才指导一部分教师学习“单反相机”，走专业发展道路。

校长培训的核心问题是价值观的沟通与讨论，并进而形成解决问题的思路与步骤，而不是技术。与教师培训需要强调技术恰恰相反。

家长培训的核心问题是智慧。因为多谈技巧容易误导大家，多谈理论容易失趣，家长培训当从家庭文化高度上做深度的沟通，使之静心，静则各生智慧。

*

笔者在各地走访实践中谈的比较多的话题是“用心不用力”，做教育的最高境界正是领悟到“用心而不用力”的自然无为的状态。当下，中小学教师的自我困境不是“不用力”，而是“用力过猛”，所以疲惫不堪，心力憔悴。

我想，家长也是一样的，尝试“闭着嘴说话”，就渐渐可以悟到“用心不用力”的真谛。因为用嘴、用脑、用手做任何事情都是费劲的，只有用心才能做到“手中无剑，心中也无剑”。

*

近日与青年教育工作者漫谈关于写作的话题，勉强归纳，也命之为“写作十大法则”吧：

第一条：历险法则。

可能我的取巧之处在于，读了很多大家不愿意读的书，比如线装古籍，也比如很多人不屑读的杂书甚至所谓“黄书”、“禁书”，在那里能发现一般人发现不了的东西，是充满探险乐趣的，不知不觉就储蓄了很多不为人知的表达内容。不在于读什么书，而在于“思无邪”，在于积累文化体验。

第二条：化用法则。

除了阅读，对我的写作和演讲有重大影响的一个习惯是——把玩好句子。我的笔记本上，都是每天收集、把玩、体悟到的好句子，这个习惯坚持了15年了，写作时就慢慢化为自己的东西了，我很少用典，也是因为化用的原因。

第三条：思想法则。

思想是否具有深刻性是写作的要害之一。使得一个人的思想具有深刻性、通透性、系统性，需要经过一个漫长的逻辑思维训练，特别是掌握自己的思考问题之方法论。近年来我曾经总结了12种思考方法，系统提供给我直接指导的高三培优实验班学生，他们的高考作文分数几乎没有低于55分的。

只有通过了训练以后，每一个人都可以抓住核心的问题以及问题的核心，是为有思想、有见地。

第四条：温度法则。

文字的背后应当是一个人的情怀与道德，最好的文字不仅仅是文辞华美，而应当有“温度”，而“温度”取决于一个人是否珍惜人类美好的情感、是否具有同情心、是否关注普通人的命运与未来。周国平、孔庆东、郑渊洁的文章好，大概是因为这个缘故吧。

第五条：习惯法则。

一般而言，喜欢写作的人，都有以下好习惯。一是独处。独处是与自己的灵魂对话，独处让一个人时常走进自己的内心。文字是从内心里流露出来的芬芳。二是手不释卷。手不释卷是一种精神需要。三是随时做感悟笔记或者反思笔记，笔记是人一生最大的文化财富。

第六条：为人法则。

记得与孔庆东等语文界高人作为评委参加《全国语文风采大赛》时，作为门外汉我提出了一个写作文的根本之道——会做人就会写文章。会做人意味着能理解别人、注重细节、勇于道歉、诚恳守信等，作文即为人之道尔，只有这种心态下的写作，因为具备读者意识，才能写到人的心里去，或者把读者想到没有说出来的东西说出来。

第七条：贯通法则。

对我的写作产生影响的作家：苏东坡“教”会我通透；王实甫“教”会我措辞；笑笑生“教”会我人情，陈寅恪“教”会我严谨；老舍“教”会我流畅；王元化“教”会我善思；顾准“教”会我深刻；苏格拉底“教”会我辩证；黑格尔“教”会我逻辑；卢梭“教”会我人本；怀特海“教”会我教育目的……

第八条：实践法则。

“用脚做学问”，是我原所在单位的“老大”对我教育生涯起步时的唯一勉励，并亲笔写了这五个字给我，但确实对我的教育改革之路以及写作产生了巨大的影响。写作，要接地气就要提炼于万千实践基础之上，否则就是站着说话不腰疼。

第九条：标点法则。

白话文写作的一个秘密是标点符号，我比较注意作家如何使用标点符号。一般而言，具有通透扎实的文字功底的人，标点符号都是清晰准确的，虽与写作没有直接关系，却可洞知其中工夫。比如安妮宝贝、三毛、张爱玲、沈从文都是标点清晰的。

第十条：平和法则。

写作有一个铁律，就是不哗众取宠。但，不易做到。具体而言就是：宁平勿俗，宁缺勿滥，宁拙勿巧，宁少勿多。这也是我的修炼原则。

注：我不是作家协会会员，也不是专门靠写作谋生的语文家，在现代汉语话语体系中，是一个摸不着门的门外汉，因此这个话题纯属“门外汉谈写作”，如果说错了，也是我的自说自话，不要太当真即可。

*

我的渴望是，用心培养一个真正读书、爱书的民族。

从自己做起，从小事情做起，立即做。

*

晨读梁启超，讲到读书的趣味与方法，归纳一下有四点：一是无所为（“为”念去声），就是读书不能功利；二是不息，就是坚持每天读一点点；三是深入读，某一个专题系统、深刻阅读，不突破不罢休；四是找朋友，读书一定要有几个朋友共同阅读、共同切磋。

*

我怎样读书？一是无所为。就是读书没有功利目的。二是情感参与。如果读一本书情感没有参与进去，这个阅读就会令人精疲力竭，有情感参与，这本书就是适合我的、亲切的、可爱的。三是手不释卷的习惯。手里不拿书不舒服的习惯，如抽烟一样，孜孜不倦也。

*

旧东西会被科技发掘出新的功用，就像收音机是旧东西，意外成为汽车之装备，并没有被电视和网络淘汰。作家董桥说，读书是旧东西但不会被淘汰，文化的积累离不开读书，读书就像男女相爱，是私下里做的事情，而且往往是在床上做的。

董桥谈读书情感。字典一类的是妻子，常在身边，翻了一辈子也未必烂熟；诗词小说是迷死人的艳遇，事后追忆总是甜的；学术著作是半老的女人，非打起精神不足以深解；政治八卦时事杂文是现买现卖的青楼姑娘，亲热一下也就完了。

*

圣贤书是要读的，深入地读，可以让内心建立秩序，但只读圣贤书，丝毫不读禁书、杂书、诗词小说，人很难通透，也很难开窍，很快就成为婆婆妈妈的“学究”。

*

遇见一本好书之愉悦，不亚于邂逅一位绝世佳人！

*

听汪涵谈读书。他说，读书是一种充满仪式感的事情，每天挑出几本自己最想读的书，然后洗手，点一根檀香，放一段古琴，泡一杯好茶，这是必不可少的……电子书没有纸质书捧在手上的分量，没有油墨散发的香味，没有纸张特殊的触感。

有人说，**读书的形式不重要，重要是读好书多读书，并懂得修炼一种心境**。但实际上，形式大于内容，心境的修炼也需要形式，需要载体，需要礼仪，礼于心，仪于形。

*

读书未必有用，特别是千万不要把阅读当成教育的灵丹妙药，顶多算是吃饭时多炒了很多“小菜”，是必要的但并非完全充分。比阅读更重要的是个体生命悟感的激扬，以及养成智力习惯，如体验、感悟、反思、创造、独立思考等。

阅读并非教育的本体。但读书有大用，近日长沙学者彭国梁谈到读书，说得非常精彩，我大致整理了一下，选摘一些：

一、希望每一个家庭都有一间书房。房子再豪华，倘若没有书房，就会显得没有文化，档次很低，铜臭味太重，书房是房子的灵魂。

二、不读书，一个人的语言都会无味。如果不读书，聊天会聊不下去，交谈都会变得很有阻碍。读书可以养颜，有益身心健康，读书的人大多注意与文化有关的东西，从而提高一个人的气质，让一个人更富有内涵。

三、一个人可以随时拿起一本书，随时放下一本书，想见哪个名人就见哪个名人，想到哪个朝代就到哪个朝代，可以畅游到任何地方。沿着趣味阅读，读得多了，与古今中外名人、作家对话多了，自己肚子里自然也就多了，也就有高度，有深度了。

四、很多年轻人想读书，却不知道该看什么书。首先要找自己感兴趣的书看，看了一本后，自己会从书中得知接下来自己需要怎样的书，一本接着一本。很希望年轻人养成读纸质书的习惯。纸质书更能让人静下心来。同时，希望年轻人能够将读书作为自己的生活习惯，贵在坚持，一个人只要坚持下去，准会成功。

*

梁启超谈读书之笨办法：若问读书方法，我想向诸君上一个条陈。这方法是极陈旧的，极笨极麻烦的，然而实在是极必要的。什么方法呢？——钞录或笔记。大抵一个大学者平日用功总是有无数小册子或单纸片，读书看见一段资料觉其有用者即刻钞下。资料渐渐积得丰富，再用眼光来整理分析他，便成为一篇名著。

我想，教师的阅读问题，主要还是要读少、读精，建议多采用笨办法，哪怕一年钞录一本，也别浏览了百十本而一无所获。

在郑州七十四中，作为指导专家组组长，我力促了“读透一本书”的教师阅读计划，并且鼓励部分优秀的教师，以本为本，集中到一个人、一本书上，然后就这个人、这本书读通之后，整理出自己的讲稿，一般至少要有5讲，经过审核、试讲后，作为学校百家讲坛的系列讲座，在学校范围内开讲。之后，还可以以这个系列专题讲稿为蓝本，进行拓展、丰富，成为自己的专著。

*

躺着读书，是一种优雅的读姿。

著名作家迟子建这样写道：我喜欢躺着读书，这个习惯的养成已有二十多年了。

唐朝诗人卢照邻的诗句：寂寂寥寥扬子居，年年岁岁一床书。

*

现代著名历史学家、国学大师钱穆先生是我认为最善于读书的人。

钱穆先生说，读书并没有具体方法，要多读书、多求解，当以古书原文为底子为主，免受他人成见的约束。书要看第一流的，一遍又一遍读。与其十本书读一遍，不如一本书读十遍。不要怕读大部头的书，养成读大部头的书的习惯，普通书就不怕了。

钱穆先生还说，读书时要庄重，静心凝神，能静心凝神，任何喧闹的场合都可读书，否则走马看花，等于白读。**选书最好选已经有两三百年以上历史的书，这种书经两三百年犹未被淘汰，必有价值，新书则不然。**新书有否价值，犹待考验也。

正是如此，钱穆晚年，因为失明，用“嘴”写出一本让所有学人汗颜的《晚学盲言》。

*

曾国藩在道光二十二年（一八四二年）冬，曾给自己订下了每天读书的十二条规矩，它们是：

一、主敬：整齐严肃，清明在躬，如日之升；

二、静坐：每日不拘何时，静坐四刻，正位凝命，如鼎之镇；

三、早起：黎明即起，醒后不沾恋；

四、读书不二：一书未完，不看他书；

五、读史：念二十三史，每日圈点十页，虽有事不间断；

六、谨言：刻刻留心，第一工夫；

七、养气：气藏丹田，无不可对人言之事；

八、保身：节劳，节欲，节饮食；

九、日知其所无：每日读书，记录心得语；

十、月无忘其所能：每月作诗文数首，以验积理的多寡，养气之盛否；

十一、作字：饭后写字半时；

十二、夜不出门。

曾国藩的这十二条读书规矩，前三条是为读书作准备的。第四、五、九、十、十一条是读书的方法；而第六、七、八、十二条看起来似乎与读书关系不大，实质上是要求自己集中精力读好书，因而这看似关系不大的规矩，却是保证读书质量的重要手段。

*

如果说，哪些书是最好玩的，且百读不厌的、充满灵性的，我的心灵之选是：《诗经》，《庄子》，还有苏轼，陶渊明，张岱，袁枚，汪曾祺，林语堂，梁实秋，王世襄，黄永玉，董桥，李泽厚，刘再复，扬之水，蒋勋，以及蒙田，尼采，泰戈尔，梭罗等大师的著作。

所谓好玩，就是如果和这位先生坐在一起喝茶，会觉得有趣而受益匪浅，而不是过于正经、沉闷、虽然俊逸但缺乏温度。

*

如果我也算是一个做学问的，倒是应当感谢近现代的几位学术大师，让我逐渐形成了自己的研究问题的系统方法论：一是《陈寅恪集》（9本，上海古籍出版社）；二是《饶宗颐二十世纪学术文集》（20册，人民大学出版社）；三是《钱宾四先生全集》（钱穆，54册，台湾联经出版社）；四是《马一浮集》（3册，浙江教育出版社）；五是《沈从文文集》（12册，香港三联出版社）；六是《王国维全集》（民国线装版）等等。

*

书是社会精神生活的承重墙。

推荐一本扎实的书——解玺璋的《梁启超传》，该书资料的整理、考证和使用都很扎实；其次，文笔非常好；其三，作者也并非单纯地列举资料、叙述历史人物的生平故事，而是有许多作者个人的思想之光闪耀在其中。当下，读扎实的书很重要，不扎实的书，读了让人难受、不安。

*

熊十力先生谈攻读经典的方法最为著名的是八个字：沉潜往复，从容含玩。

在我们的记忆中，古代最善于“沉潜”和“含玩”的是清代大学者戴震，不但十三经本文全能背诵，而且“注”也能背诵，只有“疏”不尽记得，这种工夫今天已不可能，因为我们的知识范围扩大了无数倍，无法集中在几部经、史上面。

而所谓“沉潜”，对于我们来说，古代经典众多，已不能人人尽读，但还是要选几部经典，反复阅读，虽不必记诵，至少要熟读。据复旦大学教授钱文忠先生说，季羡林先生阅读和翻译《罗摩衍那》就耗费了将近十年时间；王元化先生花在黑格尔研究和《文心雕龙》上的时间，也以二三十年计。

*

苏霍姆林斯基说过这样一句狠毒的话：一个不阅读的孩子就是学习上潜

在的差生。

众所周知，学习好的孩子都是思维品质好的孩子。而我们还常说，思维清晰，语言才能清晰。其实，在教育实践中，只有语言清晰才能逐渐使得思维清晰。表达是思维发展的推进器，而表达的基础是对于文字、句子的体验，玩味、提炼，此为“阅读”的意义之一。

*

据调查，只有12%的人是天生就爱读书的，还有88%的人并非天生爱读书，需要后天激发兴趣（不爱读）、培养习惯（不会读）、推荐导读（没东西读）。

我想说的是“兴趣是人生的方向盘”，犹太人在书上涂上蜂蜜、激发孩子的兴趣，给我们的启发是：通过期待、机会、评价三个元素，不断让孩子尝到阅读的甜头，从无兴趣到兴趣，再到热爱、酷爱甚至痴迷……

而关于阅读习惯的养成，除了经典的六步，其实还应当认识到，阅读习惯的核心是认真，就像我们读线装古籍，因为没有句逗、字大如钱，只有一个字一个字读，才能悟到认真的真意。

当然，阅读的最高境界是文化，家长或者教师自己养成读书的习惯，或者供奉、收藏一屋子的好书，那么就可以“引而不发”，没有孩子会不爱上读书，因为人是熏陶出来的。

*

纵观政商学三界，顶尖的人物都是善于读书的，手不释卷的。

在我们国家，未来爱读书的人将会读书越来越多，不爱读书的人读书越来越少，这两个人群之间日益形成的巨大真空，不仅将直接阻碍两者之间的沟通，且可能导致社会文化生态的对抗与破裂。弥合这个真空，是文化强国的一个重点工程。

*

天下第一等好事是读书。先贤们给了许多关于读书习惯的高见，萃取如下：一是“无所为”，多读无用之书；二是与大家一起读，独乐不如众乐；三是务求“化掉”，读了应当像没有读一样，不掉书袋，不以读了书而沾沾自喜，不然就会累积成大脑里的脂肪。

关于读书之目的，现代思想家马一浮先生以为，读书当求明理，更贵在养德。马一浮承接宋儒乃至先秦儒家而来，始终将“学之为己”为第一要务，“学之为己”的目的在于成就圣贤人格；而非“学之为人”，即以“博学”炫耀于人以换取某种好处为目的。

*

纸质阅读是一种习惯，一杯茶，坐在沙发上，或者就像小资的人会在雨天读书，这不是矫情，确实是生活的一种诗意。一样是阅读，纸质阅读是有封面的，有厚度的，会发黄的。希望纸质阅读永远流传。

*

《私房阅读〈金瓶梅〉》。

这是一本学术类图书，我国台湾学者所著，由华文出版社出版。

该书值得30岁以上的人“私房阅读”，因为，明代后期的社会溃败情形值得反思。一个社会的大多数人被欲望控制了以后，这个社会就很容易失去灵魂的系统支持，那么这个社会必然走向溃败。

*

教师的成长之路是一部漫长的心灵之旅。

这个旅程是从阅读开始的。

我所理解的教师阅读，至少是遵循以下原则的：

一、读书是为了提高个人的人文素养。教师的阅读范畴应从教学法拓广到不同学科，最终返璞归真，举一反三。

二、攻读经典。读最好的书应当是为师者身体力行的职责。不在于读很多，而在于读最好的。即使有一些书很难轻易地读进去，但也要设法去读。

三、用最少的时间读最多的书。教师的时间很宝贵，因此，需要选择一种合适的方法，提高效率。

四、结合校本培训进行阅读。校本培训的核心是提高教师的教育水平，健全自身的人格，因此，阅读应当有的放矢。

五、校长要带头读。现代教育要求校长必须成为真正的教育家。因此，阅读应从校长开始。

*

我们为什么要读书?

有一个故事：

甲猪与乙猪在一起生活。

突然有一天，乙猪开始读起书来了。

甲猪不解，问为何故，乙猪说："我想做人。"

甲猪说："你看我们——圈子变得越来越干净舒适了，饲料也越来越精良了，这样不是挺好的吗？"

乙猪说："猪只晓得快乐，而人还能幸福！"

*

读书的四大原则：

一是无所为。就是毫无功利地去读书，只是为了吸收成自己的精神营养，提高人的心灵品质和生命品质。

二是深入读。就是读少、读精、读透，每年选择三五本好书，把它嚼碎了、吞下去、消化掉，坚持不懈，人就慢慢变得具有可读性了。

三是交朋友。找到一本好书，最好找气味相投的人一起读。

四是少吃快餐，多吃正餐。杂志、电视、网络、电子书等，虽然很方便，但都属于文化快餐，不能过于依赖，快餐是无法替代正餐的。

*

养成读书的良好习惯：

一是手不释卷。最好是每天早晨用30分钟读书，因为黎明的晨光，是养育心性最好的药物，此时读书，多了清气，少了躁气。

二是批注。批注也不必贪多，每本书大概批注36处即可。具体批注方法见示例（由专家组提供的每年6本书）。

三是抄录。对自己确实有启发的句子、段落，可将原文抄录在笔记本上，抄得多了，内心世界就丰富了。

四是创造家庭书香氛围。每一个家庭成员都把读书挂在嘴上的家庭，才是阳光、和谐、清雅的家庭。

*

如何选书？

一是兴趣。只要自己有兴趣即可，不必纠缠于专业不专业，专业通常都在专业之外。

二是攻读经典。一个人一辈子，还是需要读几本经典的。所谓经典就是经过了百年以上时间的检验，仍然熠熠生辉的好书。

三是请高人推荐。与其乱读书，不如请高人推荐，毕竟他们是在书海里捞到过“鱼”的人。

*

阅读只是一种私生活，好像不可以当作一场“运动”。

按照我的经验，一味倡导阅读，往往是乏力的甚至是无效的，原因是未回到生命深处来审视教育之价值，顶多算一种知识分子式的情绪而已！

在学校教育中，因为比阅读更重要的是个体生命悟感的激扬，以及养成智力活动的习惯（如体验、感悟、反思、创造、独立思考等），这是教育的本体。那么，阅读，就应当是教师和学生自主选择的范畴，是必要的，但不应是强制执行的教育内容。

*

曾国藩忠告后辈：一是大量快速读，不多读则陋；二是温旧书须背诵；三是作文宜苦思，不善作如马之肢不能行；四是习字有恒，不善写如山之无木。

*

如果确实要我“犯错误”，给教师和家长开一个书目，前提是，大家不要太当真，一笑了之。前一段我给全国养成教育实验学校的教师们列了一个单子《我的私生活——教育者的自我觉醒之旅》，很多人觉得不错：

1.《教育的目的》（怀特海著）；

2.《中庸深解》（作家出版社）；

3.《我的人生哲学》（王蒙著）；

4.《可怕的对称》（湖南科学技术出版社）；

5.《汉字艺术之美》（蒋勋著）；

6.《小王子》（圣埃克苏佩里著）；

7.《从头到脚说健康》（一、二，曲黎敏著）；

8.《怎样写文章》（王梦奎著）；

9.《穆斯林的葬礼》（霍达著）；

10.《小逻辑》（黑格尔著）；

11.《高效能人士的7个习惯》（中国青年出版社）；

12.《包容的智慧》（星云大师等著）；

13.《教育走向生本》（郭思乐著）；

14.《罗曼罗兰文钞》（广西师范大学出版社）；

15.《柳斌谈素质教育》（北京师范大学出版社）；

16.《唤醒巨人：成功教育启示录》（孙云晓著）；

17.《追梦人》（陶西平著）；

18.《教育是没有用的——回归教育本质》（林格著）；

19.《中国智慧》（易中天著）；

20.《课程的逻辑》（钟启泉著）；

21.《美丽的教育——写给班主任》（孙蒲远著）；

22.《中国大趋势》（纳斯比特著）；

23.《经典常谈》（朱自清著）；

24.《杜威五大演讲》（安徽教育出版社）。

注：第一批为24本，读书方法和习惯可参考我讲解的精读技术、阅读计划尝试推进。

*

所有生命都在自我更新，如知了褪壳、蛇蜕皮，又如竹子拔节、大树向上生长。人，作为一个生命，也在不断自我更新，**与动植物不同的是，人的生命更新在于阶段觉悟，这正是学习的本质**。我所倡导的扎根的教育，正是注重内在根性与觉悟的教育，其实现的途径是不断唤起人的自觉。

毫无疑问的是，阅读作为人一生中最重要的精神道路之一，伴随着不同阶段的自我更新，伴随着人内在根性的生长。

就阅读与内在根性生长的关系而言，阅读课程，大致可以分为三个层次：

一、童蒙养性。

童年是一生的原动力。因此，童年的阅读很重要，每一本书，都会在孩子的心里种下一枚种子，心性的种子。比如，童年时买的第一本书对人的价值观影响是深远的，我童年那个时代书籍贫乏，能拥有自己的书不易。我自己买的第一本小人书是《灵芝姑娘》，是讲传统文化人格的，9分钱；第一本书是《智海浪花》，是智慧故事集，3毛钱。近日从旧书网买回，感慨万千。

二、少年养志。

人类的实践证明，少年时期的梦想要足够大，志向要高远，才能克服青春期的自我挣扎的困难。

这个时期的阅读，最要紧的是“养志”的阅读。哪类书是养志的呢？

多年以前，我曾经组织了一个大型的阅读与人生的调查，曾以“究竟是什么书让你的人生充满光彩？”访问过数百位各行各业的中坚人物，经过研究后，形成了一个有450本书的必读书目。惊人地发现，450本书中排在前面45位的只有两类：一类是名人传记；另一类是处世修养类。

三、成年养德。

德，是内心秩序。阅读养德，即通过阅读实现自我的不断觉悟，奠定人文素质以及内在精神的结构。需要说明一点，其实什么书都可以读，但是最好在心性、志趣基本稳定之后……在此之前，读书有一定的方法和原则，以后继续探讨这个问题。

*

每天睡前，我都尝试读几页古籍，看着看着就睡着了，具有很好的催眠作用，我能感觉到这个习惯给予自己的力量。估计现在大多数人不愿意读老书了吧。其实，不管是什么习惯，养成一种精神习惯，在这个焦虑的时代，其实很要紧。有了一个自己独特的精神习惯，时间长了，人就有了特色，内涵的特色，有了这种特色，在人群中一眼就能被识别出来。

人的精神习惯很多，除了读书，还有感悟、反思、体验、写作（包括微博）、收藏等，均可作选项。

*

古人为什么很少有近视眼的，有记载的除了王安石（估计是先天性近视）外，从未闻古人近视，即使“凿壁偷光”，即使“秉烛夜读”……大抵是因为古籍字大的缘故吧。且，汉字具有世界性的独特魅力，最好的读法就是一个一个字读，充满敬畏字纸之意味，少就是多，不必贪多。

我们处在一个信息过度、搜索引擎统治世界、粘贴文化盛行的时代，如果我们不能管理好信息，可能内心会是很慌乱的，更可怕的是，人也渐渐会失去思想性。人没有思想，做什么事情都会一般化，都会流于表面，都会急功近利，都会因为不能找到问题的核心和核心的问题，而迷茫、痛苦、不知所措……

*

读古书，读经典，并非回归传统。真正的回归传统，是回到民间，回

到人群中去，不是为了复古，而是为了更好地面向未来。但读古书，读经典，却可以让人的精神品质变得沉着、寂静，毕竟是与传统对话，与古人切磋。

当下，教育界很流行阅读经典，如果那只是一种复古形式，其害无穷，其结果就是走向一条死路，这是有历史教训的，确实值得警惕这种“一窝蜂”现象。阅读经典的实质是面向未来，是从中国传统文化价值中，找到能适应新时期的新价值，从这个层面上来理解阅读经典，传承文化，才是可能的也是必要的。

*

倡导读书，在这个时代显得特别无力，但我还是要倡导读书。因为，我坚信一个人读了什么书，很奇妙地会影响他的内在品质甚至命运。

编辑、作家崔道怡先生说：人都生活在物质和精神两个世界里，书是精神世界中再现物质世界的载体，因而凡是具有一定文化素质的人，都时常生活在书里，读书才能过更有趣的生活。书，关乎人的生命质量和命运走向。人一辈子怎样生活，生活得怎样，就从他与书的关联开始。

*

读书的精妙在于宁缺毋滥。

人一生中总要读透那么几本书的。所谓读透，就是选定一本厚书，吞下去，慢慢消化，直至烂熟于心。这里的厚，不是多少页，而是文化的厚度与价值性。记得大学时期我吞过并受益终身的书有：《道德经》、《传习录》、《饮冰室全集》、《红楼梦》、《资本论》、《小逻辑》、《系统思想》等，其中有两本书我甚至全文抄写过。

读书不贪多，读透了一本两本，反而才能达到触类旁通、举一反三的效果。前两年，我大胆主持了校长研修之教育经典解读课程：《老子深解》、《大学深解》、《中庸深解》、《庄子深解》、《论语深解》、《六祖坛经深解》、《我看黑格尔》、《我看怀特海》、《我看卢梭》、《我看苏霍姆林斯基》、《我看杜威》等课程，大抵都是因为原来吞书所带来的"效益"。

我建议一个人的书架上，并不需要很多书，但一定要精、稀、真，每一套书都让自己心有爱意。

*

清代文人张潮《幽梦影》云：少年读书，如隙中窥月；中年读书，如庭中望月；老年读书，如台上玩月。看来我还是一少年也，因为我总是隙中窥月，何时我也可以庭中望月或者楼台玩月呢？

北大教授孔庆东说，一辈子要读几本硬书，读硬书时很苦，但读完了，你会感到非常幸福快乐。因为世界上的大师你给拿下了，你这一生可能都不会遇到他，但是他的作品和思想必然会在你将来的工作中跟你相遇，这时别人都忘了，大部分人根本就没读过。

孔庆东这个"硬书"用得好，所谓硬书，就是看起来没用的书，就是经过了时间检验的经典的书，就是看起来不那么容易的厚书。只要每年读那么几本硬书，日积月累，人生的汽车底盘就会扎实、深沉，否则一上高速路就会发"飘"。而所谓人生的至高境界，实际上就是读了硬书之后的"一览众山小"。

*

教育精神的实现，很多时候需要通过一种物质的力量来实现。马克思说，思想理论一旦掌握了群众，就变成了物质的力量。

在我看来，教育的意识也可以转化为物质的力量，物质一旦通过人的生命意识的参与（格），就变成了有意义的教育，所谓“格物致知”。

在家庭和校园中，对任何物具，如大树，如木器，如玉，如紫砂壶，人们赋予其特别的一种生命意义或文化内涵，然后用自己的生命去养护它，反过来就产生一种正能量养护你，心即有所安放了。

一是家庭文化。教育做到极致就是文化，而家庭文化的最高境界则是，只需要做好物质空间的构建。举一个例子，在家庭文化中，最具深化价值的是“书房”，好的家庭一定有一个好的书房。收藏家马未都曾讲过一个理想，建造一个大书房，黄花梨架格，紫檀书案，散发香味的樟木书箱，再挂上康有为的龙门对：读万卷书，赋万首诗，算称名士；供一瓶花，留一窗月，如对美人。

二是校园文化。举一个例子，校园文化中最重要的是种大树。白居易的《寓意诗》：“养材三十年，方成栋梁姿。”就是说：培育了三十年，才成为栋梁之材。校园中，当有威武之大树，无论老学校还是新学校，若有超过直径15～40厘米的大树数十棵，最好是珍贵的树种，本身就是一种教育财富。之所以强调大树，珍贵树，是因为格调与气候问题，这里不细说。

*

最近花了一些时间来研究中国红木家具和古建筑文化，其中机关真的让我受益匪浅。

人与人的关系，如卯榫结构。我国古代的红木家具文化与建筑造型，有一个精湛的精神形式——卯榫结构，你中有我，我中有你，这一制作方法具有高度的、精确的技术性和科学性。从卯榫结构中，我们可以领悟到教育的本质是精神上互相结合与滋养、依靠。

教育其实就是处理好几对关系——物（知识）与物（知识、人与物（知识）、人与人、人与自己等。而处理好这几对关系，确实需要一个机制，很多学者认为中国传统文化因为缺乏逻辑推演的传统，很难建立高效的机制。

从卯榫结构的精巧创造上来，我们的祖先并不缺乏建立机制的智慧，并且具有中国代表性智慧的“中和精神”，也提供了理念上的支持。

*

坐在高高的谷堆旁边，听妈妈讲那过去的事。“妈妈”讲的故事是什么内容是不重要的，重要的是“在高高的谷堆旁边”，这会对“我”的一生发生影响，这就是物质所承载的美感意蕴对人的影响。

人的教育，就是在生存的环境中对其进行感染的过程，这种感染通常通过物质来实现，其实质是对美的追求、创设和利用，使人享受到物质文化之意蕴，这是不教而教的最终实现，从而激发出人的美好情感和精神意志。

在古代中国，藏书楼和书院就是这样一个道场传统。最近以2.16亿元成交的宋代古籍《锦绣万花谷》，就是江南最为知名的藏书楼“过云楼”的藏品。过云楼为清代苏州顾家藏书楼，经六代人150年的传承，藏书集宋元古椠、精写旧抄、明清佳刻、碑帖印谱800余种，时有“江南收藏甲天下，过云楼收藏甲江南”之美誉。

*

人年轻的时候，会认为形式是次要的，内容才是关键。只有当人的文化水平达到足够高度时，才会发现：形式通常是大于内容甚至也是高于内容的。正如理论虽可以服务于实践，但实践是高于理论的，因为唯有实践可发展、推演理论之形成。

木桶大于甚至高于水，才能盛装水。木桶是“形势”，也是形式，而水是内容。教育内涵改革的时效性取决于能否做成“形”做成“势”，形成格局。课程的生成之道也是如此，定位、目标、内容固然重要，但忽略了形式，就无所谓课程了，反而是热闹而无效的教育作秀了。

所谓形式主义，实际上是某一种哲学的概念，也许并非普遍性概念。导致形式主义的原因是因为为形式而形式，属于单一的形式崇拜。避免形式主义，一般来看要具备系统的观念、推演的逻辑以及务实的梯进目标和评价标准，才能又“好看”又“好吃”，形式内容相辅相成可谓为通透。

*

提升生命和灵魂质量，就要拥抱生活，拥抱大自然，享受上帝赐予的自然成果和人类自己创造人文成果，当然这里是指审美意义上的享受，而非吃喝玩乐。

换言之，发现、欣赏、把玩一切美的物质或者艺术，是享受生活的起点，也是充实精神的必要。

*

享受生活说起来容易做起来不容易，很多人说我很忙没有时间啊，是呀，“忙”，就是“心亡”了，心死了何谈生活？其实，“閒”（闲）是一种心境，繁体字中“门”内一“月”，依靠在门上看月亮，与是否有时间无关，与闲静的心境有关，“閒”方有生活。

其实，我们拒绝别人时经常会说“我很忙”，潜台词是“此事不重要”。**凡重要的事情，总是有时间的。问题是什么事情是重要的呢？**

*

关于生活，德国哲学家海德格尔有一个重要的观点：人应当诗意的栖居。所谓诗意的栖居，按照东方人的看法，就是让灵魂高高地站立起来，灵魂居于高处方能看云舒云卷，方能悦纳三十里陂秋色。人生那么短，为什么不能让灵魂自在自由并且高贵呢？

享受生活并非玩物丧志，也非声色犬马。庄子言“不为物役”，是看空，是无，是指放下精神负累而使自己的生命更加富有力量，不执着但坚持欣赏赞美，正如慧能所说“应无所住而生其心”，生活的意义在于心灵的富足与自由，过眼过心即拥有。

当然，我的观点是，生活的美感，确实需要物质来作为载体，特别是经过时间渗透、编织的物质，越把玩越润泽，时间越长越有价值。这种价值，是养人的，是传达美的真谛的。

正如美学家所说“任何物质经过人的思考，就会产生情感”，但，又不能执着于物质，超市里的萝卜，和菜市场的、野地里生长的，没有什么区别，只要新鲜，善待珍惜之，一片一片精心做成美好的食品，都是美的实质。

*

当我们把自己的精神和思想融解到一个物质里面，物质也就有了生命，这个你赋予了生命的物质与你就开始了生命之间的呼应、对话，反过来滋养了你的精神。即如对着一盆花微笑，和一只小狗说话，和一匹马凝神相对，佩戴一块玉，把玩一套书，收藏一套家具……它们就有了类似的人性与心灵。

物质，是人通往自己精神深处的门路，人活着是为了精神不是为了物质，但必须经过物质，才能渐进到精神的层面，没有别的选择。当然，主要原因是，任何的物质都是人的意识创造出来的，物质的存在价值和美感，是人创造并用来享受的，如吃下自己精心做的一顿饭，每一片菜叶，然后在它们的营养下笑和生活。

*

德育的出路，先从物质上的改变，进而逐步引起精神上的改变，这符合人性之特征，而反之直接要求精神提高，就会变成假大空式的说教大道理，中国几千年来德育的弊病就在此。而选择从物质到精神，由表及里，对美的不断感受，阶梯发展，人往高处走，沿着阶梯走。

物质可以分为自然物质和人文物质，自然物质是自然造化的，而人文物质是在自然物质的基础上，进行了人的精神参与创作出的，是人类文明的成果。以物质养人，养人则养心，特别值得教育者深思。

*

关于价值观，马未都说，一个名牌的手包，其物质价值不足千元，却要卖几万元，卖的是其品牌的价值，这就是无形大于有形；一个苹果iPad几千项专利，卖不过一副潘家园的手把核桃，这就是文化大于科技。意味深长的话语，这两个“大于”揭示了价值观的核心问题。值得深思。

今天到一位老朋友那里看老榆木家具，遇见新加坡的一位朋友，他是新搬到屯三里的，他说他就喜欢老的实木家具，因为这些家具的背后是文化，西方的一切品牌包括家具中的品牌则是奢侈生活的象征而已，缺乏玩味的乐趣。

不同人的眼里，价值观是不同的，不可强求，要多加包容，但不同的价值观决定了一个人不同的生活质量和精神主张。

*

膜读先贤书，温习历史经验，阐发思古幽情，追求会古通今的乐趣，当然是高级的精神享受，也是现代人进行自我教育的理想途径，其中书画真迹、古籍善木和文房器物，自然是品味古意的最佳物质选择。

*

为什么很多基督教国家的离婚率比我们国家要低得多？

大概是因为基督教国家的人们结婚的时候，都有一个在教堂里的重大仪式以及当众承诺，教堂婚礼作为一种形式可能客观上坚定了结婚的核心“内容”：对爱情的信念。

*

北大校长周其凤在母亲做寿时按照湖南浏阳的风俗当众下跪，是一种形式；

57岁的童话大王郑渊洁坚持为80岁的母亲洗脚，是一种形式；

……

以前我们一直认为形式是次要的，等到长大了才知道，形式是大于内容的，因为形式或者仪式让内容有了容器，有了存活的空间。否则内容也是没有意义的。

皮之不存，毛将焉附？

*

教育的最高境界是对人类文化的继承与创新，其核心是“价值观”。

我敢断言，未来三十年，中国教育将在这个方面遇到巨大的瓶颈，使中国教育改革迟滞不前。

而教育质量的提升与教育价值观的建设是相辅相成的，许多教育工作者并没有意识到其根本性，至少有些校长都没有意识到我们现在最需要做的是什么？

文化价值的继承与创新，是中国本土教育理论亟需突破的重大问题。

*

德育的实质是学生美好的学习生活。可以说，不能促进智慧生长与精神愉快的德育是空洞的，甚至是不存在的。单纯的道德教化恐怕只能停留在口号上的。

有人认为德育就是思想品德课，当然是一种巨大的误解，思想品德课仅提供道德认知，并不负责“深入人心”，所以并非德育的全部内容。

德育是学生享受学习生活的过程，更是学生内心秩序的自我建设自我发现的过程，实现德育的主要是通过激发兴趣、引导文化审美以及组织活动来实现，是“开”心的工作。

*

教育成功有一个重要标准是“心情好”，注重学生心情的教育才是真教育。

每一个孩子都是“要好”、“想好”的，但由于我们教育者的一厢情愿地“控制”，那种与生俱来的“想”和“要”就被掐灭在我们的手里了，许许多多的孩子因此厌学甚至厌世，或者对学习失去了信心，或者学习成绩不理想，其结果都是被逼进了“失败的自我”之黑洞中，到此，我们的德育就可以宣告失败了。

*

浙江省委宣传部副部长胡坚说：一位摆馄饨摊的中年妇女特别喜爱越剧，哪里有演出一定赶着去看，还把辛辛苦苦挣来的钱都买了戏服，穿着唱戏。她说，有越剧相伴生活很充实很幸福。在同等经济收入的人中，爱好文艺或其他文化形式的人，幸福感一定更强。文化能陶冶情操、愉悦身心，让人在平淡中品味多彩，在奔波中找到安慰。

德育的另一途径是文化陶冶，即通过文化物质、文化活动或者文化环境的潜移默化作用，人的内心就会被一种文化填满，这个时候人便可以更加接近幸福。这一点，特别值得校长、班主任、家长深思。

*

未来十五年，当人们吃饱了、穿暖了，也渐渐会从“比房”“比车”的一窝蜂中走出来，开始寻找精神食粮，比如古代艺术品、藏书、和田玉、名家字画等等，这时，对人们来说这成为最重要的东西。而到那个时候，精神食粮将会变成另外一种刚性需求。而中国香港、台湾，日本甚至美国在上世纪六七十年代都曾走过一段路，我们的现在，正是他们的彼时。

所有精神食粮都有一个共性，那就是“文化”这个词的“文”。人类生活中，万事万物都必须有“文”的渗透，才能使人们感受到生活的美好、享受到人生的价值。可以说，人类从原始蛮荒社会进化到现代文明社会，每一个进步都应该归功于“文化”的结果。

人在艺术品中，继续文化，这几乎是人类的宿命。

*

活法，是一种玩法。

早年无意间接触了京城最后一位玩家——王世襄，他让我着迷。王世襄平生玩的东西五花八门，从蟋蟀、鸽子、大鹰、獾狗、掼交、烹饪、火绘、漆器、竹刻、明式家具等一路玩下来。在一般人眼里，架鹰走狗斗蛐蛐是游手好闲的市井之徒所为，而王世襄年少时颇有燕京弟子遗风。但他与一般玩家不同的是，不但能玩，而且能玩出学问。著名画家黄苗子说他“玩物成家”，启功说他“研物立志”。

作家王开岭认为，文化史上有两类名士、两种心灵，皆有人间大爱，但气质迥异：一类属药，让你舌下含苦、两腋起风，精神陡然冷肃、峭拔起来；一类属糖，让你爱意涌体、蓄乐生津，抛却世间险要和烦忧。前者如鲁迅、胡适、郁达夫，那一代文人多属此列，即便“闲适”如林语堂者也不例外。后者则是极单纯、极通透和快活的玻璃人，此类人稀少，除王世襄，甚至难觅同辈搭档。后者，甚至直接成为“热爱生活”的依据，没有他，人生即有釜底抽薪的虚脱感。

我也极力倡导教育界读王世襄的书，因为读后你会突然醒悟：快乐如此简单，趣味如此无穷。甚至你会情不自禁地说：“活着真好！”在王世襄的众多作品，我最为喜欢的是《自珍集》和《锦灰堆》，这是我床头必备的两套书，百读不厌，日日触摸。

*

教育就是引导人们去感知、发现、创造生活之美。

民国时期，王国维、蔡元培、鲁迅、朱光潜、陶行知等大先生都曾先后提出以美育替代德育的重要观点。

特别是张竞生先生，他提出了“美的人生观”、“美的社会组织法”理论，是中国20世纪美学史上第一个从实践角度较为系统地思考美育问题的学者，尽管因为他“冒天下之大不韪”出版了《性史》，被妖魔化为“性博士”，但其对“美的教育，美的人生”的提出，是具有划时代意义的。

可惜他们都因为没有找到一个操作系统或者具体物质化，没能实现这个宏愿。有待后人再行探索和实践。

*

天地有大美，美是自然的终极法则，也是人文的和谐统一。美，滋养人的心灵。

而美的实现，一般有三个相互影响的途径：

第一是礼仪。中国的核心思想是“礼”，古人认为，合乎“礼”为美，中国自古以来崇尚“礼”的文化，衍生出仁厚、包容、感恩、善良之高贵精神。

第二是信仰。美本身就是一种信仰。人因为有了信仰，而得到深度的满足，人生才变得丰实。如今，为什么很多人精神空虚无助，概因没有找到一种皈依。

第三是物质。无论是礼仪，还是信仰，人类对美的追求精神，最后会落实在美的物质具象上，比如艺术品。艺术品因为人的心灵或者精神的再度参与和溶解，会产生出一种更高级的美感，这种高级美感，能提升人的品质和层次。美最终得以实现。

*

钱钟书说，很多人认为聪明的人才会成功，其实，不是的。很多聪明人做事情并不能成功，原因有二：一是他们没有找到自我价值体系中最重要的事情去做，却去做一些在他的价值观体系中不怎么重要的事情。所以他们内心缺少全力以赴的动力。二是不能下笨工夫。

*

我所倡导每个家庭和学校创建“教育物质体系”，其实质是美的教育，就是引导人们去体验美、发现美、创造美，并且具体化、体系化，这样的教育，要远比道德和道理高明得多。正如一位未谋面的上海朋友所说，美是一种和谐；美是由五官感知，生性得到愉悦的一种体验；美是由内而外散发的一种神奇的魅力，令人见了还想见，得到了会格外珍惜的精神或物质。

将教育的空洞与虚无，转化为具体的物质文化建设，从而使之成为每一个生命成长的精神土壤。这是家庭教育和学校教育最高的境界，所谓此时无声胜有声。

而教育物质的选择、建设，至少有几条是需要遵循的法则：

一、时间法则。教育物质最有价值的是时间。即凡物皆有岁月痕迹、历史价值，只有在旧的时光里，才能让人产生温暖感。

二、内涵法则。与教育的内涵高度一致，关乎人文，以化成天下，所选择的教育物质须具有深厚的文化内涵，而具有文化内涵的物质，才是值得建设或者拥有、把玩的精神食粮。

三、美学法则。唯美，须是美轮美奂，让人接受一种物我相亲的生活美感；唯真，拒绝伪劣，须是真实、真诚之品，方可归纳；唯精，宁缺毋滥，在同类中也是精品；唯稀，物以稀为贵，因为美学法则的最终会呈现为具有一定的经济价值，虽然是顺带的，但也是必要的。

四、体系法则。自成体系，才能深入研究之，使之成为一个特色或者专题。发挥体系的力量，在体系中的积累和优化，才能成为“气候”。

总而言之，所谓教育物质，就是温暖人心、富有内涵、可以传承的价值实体。而养成教育的最高境界在于学校或者家庭教育物质体系的生成和构建。

*

无论儿童，还是成人，德育教育的出路，都是先从物质上的改变，进而逐步引起精神上的改变，这符合人性之特征，而反之直接要求精神提高，就会变成假大空式的说教、大道理，中国几千年来德育教育的弊病就在此。而选择从物质到精神，由表及里，对美的不断感受，阶梯发展，人往高处走，沿着阶梯走。

养成教育，究竟是从行为着手，而渐至内心，还是从意识着手，渐至外在，这一问题值得思考。比如，一个随时可能尖叫、动作较为粗糙的女生，因为带上一只手镯，开始是因为怕磕坏，动作变得舒缓，时间长了，舒缓变成一种习惯，渐渐地内心也变得静谧、有度。习惯，是因为行为养成之后，最后变成一种性情、一种意识。

*

各个行业的话语权是怎样形成的？过去我们认为，有权、有钱、有名就有话语权，但纵观全球，这三者在不发达国家确实是“硬道理”，而在发达、文明的国家，话语权却由掌握了核心价值观的人所拥有。

和朋友聊天，也谈到价值观，如今，没有人愿意天天谈貌似高深但虚无空洞的理念，能起作用的价值观的传达，主要依靠能感知、体验、发现、创造的美丽具体。故价值观的建构和落实，需要物质和环境来呈现，以引领人们上升。这一点对于学校文化建设至关重要。

*

马未都说，我们民族的文化心理中，有对物特别感兴趣的基因。比如，说刚买了一件衣服，马上他问什么料子的，过去都是纯毛、纯麻、纯丝的。一说黄金，24K的。一说家具，紫檀花梨的，很物化。

意识形态、价值观、行为模式等文化要素，最直接的生成、化育、沉淀途径是物化。无论是家庭还是学校，教育的高度，往往取决于文化的高度，不同的文化培养不同的人。有一点是明确的，如果要培养有美德的人，只有这一条路是具有操作性、现实性的。

*

最优秀的文化，都是玩出来的，且越玩越精，越玩越美；中国人最好的聪明才智，也都是玩出来的，且越玩越全，越玩越多，才有了源远流长、博大精深的传统文化。

因此，读书教书之余，把玩一些小玩意（我命名为“教育物质”，也是养成教育之载体），玩的是一种意趣，玩的是一种智慧，玩的是一种学问。

*

美是人通往心灵深处的一条路，不断体验、发现、创造美的过程中，人一定会觉醒到本然的自我，因此，美是人自救的唯一出路。

而一切文化都是人心的产物，而文化和人文的精神都将附着于美的物质上。因此，教育物质理论的提出，为人性光辉的重新焕发、高尚人格的养成以及人类幸福的最终实现，提供了佐证。

*

作家池莉说，世界上所有好东西都能实行拿来主义，唯独文学不能。文学深深植根于本民族灵魂、肉身和语言，无论生活有多拧巴，无论有多艰难和冷寂，坚持直面现实是必须的。其实，除了文学，教育也是，教育只有深深植根民族本土文化，然后才能面向世界、面向未来、面向现代化。

*

天地有大美，只有美可以滋养和净化心灵。

李银河女士说，只有审美的生活才值得一过。所谓审美生存有三项：最浅的是对艺术和美的欣赏享用；其次，如果你是个艺术家，可以得到创造美的快乐；最深的是以一种审美的优雅态度生活，最终目标是把自己的生活雕刻成一件美不胜收的艺术品。

艺术是一个空间，是一个可以容纳心灵的巨大空间。记得以前读过一本书《静心：狂喜的艺术》，其中说到，静心，唯有面对生死病老方可觉悟其真谛。然而，我认为静定之道，也是可以修炼获得的，那就是“站在将来看现在”，然后逐渐放下自我，忘我于无功无利的闲雅之空间。

艺术的物质载体是艺术品，包括一块玉、一件旧瓷器、一件文房、一幅字画、一套藏书、一件明清家具，其本质的存在都是某一种艺术的空间。当我们去触摸它、爱护它，它就会呈现出生命的力量，反过来滋养我们的心灵。比如，有一件宋代青铜卧狮镇纸，满身尘埃，枯涩无光，后来经过王世襄和董桥先后用素净棉布潜心擦拭，连夜摩挲，古铜卧狮似乎慢慢苏醒，透出古穆英气。

*

中国传统文化是我们这个民族的精神血脉，过去一百年以来，尽管来自西方的理性文化和民族主义文化曾经冲击或者阻断了这条血脉，但“阻断”在客观上加强了其回归本位的力度。我们需要通过很多载体如汉字、古籍善本、字画瓷器、文房清玩等，将之传承下去，是民族生命发展之必要。教育的最高境界是文化，无论学校和家庭，都应当重新思考文化的积累传承问题。

举一个例子，最近重读清代雅雨堂木刻《郑氏周易》，谈到风水问题，风水乃人类文明史上最早熟的文化，代表中国古代建筑的智慧与意境，是对自然的敬畏、尊重和呼吸。《周易》既是现代科技文化的源头，也是自然科学与人文科学融合的中国传统文化巅峰。

*

有没有文化，与学历高低没有关系。

一套古籍善本和具有收藏价值的老版书，一块老和田玉，一张老榆木桌子，甚至一个书香家庭……任何一种教育物质，陈列在那里，其中都隐含了文化精神和文化传统的存在，它在不断提示我们。

而我们正是生活在这样的文化精神中，换言之，我们就是这样被物质所滋养、文化的。教育的最高境界，正是这种物化的“潜在”，这样的教育当然要比单一的说教深刻得多。

*

以前我谈到教育其实是一种“场”（这个场可以组成道场、气场等词组），而不是技术。山东一位网友说，这种“场”完全可以复制到别的地方，我们今天的教育已经很难给学生打造出这种“场”来，所以在学习这件事情上，有时候很难渗入到学生的心灵。如果我们能精心为孩子提供各种直抵心灵的“场”，让其慢慢吸收转化为自己的一种精神喜好，那不止能把成绩提上来，更可完善人格，开启自我心灵文化之旅。

“场”，通常由一些物质元素来构成。我曾提炼出和田白玉、上等木材如金丝楠木制的书柜、典藏善本（具有收藏价值的书）、竹子（包括竹雕文房）、大树（珍贵级）、兰花盆景、名家对联等十二种具有精神意义的教育物质，用于构建书房、校园、教室的主要物质元素。尽管这些物质可能价格不菲，但只要慢慢积累，就当作投资吧，文化的投资往往是最有价值的投资。

*

我所首先提倡的教育物质，是艺术品中那些具备教育价值、能帮助实现美的意义的精神食粮，虽然具有投资属性，但对于收藏者来说，真爱应该是第一位的，这是与其他投资市场的不同之处。

一个人如果收藏一件教育物质，必须对这个物质具有深深的喜好，喜好到了极点才会占有，这才是收藏的真趣。李清照在《〈金石录〉后序》中记述自己与丈夫收藏金石古籍之乐，“意会心谋，目往神授，乐在声色狗马之上”。

教育物质是具有历史、艺术、科学价值的历史遗存，是人类文明在传承中积淀的精华，是民族和国家文化的基因，是可以传代的精神食粮。

*

每一件美丽的教育物质，都隐含着大量的信息、知识、美感，我们拥有了它，经过长期的“藏玩”和“探索”，客体会消逝，会变成人的意识的一部分，当我们越深入，它们与我们的生命联系越紧密。而教育物质最重要的不是经济价值，而是提升我们的生命质量。

养成教育的最终归宿应当是文化，而实现文化育人的最佳途径，当是教育物质的选择、发掘和传承。于此，我乐此不疲，愉快潜行，在多年的探索中，不断发现新的品种、新的天地，说起来，实乃禀赋使然，但正是这些让我爱若生命、割舍则痛的精灵，安顿了我的心灵。

记得十年前，我给著名教育家孙蒲远老师的班主任工作专著，拟了一个书名《美丽的教育》，孙老师接受了我的建议。该书出版后，在教育界广为流传，被奉为爱的范本。现在想来，这个书名是比较好的，符合美丽的孙蒲远老师。在我心目中，教育永远是美丽的，只是，我如今想让教育的美感进一步变现为可触摸、可供奉的教育物质体系。

*

学校和家庭教育物质体系的倡导和实践，其真正意义在于传承、发扬传统文化，培育滋养心灵的文化土壤。而提炼、收藏和供奉教育物质，不仅是一种陶冶情操、怡养性情的个人行为，更是社会发展的一种自然选择。

真正的教育家，内心必藏有火种，当是以一己之力传承人类文明的人，通过对教育物质的传承、建构，引导人们感悟传统文化，提升审美水平，丰富文化内涵，凝聚民族精神，进而促进教育文化事业的发展。

*

近年我们所努力建构的学校和家庭教育物质体系。其宗旨是：教育的实质是美的教育，教育做到极致就是文化，人是熏陶出来的。其总体目标是：做看得见又能摸得着、好吃又好看的有灵魂的教育。

事实上，凡我们所从事的教育，如果没有触及美的生命、美的生活、美的物质、美的经验，那么，我们的心灵之花就会枯萎。美的实现是教育的最终目的。

而教育物质的美有两种：一种是“美极了”，但没有沉静感，就像十七八岁的美女，好像只能拿来幻想，不能娶回家做老婆；另外一种是“内敛美”，就像一块清代翡翠，美得沉静而不喧哗，它的美是在岁月的包浆中流露出来的，精光内敛，引人沉迷。

*

当代著名学者周国平先生说，人是通过往事获得灵魂的，正是被亲切爱抚的无数往事使灵魂有了深度和广度，造就了一个丰满的灵魂。

我所力倡的教育物质体系建设之中的“物质”，大多是有岁月痕迹的，往事在其中，因而抚摸、供奉、传承教育的物质，教育也因此就有了灵魂的载体。

*

教育，作为一种精神，很多时候是要藏在物质的背后的，而唤醒物质的生命，可抵达教育的深处，即“美”。

任何具有岁月痕迹的物质，都是有灵魂的。我们与有灵魂的物质对话，自身生命因此变得丰满、美好。

*

文化底蕴的沉淀与积累，是当前中国教育内涵发展的瓶颈问题。

而文化底蕴的获得，起点是对历史和文化的一种积极态度。马未都先生说，无论如何，依旧“春暖花开，面朝大海”，是因为这个大海，就是中华民族浩如烟海的历史与文化，就是我们逝去的和健在的民族与信仰，尽管我们今天的社会有着这样那样的不足和困境，但我们的民族依然乐观，依然前行，在不满中寻求满意，在苦难中追求幸福。

具体而言，一个人文化底蕴的来源和培育，其过程往往是对艺术品、对美的物质的一种向往和拥有。其中包括：审美表现和精神享受，提升品位，陶冶气质，培育成就感和满足感，并引导人们向历史深处走去，向内心深处走去。只要其中一点实现了，可以说就实现了自我教育的价值。

*

人生中，“选择”最大。张五常先生说：“问题有重要与不重要之分，做学问要从重要的入手，选则不重要的问题下工夫，很容易转眼间断送学术生涯。”选择的实质是价值观问题，选择爱人、做学问、选择教育物质均如此。

而对于“教育物质”的探索与收藏，过程比目的更加重要。林语堂先生在《生活的艺术》中有一句名言：“在灰烬里拾到一颗小珍珠，是比在珠宝店橱窗内看见一粒大珍珠更为快乐”。

*

教育的本质应当是可以触摸的、可以感知的、可以创造的一种美。“乾坤一草堂” 中国教育会馆的定位在于：寻找真正的教育。而“真正的教育”往往存在于这些可养心的、有温度的教育物质之中，每一件物质之中的前世今生构成了滋润人心的文化具体，人的生命价值因此而得到激扬。

教育是一种存在，是具体的，而不是停留在唠唠叨叨的“道理”之中。教育做到高处，一定可以达到一种化境的认知。人的学养，一定是在一种物质构成的“场”渐渐生成的。

*

人的浮躁是因为内心沉淀的东西少，一件小小的事情就可以让他焦躁不安或者暴跳如雷。构建优质的学校文化，就是形成一个高质量的人文空间，让师生在这种宏大、深沉的空间里，不断沉淀他们内心最为缺乏的东西，从而形成稳定的文化品格。

教育做到极致就是一种文化，但文化是不能直接拿来解决问题的，教育者只有放下功利，走向心灵深处，才能真正实现自我觉醒。

文化，是要溶解和沉淀到内心深处的，稳定于心，幽然而美，它就会不断随时生发我们所需要的一切智慧。文化沉淀最重要的途径是美育，它存在于美的发现与不断探索之中，这就是我主张教育物质建构的原因。

*

教育物质之所以珍贵就在于它的稀缺性和唯一性，许多作品都是仅此一件，它常常会与你不期而遇，然后又稍纵即逝，你若把握不住良机，也许就会成为永久的遗憾。

“缘分”是教育物质收藏的真谛。一件好东西往往是在不经意间突然出现，令人猝不及防，当你梳理好精神筹好资金准备去取时，它早已被别人捷足先登或是已经消失得无影无踪了。所以当你遇到一件心仪的作品，并且又有专家或文献能证明这是一幅好作品时，关键时刻需要勇气。

对于收藏之道，艺术品鉴赏与投资专家吕立新先生将其精准地总结为“从无到有，从小到大，集中精力，逐个收藏”。除了价值回报，他更愿意体会收藏的快乐，因为他把投资看作是一项智慧的行为，而不是一种负担。吕立新还说，“没胆量就别碰艺术品”，这话听起来有些刺耳，但实际情况确实如此，如果还不具备这种心理承受能力，那就暂时先放一放，否则，不就是自己在找罪受嘛。

*

谈到如何确定一件艺术品的适当价格。

我多年的经验是，即使同一位大师，其作品的出处、艺术品的状况、真实性、新鲜感和稀缺性、品位将直接决定价格。

事实上，不仅仅是艺术品，世界上一切的事物都有价值性的问题，都应当从几个方面来理解、把握其关键的本质属性，进而把握其真正的价值。

*

中国文化的层面非常厚重，我们从某一个角度讲，书本上的东西都是单薄、肤浅的，文化的最佳容器应当是具有文化内涵、时间痕迹、美轮美奂的“物质”，正如黑格尔所说的“美的证物”。

教育的最高境界是，当我们所有的感知器官都被物质之美调动或者启发的过程中，将会养成一种宁静气质与文化器量。而这一点是之前所有教育理论未曾涉及的。

*

教育物质美学的一个价值观是“极端之美”，“乾坤一草堂”所珍藏并推出的每一件教育物质都是符合传承性、具体性、独有性、顶级性等特征，由于符合以上条件者存世极少，故寻找过程充满了体验、发现、创造之快乐，每一件都来之不易。

我们愿意把这种深刻的快乐通过美好的教育物质，传递给我们周围的人，做有温度的教育。从我们的每一位教师、校长、家长一点点做起，渐渐地就能抵达教育的本质。

*

教育物质美学的原理是，好的东西是纯粹的东西，一流的东西才能培育高尚的心灵。

美育的核心是心灵，只有美，包括艺术美、自然美、生活美，方可提升心灵之品质，人格之质量。

好的物质载体，必须满足以下五个要求：一是纯粹性，色泽干净，简单直观，给人以深刻印象。二是技术性。“工夫”是不可或缺的一种审美特性，没有“工夫”，难以让人赞叹。三是材料独一无二。四是超然。超然于俗世普通品。五是唯美。无论如何，一幅艺术品所展现出来的视觉效果首先应是美的。

*

近些年，之所以时常谈到古书、美玉等教育物质，是因为我们正在构建的教育文化理论实践体系，这是当代中国教育内涵发展的顶层，必然涉及教育物质美学的深度研究，格物致知，物以载道。

万物皆有灵，人与物之间的沟通是灵魂层面上的感应，所谓“物我相融”、“格物敬天”。而只有任意把玩的“教育物质”，于近距离接触的过程中，才能滋养人生。

*

大教育家、南开大学老校长张伯苓常讲：“人可以有霉运，但不可有霉

相！越是倒霉，越要面净发理，衣整鞋洁，让人一看就有清新、明爽、舒服的感觉，霉运很快就可以好转。”

我们通常会认为先改变人的意识，然后改变人的行为，而在生活中，往往是相反的，由外而内，由行为而改变内心，恰恰才是可能的，反之，则很困难。这也正如，美好的教育物质对人的内心的影响意义。

*

具有价值属性或者文化传承属性的物质，都是带有能量的。个人的体会是，在美好的物质中培育感情，给内心补充一些营养，这样就能获得一种内心的力量。

我们可以从一棵树、一块石头中获取能量，也可以从一颗古代玉珠、一页古书、一幅书画作品中获取能量，它们都是教育物质，它们对人都有一种深切的关怀，都有美好情感的流露，通过我们的感悟、思考、积累，我们的心灵因此会变得高贵、丰富、自由。

美，终将成为教育的一个现实操作系统，而美只有通过教育物质这条通路，具体而鲜活地呈现于我们的眼前，我们的五种感知器官也因为美的可观察、可触摸、可感悟，而被调动并激活，人的生命因此变得诗意盎然、丰富宛转。

*

人心易散漫，故而常常需要借助“物”来聚会精气，教化行为。载物于道，为养成教育之术也。

安妮宝贝说，自己平素生活俭朴，但也应能无所拘束地使用手工精美的器物，此乃心与物的惺惺相惜。惜物，惜缘，一种情分。

*

真正的美，是一种不蓄意的使人震惊。教育物质理论实践体系的精髓在此。大美，方可引人通向一种不自觉的心性修炼与文化熏染。

可以说，美是教育的门路，找到了这个门路，才有可能逐渐接近教育的真谛。毫不讳言地说，对于美，所有人的感觉是雷同的，对于自然之美、材质之美、工艺之美、历史文化内涵之美，只要静心闲心去惜之把玩之，就一定可以藉此不断发现自我，因而豁然开朗。

*

万事万物皆有规律，尊重、参悟、顺应其规律，叫作“格”，比如格嘉木之生长纹理、质地、呼吸而喻于教，谓为“树人”。万法归宗也。

在我们的生活中，常“只可意会不可言传”，万物皆有灵性，如果我们用生命去滋养，用心灵去对话，就会遇见与我们生命所对应的信息与密码。

*

丰子恺在《艺术趣味》一书中，倡导在青少年中普及与美相关的不同物质，从而使青少年养成芬芳悱恻之怀、光明磊落之心，因而成为可敬可爱之人。

“教育物质”概念的提出，是将未知的事物具体化，将理念、感情、价值观实体化，倡导世人“跳出教育看教育”，以一个崭新的方式看世界，以文化之高度，将教育做到极致之处。

*

在国学中，具有文化内涵的古物是一个独立的分支，所涉及的古物，如金石、美玉、字画、木器、古书，均可以理解为广泛意义上的教育物质。

在三岛由纪夫的《金阁寺》中，提到过一种神灵叫“付丧神”，是指随着时间的流逝，时间会凌驾于物体之上，历时百年后，物体形态就有了灵气，这时已经不是原来的物体了，而是时间的一种“凝结体”，是有灵魂的，是与人的生命相互滋养的。

*

敬惜，是敬畏，是尊重，更是“真喜欢”。

即如对文玩的敬惜，古时候有身份的人，手里一般都会有那么一两件宝贝，或者核桃，或者玉器，或紫砂，或珠子，他们把宝贝挂在腰间，盘在手中，牵挂在心，甚至把它当作精神上的妻子，他们在乎的是其中的文化和意境，在敬惜之间，心就静下来了。

敬惜，是养成教育的真谛，也是教育物质理论实践的总原则。

*

美是人类永恒的共同追求，美的本质是对现实缺陷的弥补。

张爱玲说，人生不如意者很多，犹如：海棠无香，鲥鱼多骨，红楼残本（只有八十回）……

由于现实世界总是有很多的不完美，甚至缺陷，所以人们需要音乐，需要文学，需要艺术，当然，本质上是需要美。

美是一个空间，是思维的空间，是每一个心灵栖息的圣地，是热爱生活的唯一可能。

我出差时经常带的一本书是蒋勋先生的《天地有大美》，百看不厌，也值得广大教师抽空翻一翻。

前两年我几乎在旧书网上把这本书买光了，每本价值都不菲，送给我周围的校长和教师们。从这本书中我们可以得到很多的启发，比如：美学和美感是有区别的，前者是学者的事情，后者属于我们每一个人，每一个人都有权利获得美感。美在天地之间，美在生活之间，享受美感，实质上就是过着一种灵动婉转的心灵生活。

天地有大美，于简单处寻得。这是蒋勋先生告诉我们的享受生活的秘诀。

美，就在那里。但不是人人都能发现。“这个世界不是缺少美，而是缺少发现美的眼睛”，面对生生不息循环往复的宇宙自然，没有善感的心灵，没有敏锐的感官，是不可能发现其中蕴含的无穷美感的。

美的触角，延伸至生活的每个角落。比如，人类生活的基本内容：食衣住行，这也是人生的四大环节，这四大环节的质量和美感，可以说几乎决定了人类生活整体的质量和美感。所有的人之常情，所有的生活，几乎都融汇在这四个字之中了。

食衣住行，表面看仅仅是说物质，其实并不尽然，仔细推敲，食衣住行的任何一个方面都蕴含了丰富的精神元素，是美的重要源泉。具有质量和美感的生活，是可以深入人的骨髓的，那是个体和社会文化底蕴浓稠度的一种展现。一个人如果不重视提升自身的食衣住行的质量与美感，则很难说他的生活是具有质量与美感的。同样的，一个民族一个社会，如果每一个个体成员都十分重视自己的食衣住行的美感，都明于洞察自身食衣住行中的美感，那么，这个民族很难不成为一个有质感的民族，这个社会也很难不成为一个具有美好气质的和谐社会。

蒋勋先生认为，大美，美在自然，美在日用常行。生活美学最重要的，是体会品质。他说，回到大自然，回到生活本身，发现无所不在的美，这就是生活美学的起点。他将人们食衣住行中看似微不足道的生活点滴，提点成为美的无尽藏，为我们打开了一条条新的通道，去触感生活中无处不在的美感。

*

因为做教育物质理论实践研究，近年来，一直坚持从文化、艺术、历史、教育、经济五个视角来观察、提炼世间美丽物质的文化内涵和深刻的人文价值，并乐此不疲，我经常自嘲成了一个玩物丧志的人。

究竟哪些物质是可以融入学校教育或者家庭教育文化体系中的呢？如何评价这些物质的价值性？又如何转化为教育实践呢？值得有兴趣的朋友共同来探索。

我自己的体会有两点：一是物无类分，物尽其用，人物相拥，物我互养；二是教育做到最后，一定是文化，而文化需要以有意义的物质为承载，最后，因为教育物质的传承和教化，而实现教育的目的。总而言之，从这里，可以抵达教育的根部。

*

古玉的价值体现在“美”“好”“古”“稀”四字上。所谓“美”，是指古玉的艺术性要高，要有美感。“好”即是指玉完美、品相好。所谓“古”，就是指年代要久远，在美、好的前提下，越古老的古玉越有投资价值。“稀”，即存世量少，有珍稀性。

几天前，为朋友鉴定古珠子，顺便为乾坤一草堂收集了几颗，如：千年的珠子一枚——唐球，粉色，油润，孔洞绳痕美丽古朴。一个珠子，就是一篇锦绣文章、一朗乾坤啊。

*

玉，就像来自千万年之前的一道灵光，流淌着养人养心的润泽光华……

美玉如人，人如美玉。在中国文化史上，玉具有独特的文化价值：比德于玉。在我掌握的教育物质中，玉无疑是首选。但由于有炒作嫌疑，使得玉对于平常人家来说显得很奢侈，特别是清早期以前的老玉，已经是几十万甚至几百万的价格了。但只要有心“格物致知”，仍然是可以“捡漏”的。

玉是中国人心中的文化信仰，有千千万万个词语与玉相关，如：金科玉律，守身如玉，化干戈为玉帛，金口玉言，等等，可见已经深入中国文化的骨髓与血脉。毫不夸张地说，玉应是排名第一的教育物质，格物有道，《巢氏胎教》称：欲子之德，则佩以玉。

美玉不在多，一块足矣。美玉我推荐和田玉和翡翠，其他的在下缺乏研究。

*

关于如何静心，一直想写一本关于玉的书。

玉，可能是一条通往中国人心灵安乐的门路。与钻石的绚丽和喧哗不同，玉是安安静静的，玉的本质是一块得道的美石，石不能言而自在。

玉是无价的，谁都可以与玉结缘，心灵的高贵与贫富无关。

一、木石情缘。

贾宝玉如果没有那一块女娲补天失落的玉，《红楼梦》就会变成《安徒生童话》。王国维说《红楼梦》里的“玉”就是“欲”，是注定的人生情缘与无法超脱的精神困境，所以不仅有宝玉，还有黛玉、妙玉、红玉等等，与玉相对的是绛珠仙草，是对蛮荒草木世界的回归，也是注定了的一场万世情劫。

二、生死相依。

汉代时，人死了下葬的时候，活着的人们总会给死者一块美玉，或玉握猪或玉琀蝉或金缕玉衣。为什么不是其他不腐的财富物质，而只是选择玉，这种可以带往那个异度空间里的信物？

三、养人养心。

很喜欢台湾女作家张晓风对玉的定义：玉是许多混沌的生命中忽然脱颖而出的那一点灵光。诚然，玉也是有生命的。当我佩戴着一块玉的时候，我能感觉到它的呼吸以及生命的律动，它是活的。我们养出了玉，最终玉养出了我们。这应该是养成教育的真谛吧。

*

在当代艺术品中，其材料本身即具美质的，莫过于玉。将玉视为天下至美之材的观念，是构筑中国玉文化的物质基础。

在我主持的《养成教育之传世典藏》中，得到一块很有意思的清代和田玉雕"鹅池"的大水盂。水盂是写字时用来洗毛笔或者盛装清水的文房，这块和田玉雕刻的鹅型水盂，工料都算不错。

历史上与鹅有关的人最为著名的就是王羲之了。《晋书》中记载：王羲之听说有一道士养着一群白鹅，又赶紧去察看，果然每只白鹅都是雄赳赳气昂昂，十分好看。于是便出高价想购买，没想到道士不肯出售。王羲之只好苦苦哀求，没想到道士说只要你应答我的条件，我就把鹅送给你。只见道士将文房四宝准备好，便向王羲之说：只要你肯帮我抄一幅《黄庭经》，我便将白鹅送给你。王羲之一听，二话不说便开始奋笔疾书，由于《黄庭经》字数众多，花了半天的时间终于写完。后来王羲之特地又为这几只鹅凿了一个养鹅池，他常常在这个养鹅池旁观察鹅的优雅动作，也常常写"鹅"这个字，希望能把鹅的形象和特点"写"出来。因为王羲之的爱鹅和长期地揣摩练字，据说后来王羲之写的"鹅"字，达到活灵活现的程度。

这方玉鹅大水盂正是因为受"王羲之爱鹅"典故启发，苏州工匠用手工静心琢磨而成，似有王羲之所写的鹅之曼妙。这方大水盂和我收藏多年的清代乾隆造办处所工"王羲之写黄庭"子冈牌真是绝配啊。

*

以佩玉为例。人为什么佩玉？汉代的人之所以流行佩戴这两种佩饰，主要是为了驱邪保平安，直到唐、宋、元、明、清乃至现代，人们都相信美玉有灵，摆件可以佑家，挂件可以护身。几千年来人们对玉的崇拜和喜爱已使玉有灵性的观念成为一种集体潜意识。玉必有工，工必有意，意必吉祥。

佩玉至少可以帮助人们从心理层面、精神层面提升自己的信心。

教育很多时候是虚的，所以我比较倾向于尽可能物质化，使得人文物质作为承载，将教育的精神溶解其中，这可能是文化的真正内涵。除了玉，当然还有很多其他的人文物质，都可以承载教育的价值和意义，比如一件好的木器，一块供石，一套藏书，一盆兰花，等等。所谓“玩物而不丧志，教化而不抽象”。

*

玉器与字画是最接近中国传统文化核心的教育物质，我有幸接触过大量的古玉。在古代，玉是生命，是人格，其精湛的工艺或者精美图案，也表达出了动人的中国文化的富美特质。中国是好玉的民族，即使被现代主义文化潮流掩盖了很长时间，但其文化之灵魂永远都是潜在的，玉可养人。

*

在国学中，古物为五大类别之一，而古物中，玉又是自成体系而鹤立鸡群的一支，可以说是古物之核心，中国人的八千年之恋，玉之美学、玉之文化，直接参与构建了中国人的灵魂。

*

有一个字，说出来所有人都会有好感，这个字就是“玉”。

在教育物质中，玉特别是和田玉，是众玉之首，也是中国传统文化中历史最悠久、人文色彩最丰富的美品。

王者为大，王字腰中加一点是什么？就是玉，从皇帝到王公贵族，每个人的腰间都用玉当作腰牌，用于识别官衔和等级。富人爱玉，穷人也爱玉，即使是一个贫困家庭，往往也会有祖传的玉饰。“宝”字就是玉字头上加一个屋顶，意思是珍藏在家中的玉，可见，中国人对玉的崇拜和敬仰是深入到灵魂的。

帮助一位文化脾气相契的朋友在保利争取到一块清代双欢玉佩，在长形圆雕的一片蕉叶上，两只獾身躯肥圆，四肢收于腹内，长尾卷于臀后，在同戏一只蝴蝶，一般和田玉的雕工，惟肖易但惟妙难，而这只玉佩，极为生动可爱，感觉是灵动的、有生命的。该题材是清代典型的题材，獾又似猫，“猫蝶”谐音为“耄耋”，是长寿之意，蕉叶又可称之为树叶，寓意“守业”，蝴蝶中的蝴谐音“福”，可以理解为“合欢守业，福寿双全”，是多重吉祥之含义的复合创作，非一般的工匠能把握好。

该玉佩的料是和田玉中的极品，接近传说中羊脂玉的那种糯润，隐约有一缕棉絮纹（识别和田玉的特征之一），而巧留玉皮，大致可判断为乾隆中期以后的作品（乾隆早期及以前是不兴留皮的）。该品为台湾知名藏家旧有，并由其后配一个精致的纯白金环扣（软硬和谐），便于结绳佩戴，后辗转回流，曾见于多次展览，并著录于《山水堂藏玉》、《玉韵》等。这等好玉，在市场上是很少见的。

玉就是那么一种令人惊艳、百般宠爱的天地之灵物，其中蕴含的教育文化价值是一直没有得到足够重视，比如，在家庭文化中，一块美玉，可以滋养一家人的心灵，也可以培养出人的优雅礼仪甚至美德。

*

闲，繁体字为“閒”，是一个很美好的词语，古意中，就是倚在门上看月亮，不用想就是一种悠闲、休闲的心境。

人的发展之美妙也在于修炼一种闲的内心境界，内心境界闲静，大脑方可清晰、积极、上进。否则人内心一忙乱，教育就失去了。

再来看简化字“闲”，也有深刻道理的。

比如，近年来，我开始研究古典木器和木材。每天和家里的实在木器对话和呼吸（闲），从那些生命纹路中，感受经年，感受生命的过程。不谈紫檀和黄花梨，即使是已经稳定了气性的百年老红木和泛出金色纹路的金丝楠，以及上百年以上的鸡翅木、榉木、榆木，它们的气息足以安抚我们内心的焦虑和狂躁，因为它们比我们的生命还长，它们在流露一种价值观。

木器是大树生命的延续，因此，实际上，闲，还是树的精神，树的文化。

作家周涛先生这样写道：真正有生命力的大树全都已经与天地风云融为一体了。它与山河共呼吸，取万物之精气，反过来又养育万物；得日月之灵华，结果又陪衬日月。若是说什么气功，树才是真懂气功的大师。要说什么“天人合一”，人类不过从树那儿学了一点皮毛……一棵树在漫长的成长过程中，会遇到各种大大小小的灾难，但它要是都挺过去了，经历了时间的考验，它就会成为一棵大树。这样的大树会引发人们特殊的敬意。

*

走过、经历了很多学校，我到校首先观察这所学校的树木。我渴望每所学校都有大树，因为大树就是气象，就是风水，就是教育的生命意征，所谓“百年树人”，但前提是“百年树木”。

很多著名校长在这方面具有独特的体悟和深度的理解，比如北京十一学校李金初老校长、南京东山外国语学校张景彪校长、昆明北京师范大学附属中学何小杰校长、普宁华侨中学李悦双校长等等，我和他们都有一种深刻的默契——舍得花工夫种大树、种好树、种香树。在学校倡导种好树，这几乎成为我教育生涯中的一种“文化癖好”，在我看来，校园里是应当有好树、有大树的，这是校园文化的核心与本质，这样才能养人养心，才符合文化育人的根本宗旨。

*

最近迷上了木工设计。因为实施《传世典藏之家庭书房计划》，我参与设计为传世典藏俱乐部的理事们量身定做具有教育价值的书架、书案。我的想法是：如果家庭都有传世典藏，又有好的书架来供奉，这种书香气息足以把孩子“熏”出来，根本就不需要什么教育，或许言之有偏，却饶有深意。如果家庭的文化切入点是书房，那么学校的文化切入点也可以依此建构。

不管是这里的每一件传世典藏，还是对联、书架、书案、文房清玩，都经过了我的精神参与甚至把玩鉴藏。崔老师调侃说，这里都有我的能量和温度了，应该都可以升值了哈。太抬举我了，其实，只是我深入其中，将物质中的教育内涵实现了而已。

*

或许是命里缺木，我的名字中有很多的木，且对一切木器天生具有一种独特的敏感，似乎能从中能领会到生命的年轮与呼吸。最好的木料是海南黄花梨，百年树人，十年树木，而黄花梨是需要几百年才能长成的，不比树人容易，而海黄中的树芯被海南人称之为“格”，林格的格，格物致知的格，近日得一根清中晚期黄花梨首杖，把玩起来意趣盎然。

*

假如让我重新选择职业，会去做一名木匠，或者我的前生可能就是木匠，喜欢在卯榫结构中寻找人文思想和力度逻辑。

在我主持的学校文化实践中，室内陈设中的很多木器，比如书架、案几、书案等，都是我亲自设计定稿制作的，其主导思想是，对几何空间的重新解读与应用，做到人物相亲，功能多重合一，不故作清高，养人心目相宜即可。

*

在家庭文化中，我经常倡导使用“嘉木”来构建家庭文化物质体系，比如楠木、紫檀、黄花梨、鸡翅木等等，从古至今，人类就从来没有和木相互分离，从来都是命运相关。

木器文化在中国文化中占据了非常重要的地位，而在西方人的眼中，木器和瓷器是中国文化的两大精髓，其他的他们并不重视。

木器以其生命的精气神来养人养心，而任何一块原木，均有年轮、有呼吸，它们的生命在继续延伸，到了书房和办公室，我们与之相融、对话，共同完成生命的提升。女作家安妮宝贝有一段话说得很精彩：人该如好木，岁月会让珍贵的质地更有分量，以内在、密度、硬度、特质，对抗外界流动及喧嚣。凭着天生样貌和身材，以年轻取胜，并不是高级的优美。被生活锤炼过，充满内心历史，最终心定意平。这才有了人的品质。

*

在很多人的心目中，木头仅仅是材料而已，但在设计师和创造家的眼中，它们是树的语言，是树的生命的另外一种发展形式，是可以被倾听的灵魂。我正在设计的学校教师学术空间，灵感正是来自于树的生长逻辑，让这个生长逻辑继续在木的空间里延伸，如此而已。

最近读《传家——中国人的生活智慧》，其中的静谧与美好，触动了我的心弦。不仅仅是木头，实际上所有的物，都有生命，都在呼吸。生活的某一种意义，就是与物对话，在它们的思想中寻找自己的存在。天地有大美。

*

教育本根是什么呢?

《说文解字》中说：木下曰本。《国语》：伐木不自其本，必复生。《大学》：物有本末，事有始终。总而言之，本根的意思是：一是指事物的根源；二是指树木的根部；三是指纯正、真正的意思。

近日再得上品小叶紫檀原木，乃印度庙宇拆房重建之馀，行家估计，此木砍下来已经接近300年了，之前又生长了500～1000年，它的生命早已经在汉代或者唐代已经存在。我们站在她的面前，油然而生敬畏之情，更有一种渺小感。经过精心打磨和把玩，该神品显露出绸缎一般的美丽、沉穆、高贵、动人心弦。

让我联想起广东广雅中学叶丽琳校长案头上供奉的紫檀清供，其上镌有叶校长手书的“有本无穷”（梁漱溟言），人的生命一如紫檀之生命，惊艳、静雅、自然天成、有本无穷。生命乃一切教育之逻辑起点，教育者对生命之美的发现、敬畏、顺应、激扬，乃教育之本根也。

*

林语堂先生的故居，位于台北城郊阳明山的半山腰上，这里有着难得的清静。故居的客厅中保存着先生家中日常吃饭的小桌和宴客的大桌。桌椅都是他一手设计。圆形小桌可折叠成方形茶几，还可折叠到更小，以便收纳。大桌在客人多时可拉伸扩大。

林语堂先生的《生活的艺术》影响了几代人，作为生活美学理论的开创者，先生不仅自己设计房子，还自己设计家具，是为知行统一的典范。

有趣的是，近年来由于构建教育物质理论实践体系的需要，我也开始做了不少“小活”，尝试使用老榆木、楠木、小叶紫檀、黄花梨，一点点开始设计制作小件书房用具或者清供。崔宁老师笑我本质上是一木匠尔。

*

读到一段往事与记忆：江南大户人家，若生女婴，会在家中庭院栽香樟树一棵，香樟树长成时，女儿差不多也到了待嫁年龄。媒婆在院外只要看到此树，便知该家有待嫁姑娘，便可来提亲。女儿出嫁时，家人便将树砍掉，做成两个大箱子，放入丝绸，作为嫁妆，取“两厢厮守（两箱丝绸）”之意。

*

花儿是室内陈设不可或缺的教育物质，中国独有的木器精神，小器大作。

花儿除了增强室内空间的几何结构感，更集中体现了天地灵气与中华古今之精华，古代读书人认为，花儿体现了传承了数千年的“天时”、“地利”与“人和”。

*

学校、书房或者居室中，另外一种重要的物质就是竹子，或种三两杆好竹，或置备竹质文房些许，比如竹刻笔筒、镇纸、竹雕小品等，有条件的还可以置一个小小的竹园子。苏东坡云“宁可食无肉，不可居无竹”，郑板桥云“劲竹高风，可以山林，可以廊庙”，李苦禅云“未出土时便有节，待到凌云尚虚心”，竹子在人的心中的形象是劲朗的，是骨气通达的，是为书房佳品。

*

陈寅恪说中国文化就是竹文化，是深刻的。竹子贯穿了中国人的精神史。特别是历代文人赋予了竹子，以佛心，以仙骨，以清雅，以不放松，以实用。

*

凡在北京海淀区读大学的人，对于紫竹院的记忆一定是独特的。那座八宜轩上的对联“雨雪风霜竹益翠，诗画书印景怡人”，高度概括了竹文化的化境；在那“竹径通幽”的四时动静中的漫步，可以说熏陶了一代代的海淀读书人……

*

书房中的竹质文房，校园中的竹园风景，皆不可小视其教育的价值。比如在我主持设计的校园文化中，我常会置一小竹林，或曲径婉转，或窗前竹曳，或水岸清丽，或奇石疏朗，都是学生心灵生长的文化场。再比如，书案之前的竹文房，或者笔筒，或臂搁，或摆件，皆可化境也。

*

每一块石头都是有灵性的。

在校园文化建设中，石头是一个很独特也是必不可少的教育物质。

昨天许昌良校长来喝茶，谈到他的无锡凤翔实验学校的文化建设，学校的品牌基点是“凤”，有一天偶然遇见一块巨石，正像一只腾飞的凤凰，于是就请来了这块带着缘分的巨石，作为学校文化的基本元素之一。所有石头，其实都是几十万年的天地精华，是有灵性的。遇见，是一种缘分，是偶然中的必然。

我一向强调在校园文化建设中，对石头这个元素的深度应用，比如北京师范大学昆明附属中学中的三个巨石的精心选择，在与何小杰校长的切磋中，确定了赋予三块石头的三个学校精神指向，即中国传统文化中的三个基本价值：“正”、“清”、“和”三个大字，并协助何校长对这三个精神指向进行了创造性地阐释。目前三块巨石“生长”在校门口，成为一道独特的教育风景，吸纳天地精华，养育世代莘莘学子。

*

美是一切事物的起点。没有美，教育就会流于一种形式。人类在大自然中走来，带着恐惧与不安，在漫长的历史长河中，虽然能通过自己的手的解放，成为真正意义上的人，但仍然发现太多的未知，自身太多的不完美，所以渴望美、追求美。

人类的艺术审美正是在人类这样一种自发状态下开始的。我在想的是，人类一切审美活动的开始的起点可能是“圆”，因为渴望自身的圆满，这是产生美感的全部动机。中国文化里，最喜闻乐见的就是“圆”。可是圆的实现，是需要“磨”的。在人类早期的遗址里，考古学家发现了先民把石头磨成珠子，然后打孔穿成珠串，感觉到了它的圆润，更是感觉到了对自我不完美的弥补，人类的审美意识，就觉醒了，从而开始了人类艺术的历史。在“乾坤一草堂——中国教育会馆”的理论实践体系中，专家们不约而同选择了其中一个很有趣的实践板块——“腕上风景”，也就是贴身的或者可以戴在腕上的古老艺术品，一般而言，它们都是经过先人手工磨出来的珠子或者珠串。

*

南红为中国独有的“赤玉”，文化内涵深厚，质地温润，体如凝脂，具有不可替代的教化价值。南红到清乾隆时期已经绝产，故当下所见之物均为汉代到清早期之传世之品。非市面上所见的新南红能相提并论。

带上这样一串清代的老南红手钏，坐在那里，什么都不要说，就有一种气场。这句话是邢群麟说的，现在才有一点时间记录下来。

一位朋友接着说，文化，对于人来说，最后成果应该是人格；对于物来说，也许就是这样的一些经过漫长岁月地打磨，仍能保持本我，并散发着独特光辉。

*

《释氏要览》有云：所蓄物，可资身进道者，即是增长善法之具，佛教中人常以道具来提升人格、净化心灵、引导众生令离诸著，谓为“方便教化”。

佛珠是上述“道具”中最有特色的一种。佛珠的佩戴与持用，在经年累月的念佛、持咒过程中，分子结构已发生了变化，并具有了养心的巨大能量。

佛教，就是佛陀的教育，也是教育的一种，佛教的很多经验值得我们去学习。比如，无论你是不是佛教信徒，只要迈进佛门净地，便自觉清宁，言行举止变得谦恭有礼，是因为凡寺庙均是一个场，其道具物质、古树参天、偶像陈设等，形成了一个巨大的气场，人在其中是渺小的、宁静的，所以就有了教育。

*

教育有物理，书香传世家。由我鉴藏、主编的《未来三十年最具价值的传世典藏》，其中每套书均是经我亲自把玩的案头极品，目前已经集成625套，25大类，每一类25套配一对金丝楠书柜，书柜是我自己设计，委托扬州老匠人手工制作的。书可以聚人气，我们把玩好书，就是和文化对话和呼吸，形成习惯，即可改变环境的质地和人的气质，腹有诗书气自华，对孩子的影响可以一代代传下去。

我不是藏书家，但我自己认为是一位教育价值的发现者，发现有价值的东西，需要独到的眼光，同时还需要享受其精神快感。传世典藏的另外一种收获是，改变我们传统的财富观。传世典藏中的每本书，选藏遵循如下原则：真（保真）、精（同类中的精品，较为著名的作品）、稀（存世量少，罕见）、新（虽为老件，但触之如新，私藏，品好）。另外，所收藏品每一件都来之不易，颇费心血。我坚信的是，教育做到一定高度后必然是一种文化，而不是课程和教学技术以及所有教育者都心知肚明的所谓“道理”。

在追问教育的心路历程中，我总感觉除了创新，我们还是要坚守一些东西，这种东西不是“说教”能解决的，而是一种文化物质，比如以上所说的传世典藏，再比如手工制作的木器，还有我深爱的和田玉……很多很多，当我们赋予物质一些精神的时候，物质将反过来滋养我们的心灵。教育，需要有一个新的思维空间，也要有一些具体的载体。

*

启迪人发现美并享受美感是教育的“道”之所在。美感是一切智慧的基础，也是人在文化过程中的第一阶梯。天地有大美，比如，在书房元素中，我反复强调需要使用楠木或者金丝楠木做书柜，并非“唯物论”，是对物质的内在美进行一次探索和实验。

人对知识的深层次需求，通常表现为一种美感需求，不爱学是因为发现不了知识的美感。教育者的一个重要任务就是提供美感可能，使孩子痴迷上学习。而提供美感的可能性，最具体的方法是引导孩子从发现欣赏生活、大自然中的美感开始，千里之行始于足下。

以“善本”为例（注：这里的善本，并非藏书家所说的善本，而是我认为具备真、稀、精、美四大特征为一体的具有文化价值的书）。在我看来，书不仅仅是可以拿来读，还可以拿来案头把玩、传代典藏。附几则我以前的“得书笔记”：

一、近日得沪上王兄涵让民国六年贵池刘氏暖红室汇刻的传奇《西厢记》，极为可人。相对于《红楼梦》，我更加喜欢王实甫《西厢记》，其中句句优美皆为诗，文字功底和文学造诣均无可比拟，天下有情人终成眷属的纯美爱情理想影响深远。之前庋藏有明代凌氏朱墨套印本，可谓西厢双绝啊。

二、《南华真经》又称《庄子》，千辛万苦得到《宋刊南华真经》，该书是有史以来《庄子》的最好的版本之一，开本宏阔（33cm×22cm），案头把玩之尤物。庄子无为逍遥通达的思想可以说占了中国思想的半边天，不可不读也。

三、是否经常阅读长篇小说是小市民和清雅人士的分界线。我经常主张教师、家长、官员养成阅读长篇小说的习惯。收到女作家豆豆的两本签名老版书《遥远的救世主》《背叛》。在我看来，豆豆是近三十年最优秀的作家之一，正如责编所说，一个作家的品质，在豆豆身上达到极致，作品主题的睿智和简约，出色地表现出了佛学的光耀和不蓄意的使人震惊。特别是后者，是众多海岩们所达不到的。

等等。

*

回到唐朝，可以有一条通道，那就是沉浸在唐诗中。唐诗可以说是中国文化史上的一个重要穴位，其中弥漫着阳光通达、自由奔放、自信强大的民族情绪，这种情绪后来只在清三代瞬间出现过以外从未再现。

关于读唐诗，虽然可能会有作秀的嫌疑，但我认为最理想的，莫过于手执线装卷子朗读之，这种感觉不知道是穿越，还是老了以后的“做”（平声）势。经常在想的是，形式高于内容，形式也大于内容……

*

我不是收藏家，也不是藏书家，所藏文房清玩和典籍，都是拿来读、用的，纯为敝帚自珍、自秀、自娱。但对于溶解在这些物质中的精神价值和传统文化之美的发现和探索，却是我对教育内涵改革理论实践体系的一个深度思考。

北京著名玩家王世襄的《自珍集》，其中有言：人弃我取，耐心修炼，自成文化大家。我等读书人尔，虽不比拥趸万千财富者，但只要有心转变价值观，提高自己对美的敏感度，亦可构建具有教育价值的物质文明。

*

在藏书这个问题上，我是一个好“色”之徒，总是不惜金钱选择人见人爱的版本来读用，把玩起来让人感觉很舒服、很销魂，如刚收到《钱钟书集》典藏限量编号版、《董桥七十》真牛皮签名版，都是美轮美奂的，像极了成熟了的张曼玉。

*

泰戈尔对我的教育思想的影响是极为深刻的，很幸运的是，我遇见并拥有了泰戈尔作品最好的版本，堪称案头极品，人民文学出版社1961年特印本，一套10册全，缎面精装，当时为赠书非公开发行，估计印刷量在100套以内，国家图书馆都未收藏。读起来让人陶醉。

泰戈尔的句子，深刻了揭示了教育的本质，比如“不是棰的击打，而是水的载歌载舞使得鹅卵石变得美轮美奂”、“当我们是大为谦卑的时候，便是我们最接近伟大的时候”等。1861年泰戈尔出生在印度加尔各答一户地主家庭。他曾两次造访中国。1941年离世，享年81岁。

这套《泰戈尔全集》应当是由郑振铎先生翻译的，因为只有大师才能翻出这样美丽的句子：生如夏花之绚烂，死如秋叶之静美，还在乎拥有什么。扉页前的泰戈尔画像是已故著名画家徐悲鸿1940年访问印度时为泰戈尔所作，画中是一位很好看的老人。

*

有人说民国、宋朝、战国是中国学术繁荣的三个关键时期。陈寅恪就是民国时期中国学术界的一座高峰，陈寅恪的学术态度和学术能力对我的影响巨大，我沉迷把玩的这套《柳如是别传》是1980年上海古籍版的精装典藏本，印量2000册，当时定价6元就是非一般人家能买得起，故珍稀无比。

新中国成立以后，产生了一批重要的思想家，对我的教育理论产生影响的有：顾准、李泽厚、李慎之、朱厚泽、刘再复、王元化、杜和戎等。其中王元化特别值得重视，其融通东西方逻辑的思辨性，对优化我的学术思维起到了积极作用，是书为先生签名本《思辨录》，是先生之集大成之作。

这两套书都是我最珍爱的100部大师经典之一，拿起来读、触摸那些立体凹凸的文字（铅字印刷），和现在的书比，真可以说一种惬意、舒服。我常说的好书，至少版本要好，方为信达雅，不然有失斯文尔。

*

北京大学图书馆研究员姚伯岳先生曾说道："买的书，家里实在已经放不下了，可是看到好书，我还是千方百计想买下，未买下就会感到若有所失。我总感觉，在经济条件能承受的情况下，花几十元、几百元，乃至数千元、数万元、数十万元买下一部好书，是最合算的事。"

相对于字画、瓷器来说，书的价格是很低的，不会过多久，这种价值就会回归，因为真正有独特历史价值、珍贵文献价值或上好艺术价值的是书籍。

*

读书的三个层次。一是读用。读书是丰富内心世界最经济的途径。二是供奉。买书藏书供奉书是对文化的供奉与传承，供奉可以让人在不知不觉中接受文化的熏陶，不教而教。三是把玩。把玩美品之书胜于瓷器字画清供，其价值是悠远深刻的。

*

把玩美品民国五年《秋蟪吟馆诗钞》。

该书为初印本，超大开本，原金丝楠木装，大字写刻，刻印精良，纸墨上佳，非常精美，为民国精刻本代表作之一。此书为金家家刻本，收诗最全，比较稀见，曾被胡适先生收入“一个最近限度的国学书目”内，还包括《燃灰集》《椒雨集》《残冷集》等。其诗多攻击太平天国之作，少数诗篇也暴露了清军的腐败，诗多长篇，具有散文文化的特点。作者（清）金和（1818 ~ 1885）诗人，字弓叔，号亚匏，江苏上元（今南京）人。是书，10行18字，白口，黑单鱼尾，原装5册7卷全。

*

读书还有一种美感，经常会被我们忽略，那就是摆在案头上把玩，其实这也是一种“读”，是心读，是手读，是眼读，所谓赏心悦目也。

*

人只要向上走，无论梯进，还是跃进，或者激进，都是辛苦的，容易走的都是下坡路，下坡路是自然的，如水，“向下流”。

向下流是一种历经艰苦之后的自然，或者已经成为不需要思考的体系或者机制，从这个意义上来说，“向下流”是很高级的，是一种通达自然之境界。

有人说读禁书是“下流”的，但我认为要懂得“向下流”的真谛，确实可以读一读禁书，或者杂书。

在众多禁书中，《金瓶梅》的名气最大。毛泽东曾六次推荐阅读《金瓶梅》，他在一次谈话中，将《金瓶梅》与《东周列国志》加以对比。他说，后者只“写了当时上层建筑方面的复杂尖锐的斗争，缺点是没有写当时的经济基础”，而《金瓶梅》却更深刻，“在揭露封建社会经济生活的矛盾，揭露统治者与被压迫者的矛盾方面，是写得很细致的”。毛泽东自己是把《金瓶梅》当作“明朝的真正的历史”来读的，认为是鲜活的明末社会史。喜欢《红楼梦》的毛泽东，也曾把《金瓶梅》跟《红楼梦》做过比较。在1961年12月中央政治局常委和各大军区第一书记会议上，他说：“《金瓶梅》是《红楼梦》的祖宗，没有《金瓶梅》，就写不出《红楼梦》。”

在我把玩过的几十部全本金瓶梅中，从最早的康熙乙亥本，到道光套印本，1933年民国影印本，1957年文学古籍本（毛泽东同志下令为军部以上高级干部特制的），再到1963年大安本，台湾联经本，里仁第一奇书，1988年北大影印本，1989年齐鲁首次排印本，分属两个版本体系，均是非公开发行的珍稀之宝。特别值得一提的是日本大安原版，这套书我找了好多年，终于心诚则灵，获得一套1963年的原版正版，估计大陆不会超过五部（其他所见无论精装本还是线装本都是台湾地区的盗印本）。

列举一下两个被我列入《传世典藏：未来三十年最具价值的500种好书》中值得把玩的珍稀精装本（非删节本）：

1. 齐鲁书社1989版《新刻绣像金瓶梅》。

1989年，齐鲁书社获准以崇祯本即《新刻绣像批评金瓶梅》为底本，出版了一字未删的“会校本”，带有200多幅插图、繁体竖排。这次出版，主管单位高度重视，印刷期间公安部门现场把守，以至于后来有媒体报道说，祖国大陆印刷《金瓶梅》像印高考试卷一样严密。这是《金瓶梅》足本自改革开放以来首次面世，定价人民币140元，具有副教授以上职称的学者凭职称证明和有关单位的介绍信订购。而后其购者却十分寥寥。一是手续太麻烦，二是受困于经济。全书使用铜版纸印刷，造价极高，市场上不多见，值得把玩珍藏。

2. 台湾里仁书局1981版《第一奇书》（康熙乙亥张评金瓶梅）。

该书版本世称“乙亥本张评金瓶梅”，为研究《金瓶梅》的重要版本。瘦方字镌刻精雅，有圈点句读。张竹坡（1670 ~ 1698），字自德，其评点《金瓶梅》见解独到，不但否定此书伤及风化，而且肯定了该书高度的艺术价值，可谓使《金瓶梅》沉冤昭雪，从而确立了它在文学史上“第一奇书”的地位。该书为金瓶梅此版本之影印本，印量500套，流传极少。

*

著名出版家沈昌文接受记者采访说，读书是为了冒充知识分子。

我也是。

记得上初中的时候，在老师那里看到但丁的《神曲》，因为老师喜欢所以我也装着喜欢，可是翻开后发现，汉字基本上都认识，就是不知道写的什么意思。但为了冒充读过《神曲》，硬着头皮一点点读直到能背诵几个句子，长大后重读才知道自己是多么得浅白，《神曲》所给予人的精神力量岂是几个句子能涵盖的？当然，也许我现在理解的但丁还是肤浅的，是冒充的。

时间一点点流逝，书架上的书也渐渐多了起来，真的不是什么兴趣所致，是为了使自己比别人懂得多一些，不知不觉中真的好像读了一些书，但仍然缺乏引经据典的能力，也许都化到自己血肉里了吧。

不知什么时候开始，读起了线装古籍，一个字一个字读，可能也不是什么兴趣的驱使，因为总在想，读了其他人不读的书，也许就会有自己独特的思想和文化主张，完全还是沈先生说的“为了冒充知识分子”。

可能我还要继续冒充下去……

*

读书人还有个快乐，就是藏书、供奉书、把玩书。

藏书之要诀至少有五：

一是宁吃青草一口，不吃烂桃一筐，因此我遵循的“宁缺毋滥，信雅为典”的选书之秘诀，让我受益匪浅；

二是真精新稀，符合文化性、历史性、科学性、稀缺性，我的书架上的每套书，都是可以把玩的，甚至都是值得供奉的，书架这一道文化风景所赋予心灵的绝不仅仅是知识，而是文化价值的力量；

三是传承有序，不捡漏不道听途说，好东西才养眼养心；

四是贵的会越来越贵，钱永远都是有限的，只要有能力宁少勿多，不要惜钱，现在的钱未来是小钱。

五是有专题，书籍浩如烟海，所以规划藏书时要围绕自己的专题慢慢建设、不可操之过急。这些年我用自己的眼光和知识，帮助读书会的会员创建了几十个不同的典藏专题，希望通过这种方式把文化价值传下去，当为功在千秋之大事情。养成教育的一个重要子课题就是——建立学校和家庭的教育文化规划，构建足以养人养心的传代典藏体系。

现在的书价不菲，我虽囊中羞涩，但花几万、十几万甚至几十万买一套书的事情常有，但却不买什么国际名牌皮包、豪华轿车、股票，甚至对投资买新房子也没有什么兴趣，因为在我的价值理性中，所有的价值都不如藏书的价值，藏书是最有价值的事情。

在学校文化建设中，我也经常主张建立学生和教师“来了不想离开”的学术典藏室，也可以叫“藏书楼”或者“养心楼”，做到“人书相拥，优雅自在，人性设计，养人养心”，有人称我建设的藏书楼乃学校之灵魂。其实，这里有一个很重要的因素，就是这里的每一套书的质量都是上乘的，堪称镇校之宝，都是留有我的手之余温的典藏精品，与一般图书馆藏书是另外一种概念。

*

养气为中，中和统一，则为宛然韵致。

最近读《音韵学丛书》，颇有意外收获。过去我们认为需要通过修行方可抵达自然呼吸、心平气和之境界，而事实上，要求每个人都达到自然之大道，绝非易事，但，通过声音之听赏或者练习，则可从韵律入门，也可修养气息。

《音韵学丛书》是中国历史上音韵学之集大成，这部丛书以研究古音的著作为主要内容，包括吴棫、陈第、顾炎武、江永、戴震、段玉裁、王念孙、孔广森、钱坫、江有诰、夏炘、严可均诸人的著作，同时，对于“言等韵与考古今韵目及唐韵者五种”即《切韵指掌图》、《古今韵考》、《音学辨微》、《四声切韵表》、《切韵考》也一并收入。因为阐明等韵、探究音理、寻绎流变、分析唐韵既是研究古音不可或缺的方法，更是音韵学中所必须包括的内容。收入这些著作，也就避免成为“古音学丛书”而是名副其实的“音韵学丛书”了。

*

在混乱的时代，人会更加关注自己的内心，关注文学本身给自己带来的审美享受。在中国历史上有一个著名的“六朝”，就是中国文学“缘情而绮靡”之巅峰，正如曼殊词云：谁知词客蓬山里，烟雨楼台梦六朝。

清代许梿编辑精刊《六朝文絜》，由于精当简练，被誉为和《文选》媲美的绝世骈文之范文，其中文章是六朝作文之极品。而“豪华”的小楷写刻本，从清代道光始，就已经非常珍贵了，把玩起来意趣盎然。

我们这个时代的好文字在哪里?

*

中国人视文字如神明，因为文字是人类进入文明期的最主要的标志。

有了文字，人们才可能为世上的一切命名，阐述对它们的认识，并且把这一切流传下去，可以说，人类文明史就是文字史。

而中国的方块汉字，每一个字都是一个小型的信息库，保存着中华民族的文明、历史、价值观念和生命所系的所有密码。

后来中国人发明了纸，从自然世界取得草本、木本之材料，细心地做成令人可不思议的“文章家园”，一片纸就是一个盛装文明的伟大世界。可以说，字和纸的相拥、相爱，几乎成就了中国人的一切文化价值，敬畏字纸，就是对文明的敬畏，和对所有宗教敬畏的情感意志是一样的。

解密教育之本质，似可从“敬畏字纸”开始进入，这是一个奇妙的桃花源，陶渊明心中的那个“桃花源”，那是教育的根之所在。

*

作为中国教育文化的血脉和主线之一，藏书楼始终是所有读书人的梦。每到一座藏书楼，我都会为之沉醉与低头，感知自己是多么得渺小。

江南藏书楼最为著名的，除了过云楼，还有天一阁。天一阁博物馆是属于宁波的，是一座以宝书楼为核心，以藏书文化为特色，集收藏、研究、展示、修复于一体的专题性博物馆。它是我国现存历史最久的私家藏书楼，也是目前世界上现存最早的三个私家藏书楼之一，素有“南国书城”之美誉，占地31000平方米，环境幽雅、园林精美、建筑古朴，富有浓郁的地方特色。

*

有人问我藏书特别是收藏珍稀、有价值的书有什么建议？

我认为就是两个字：会玩。读书藏书，其实是一种业余时间的“玩”，每个人都有自己的玩法，我们只是倡导一种更加适宜、安静的方式，顺便不经意地传承教育文化价值……南怀瑾先生曾说过，若是因为自己看不懂，而不去藏书，是件愚蠢的事情，藏书之功，不在当代，而至千秋。

具体而言，“会玩”首先要具备三个条件：一是自己喜欢；二是要买得起；三是在喜欢和有兴趣的基础上，针对自己手中的藏品展开知识扩展、延伸，变成自己的文化蓄养。

当然，藏书还是读书人最划算的投资，买书是用很少的钱买来别人一生的知识与心得，永远是最合算的事情，古人的“开卷有益”四个字就足以说明一切了。年轻人花钱买书、读书是当前所有投资消费中最具价值的事情，将来十年二十年一定会证明的。

*

王安忆谈到自己的阅读习惯时说，自己很顽固，必定阅读纸质的，因为材质、工具，可能会改变内容和实质。她说，阅读是一项奢侈的活动，并非所有人都懂得阅读。有阅读习惯且真正懂得读书的人都是极富想象力的，否则，你就很可怜。

我则偏爱旧书、古书。有一位朋友也这样说：我是不太喜欢新书的。新书如少女般清丽，但总让人感觉只有清纯，没有内涵，少了质感，多了脂粉气；是仿古新瓷，光泽太过明亮，脆弱得不堪一击。旧书有旧书的味道，那是空谷幽兰，弥久更芬芳；那是凌波仙子的清芬，悠然而恒远。

除了旧书中的精品极品，近几年，较为珍贵的线装书被大家所重视推崇，阅读、收藏古籍线装书被认为是现代高尚精神文化生活的象征，线装书古朴的外表、深厚的内涵、儒雅的意境，可以让人超越庸俗、静心养气。

*

读书不仅是孩子的事情，而且还是大人的事情。大人藏书读书把玩书，时间长了，孩子才会被熏陶出来，渐渐入了心，然后生长出美的心灵之香味，此为家学之本质。

通常而言，读书之乐，乐在其三：其一是“红袖添香夜读书”，红颜知己相伴，挑灯夜读，把盏品茗，美人养眼，美文养性；其二是“绿满窗前草不除”，因醉心于读书，忘记了时光流逝和季节更替；其三是“雪夜闭门读禁书”，天寒地冻，大雪纷纷，独自闭门读禁书，可以想见读书的惬意，味在其里，不足与局外人道也。

组织一个高品味的读书会或者俱乐部，以倡导全社会读书、藏书，并以建设高品质的书房、办公室为实践内容，是我内心渴望要做好的一件事情。做好内心渴望的事情，才会心安。

郭思乐老师说，改革开放三十多年，许多东西已经看到过了，那种在你面前打高尔夫球、高贵炫耀、锦衣玉食的浮夸，使人伸长脖子和两腿发软的时候过去了，我们看到了他们其中一些人辛苦和值得同情的一面，就是内心的空虚。我们需要学习，我们更需要重建一种精神生活。当然这也是中国教育内涵改革整体解决方案的核心内容所包括的。

我相信，只要慢慢做、用心做，“读书会”一定会做好，也必然功在千秋。

*

作家徐鲁在一篇文章中说：不知是谁最先使用了“书香”一词，用得真是好极了。书的世界就该纸墨飘香，仿佛予人玫瑰之手，芬芳犹存。我猜想，旧时所谓“敬惜字纸”之说，当也源于对书本的尊崇、敬爱和珍惜。

那么如何敬惜字纸呢？徐鲁说，马家辉有一次带女儿去参观一个古书展，小女孩独自在各个书摊面前左看右看，很明显不可能买得起那些动辄三四千英镑的古书，但是那些英国旧书商，却都会耐心地给小女孩讲解书架上那些珍贵的版本的典故和特色，没有丝毫得不耐烦，言谈亲切一如小女孩的祖父。

书商的友善令人感动，值得思考的是我们如何传承文化。尽管电子书时代似乎已经来临，但几千年的文化发展历程告诉我们，书香永在，文化传承不可能断根。

*

和唐曾磊老师喝茶，他强调了两个词：一是书香门第的“门第”，这是家庭文化重建的线索之一，为什么暴发户难以培养贵族，主要没有家庭书香环境；二是家藏万贯的“家藏”，藏的不是万贯人民币，而是家庭中物质的万贯价值。

*

作家陈子善说，旧书不是垃圾，在当下，许多新书才是垃圾。网络并不会是旧书的终结，旧书或旧书店也可以与网络发生关系，与之好好并存发展下去。旧书籍如此浩瀚，光是把中世纪以来的经典作品全部输入互联网，还需要100年。

在我看来，1993年以后出版的书，很多都缺少文化营养，严重一点说，有相当一部分就是文化垃圾。1993年之前印一本书是不容易的，那时候电脑照排技术尚没有发明，而是使用铅字印刷，印刷20册一套的鲁迅全集，由于排版、校对、印刷、装订的技术难度较大，大约需要4年的时间，所以，那个时候的出版社是比较严肃的，他们基本上做到了“敬惜字纸”，铅字印刷的文字，触摸上去有凹凸感，感觉每一个字都是立起来的。而1993年以后，无论作者还是出版社，出版一本书是很容易的，所以难免为了利益而放弃了文化价值的原则。

*

朋友问我为什么喜欢读雕版刷印的书？其实只是个人癖好而已，无他。

不过，我在想的是，为什么从唐代一直到清代、民国，雕版书一直保持着？甚至如今的中国书店、广陵书社等知名出版社仍然保持了雕版印刷的传统，并被列为非物质文化遗产。

所谓雕版刷印，是在一整块木版上雕通页，雕之前，由人写就，写的时候处理好密度，再翻转模写到板上，成为反字，之后再雕在枣木或者梨木上，印出来的效果等同通篇写的效果，但由于木板容易损坏，所以一般雕版印刷的印数并不多。我们还小的时候，知道活字印刷时我国四大发明之一，但实际上，尽管宋代毕升发明了活字印刷，但一直没有普及，而雕版印刷一直是中国传统文化的核心和精髓。

因此，读雕版刷印的线装书籍，独具一种美学上的享受，而且和我们现代电脑照排的图书不同，因为字比较大方且没有句读，阅读雕版刷印的书，是一个字一个字读的，不贪多，慢慢读，慢慢沉浸，和古人的心灵似乎贴得更近一些。

当然，当下的雕版刷印的精品线装书，已经成为价格不菲的传代藏品了。当年在中国书店花300元就能买到一套明代套印的《花间集》的时代已经一去不复返了。

*

过去老一辈都是要读典籍的，比如《二十四史》中的前四史，特别是《史记》、《汉书》、《后汉书》、《三国志》，是一本本都要通读的。

再有就是，人的一辈子是要啃几本厚书的，比如曹雪芹的《红楼梦》，如黑格尔的《小逻辑》，如柏拉图的《理想国》，怀特海的《教育的目的》，这几本书，水都很深，不可不读。有长者曾经和我说过，没有啃过其中的如何一本，都不要说自己是读书人。

现代学人的四部经典，也是值得通读的。即钱锺书的《管锥编》、陈寅恪的《柳如是别传》、沈从文的《中国古代服饰研究》、陈从周的《说园》。《管锥编》是集大成者，在中外文化之间打通、搭桥，人类的精神活动有很多共通点，钱先生用自己的方式为其找到了结合点。《柳如是别传》是讲钱柳关系，涉及明末清初文人的政治态度、身世、风骨，是转变之世的人的选择。另外两种，都是现代学术之经典，值得精读。

另外，如有条件，不妨净手之后阅读、把玩、收藏一些古籍善本，是可以让一个人渐渐增些书卷气的。古籍善本是中国古代文化思想的重要载体，古籍易受潮、染水、虫蛀或者焚毁，能够完好地保存下来实属不易，如今留存的孤品、珍品更是寥寥，所以那些传世久远的木刻本和线装书一直是藏家的最爱。

*

把生活雕刻成艺术品，从人格角度上来说，主要是培养几个良好的精神习惯，习惯决定性格，性格决定命运。**习惯就像一把刻刀，雕刻一个人的人品、生活，甚至人生。**

所谓好的精神习惯，是人类文明的结晶，也是人类智慧进化的线索。包括：阅读，收藏，写作，品茶，漫步沉思，感悟，反思，打坐等等。不一而足，人人皆不同，自可选择生成化用。

近日，有朋友来喝茶，我们谈起来读线装古籍。读线装古籍毫无疑问是一个独特或者另类的精神习惯。读古书一般涵盖了五个步骤：一是认识到古籍的独特性和重要性；二是确定一套古籍，每天看一页，一个字一个字地看，试图进行句读、标注；三是保持三个月以上，渐渐变成习惯；四是写一些感悟或者解读文字；五是系统收藏古籍，请教研究古籍的老师，学习古籍知识。

*

书仅仅是拿来读吗？非也，除了读用，书还有一个很重要的价值，就是用来“敬奉”，或摆放，或触摸或欣赏……当我坐在一屋子的好书之中，会感觉自己很渺小，心中变得无限宁静，随意取下一本来感触之，会有一种内在的愉悦感，这是电子书不能带来的文化价值。不过，版本很重要。

我对书有一种近乎洁癖的挑剔，所以严格选书、藏书，传播真正好书的理念，因为，很多时候，书真的不是拿来读的，而是拿来爱恋的。

最近我精选了150套老版珍藏级别的书，列入养成教育读书会书目，供会员分享。不过，买来的价格不菲，当好好爱护之，“净手方开卷”是读书人的基本美德。比如一套上海古籍社80年代初版初印《小仓山房诗文集》（大才子袁枚文集），仅印3000套，保存全品较难，存世罕见。

尽管选书很辛苦，但我乐此不疲。

*

“民国四公子”之一、袁世凯的儿子袁克文，多才多艺，不仅工诗文，精金石，而且能书善画，富于收藏。他的收藏也是多方面的，包括古书、金石、书画、钱币、邮票等等。在收藏方面，袁克文不以多为能，而以精为胜，近百年收藏史上，大概无人能与袁克文相比。

*

古人读书，是一个字一个字读的，每天读那么几页就够了，因为古书竖排，没有句读，字大如钱，“手不释卷”几乎是中国传统文化中的最美印象。

古籍作为我国五千年文明的一种文化载体，承载着人们的思想、智慧、历史和创造，具有不可再生性。希望能有更多人参与进来，形成古籍保护的社会氛围，把中华文化的根脉延续下去，让国家珍贵的文化典籍在更精心的呵护下，流传得更长久，传播得更广泛。

台湾作家张晓风在散文《我喜欢》中写道："在书籍里面我不能自抑地要喜爱那些泛黄的线装书，握着它就觉得握着一脉优美的传统，那涩黯的纸面蕴含着一种古典的美。历史的兴亡、人物的迭代本是这样虚幻，唯有书中的智慧永远长存。"

作为普通人如何读古书？我的建议是，不妨就当作闲书来读。千万不要端起做学问的架子，刻意求解。读不懂不要硬读，先读那些读得懂的、能引起自己兴趣的著作和章节。这里有一个浸染和熏陶的过程，所谓人文修养就是这样熏染出来的。

*

在教育内涵发展的道路上，需要时时去种下读书的种子，尽管呼吁大家去读书、藏书是一件很无趣的事情，但仍然要有人去做。

怎样在人们心中种下读书的种子，一直是我的一个重要课题，从12年前主持《人生中一定要读的几本书》大型课题，到今天创建"乾坤一草堂——中国教育会馆书友会"，引导大家藏传世经典、读好书，再到在全国养成教育示范区推行读书计划，似乎都是一脉相承的。我一直以为，人生，就是一种遇见，遇见对的事物（如古书、古玉以及其他教育物质），遇见了意趣相近的人，相互传递温度，终成一个圈子，成为朋友，这也是书友会的一个宗旨。我们只寻找同类项，而无关的人渐渐地会走开，但并不足惜，无过无怨，自然而然。

*

我们经常会觉得“心有余而力不足”？表现为“不能坚持”、“缺乏力量感”、“做事情缺乏激情”等，然后就陷进了无能的“囚徒困境”之中。按照中医理论来看，“心有余力不足”主要是因为肾气不足，若做简单迁移，就教育而言，就是“文化底气不足”，倘若“文化底气不足”，人就会没有热血、没有激情，没有理想，甚至疲惫不堪，就很难享受教育之美了。

结合近年来的实践，我找到了一个“强肾”的穴位——读古书。不需用药，只需要时常“按摩”这个穴位，即可修炼、强大一种“文化肾气”，进而达到一种人生理想状态。

读古书，最好的方法是每天睡前读一页，一个字一个字地读，不可贪多，嚼出味道来，渐渐地就习惯了规整挺拔的木刻繁体字，以及故纸之温暖与文化之深厚。事实上，这种温暖和深厚很容易渗进人的内心，久而散发出一种稳稳的书卷气，此为这个时代最为稀少的“力量感”。而这个习惯，每一个普通人都可以做到。

*

书是用来读的，但这不够，书的神圣还在于，具有一种文化的美感与温度，这一点是电子书达不到的。

台湾诗人、散文家余光中，阅读之外，还要对书“欣赏把玩”。所谓读，即读书的内容；所谓玩，即玩书的外表装帧、插图之类。一般人买书，多视其内容来决定取舍，而余光中先生，看到精美华丽抑或装帧考究的书籍便一见倾心，也顾不得内容是怎样的。

余光中曾经这样来形容自己“欣赏把玩”书籍的情形：“资深的书呆子通常有一种不可救药的毛病。他们坐在书桌前，并不一定要读哪一本书，或研究哪一个问题，只是喜欢这本摸摸，那本翻翻，相相封面，看看插图和目录，并且嗅嗅（尤其是新的书）怪好闻的纸香和油墨味。就这样，一个昂贵的下午用完了。”

关于“可以把玩的绝妙好书”，我们把此确定为“乾坤一草堂书友会”选书的宗旨之一，一般来说，无论新旧，均具有装帧赏心悦目、版本珍稀罕见、学术或者文化价值高、品相完美、传世名著等要素，举几个1949年以来出版的例子，与大家探讨：

1. 人民文学出版社1960年献礼版《青春之歌》，当时仅出版300册，极为精美，字字是立起来的。

2. 20世纪60年代大安本《金瓶梅词话》（存世极罕，也是金瓶梅研究的必备书），绸面精装，用纸精良。

3. 世界图书公司2014年版《中国画颜色的研究》，于非闇著，极为美丽、可人，且具有重要的书画鉴定参考价值。

4. 1976年中共中央办公厅指定印制内部专用大字本《毛泽东选集》，线装排印本，绫面题签，青黛色函套，内文玉扣纸，超大开本，38册一套全。当时仅印220套。

5. 上海古籍出版社1980年初版陈寅恪《柳如是传》（上中下），绸面书脊，精装，装帧极美。

*

作家麦家说，一个人一辈子，陪伴你最多的只有一个书架，精读50本书，就够安身立命了。

我们其实也有能力这样做，反复筛选可以反复读的50本书，除了书的内容和作者，还需要考虑版本、出版社、装帧设计、纸张质地等，再置一只讲究的硬木书架（硬木相对于软木而言，主要是指黄花梨、小叶紫檀、酸枝等红木），以安放自己的灵魂，一生富足。

另外，如果有条件，还可以进一步提升到收藏级。就我个人的经验，除了兴趣以外，需要考虑其真、精、新，那样就更完美了，一般而言，有三种书是具有读用兼收藏价值的：

一是古籍图书。古籍图书由于年代久远，留存于世的寥寥无几，于是显得格外珍贵。特别值得注意的是，中国书店、文物出版社用古代的原木板重新手工刷印的书，由于品相较好又便于阅读，值得一生珍藏，其中比较著名的有《新元史》、《疆村丛书》、《晚晴簃诗汇》、《清儒学案》、《盛明杂剧》、《景刊宋金元明本词》等几十种。这些书不可能再用老版来手工刷印了。

二是初版精印本。一般来说，初版的图书在印刷装订质量上相对较好，又由于初版试销，印刷量并不大，其中尤以第1版第1次印刷最为珍贵。一般而言，1993年之前出版的书更有价值，因为技术所限（铅印），出一本书不易，所以大多极为严谨、可靠。特别是上海古籍出版社、中华书局、人民文学出版社、三联出版社、商务印书馆、作家出版社、中国书店、文物出版社等一流出版社所出版的精装初版经典著作，极为重要。

三是签名本。有些书出自名家之手，若有名家的亲笔签名或留言于扉页，价值便会大大提高，因为签名本可以让我们直接感受到作者的呼吸。当然，并不是所有的名人签名书都具收藏价值，还得视内容及出书数量等其他因素来决定其价值。

*

一切文物都是民族文化血脉的传承，线装古籍是所有文物中最为厚重的，因为它是唯一将文化价值、教育价值、经济价值、历史价值四合一的文物。

当然，当今流通于民间的线装古籍日益稀少，能称得上是“善本”的线装古籍更是屈指可数，稀缺性可见一斑。但我还是建议真正的教育者应当触摸、阅读、珍藏几本自己心仪的古籍善本，在故纸温暖中去寻找自我，生成厚重的文化底气，是其他任何学习都无法达到的。

*

有幸获得山东魏先生转让的《管子》（双色套印，六册全），白棉纸，印刻精良，套印准确，朱墨灿然，开本宏伟，真是好书啊，爱不释手。这是我见过的民国线装书中的最好版本，堪称极品。管仲又是我最欣赏的思想家兼实践家，是一个把理念变成操作系统的顶尖高手。找好书来读，说不准，会有意外的收获。

*

为了建立教育文化实践体系，我整理了若干个典藏专题，其中《传世典藏——中国文化史上的18个关键穴位》中，有一套《元曲选》是费了最多周折才收集到的，该书是元代杂剧作品选集，又名《元人百种曲》，刊行于明万历年间，共收杂剧100种4函48册。每种曲均配有224幅精美木板插图，图画线条细腻流畅，极尽婉丽之美，而元曲选版画在中国版画史上占有重要地位。

元曲，是中国文化史上的一个极为灿烂的部分，该书汇集了为数较多的在思想内容和艺术表现上都较有特色的元曲代表作品，在很大程度上反映了元杂剧创作的概貌，在万历之后到今天的300多年间，《元曲选》是最普及和最流行的元杂剧选本，人们几乎都是通过这个本子，来认识元杂剧的全貌。2011年国家图书馆依此《元曲选》之原本重新精心再造了《元曲一百种》之线装影印本，限量200套，索价在35000元左右，但总感觉少了那种故纸温暖的韵味。

*

近年来，看画无数，并对中国美术史略有梳理。

中国画的语言可以概括为四个特点：一是看选题与表达是否有新意；二是看意境是否深远；三是看气韵是否流畅；四是看格调是否高雅。一幅好画必须从四个方面来考察，相仿的是，一位教师的课堂也应当如此来比方、展开。

如何鉴定一幅画是否真迹，这是一个硬工夫。不仅需要多读书、多看画册，了解每幅作品的来龙去脉，以及研究作品在美术史上的地位，还要多看真迹，大量看展览，与名家多交流，十年磨一剑。

这，正如教育上教育内涵发展问道诊断，可分为望闻问切四个步骤：一是造型是否合理，似与不似之间为上；二是章法构图是否严谨，远近高低如人入画中为上；三是笔墨设色是否妥当，有血有肉有骨为上；四是是否传统绘画基本上是否有所创新，如“抱石皴”（用教锋乱笔表现山石结构）。

*

在教育物质之大师字画方面，“乾坤一草堂”为什么只专注于近现代大师字画的鉴藏与研究，这是因为：清以前的画基本是复古、传承，并无什么创新，而且鉴赏比较困难，不容易出成就。近现代可能在今后五百年都是中国画作的一个高峰。市场也证明，傅抱石、张大千、李可染、齐白石、潘天寿、关山月、溥儒、吴湖帆、黄宾虹、陆俨少、黄胄、谢稚柳、陈半丁的作品，比明清的画作卖得更贵。

而至于当代的名家，由于尚需要相当长时间的历史沉淀，如果没有在传承基础上的独创意义上有重大突破，而笔墨功底又不扎实者，即使今日貌似“如日中天”，也很难在美术史上留下印记。

*

一位老师在博客上的签名，这样写道：师道如茶，但求为师一世能够心中有茶香，把人生的七情六欲、功过荣辱，喝得从容纯粹、恬淡平和、快乐而富有诗意。

从广义上来说，茶也是一种教育物质，茶的道在一个“品”字上，品味教育就是教育根本之道，我倡导建设的教师典藏室，通常也需要略备香茶，在茶香氤绕之间找到自己的心灵安在，起初可能是形式上的，但渐渐就入心入骨了。

人生可能本质上也是一个品味的过程。

*

确实可以再次深入探讨品茶之喻。

品茶之道亦在于放松：眼睛放松，心若明镜，观茶色生成；舌头放松，津液分泌拥抱茶水滑入喉中；鼻根放松，茶香入心脾；耳根放松，倾听茶叶伸展的声音；呼吸放松，静心感觉阴阳；身体放松，物我相忘身心和谐。家庭教育和课堂教学也是如此，放松五感与身心，就能发现和品赏人性之美、教育之真意，则春意盎然、生机勃勃。

由此我准备从下个月开始，组织一场高品味的教育文化沙龙，名曰“吃茶去——教育之道九人谈”，每次2位名人（教育专家与文化名流），6位家长代表，1位优秀中小学校长，每次8小时，坐而论道，把教育之本质品出一个通透来。

*

近日和同事谈教育物质文化建设的原则：一是精，精雅，宁缺勿滥，每件物质都是忍不住触摸、把玩；二是少，主要使用减法，减去多余的，剩下能记载岁月并日益具备价值的物质；三是安，陈设大于装修，陈设比装修的学问要高，能不装修就不装修，原则上不伤筋动骨。

养成教育的最高境界，就是营造一种高质量的物质文化环境，人在环境中生长，人心在文化物质中得到沉淀、净化。教育，若能悟到文化之道，就不会纠缠天天逼着孩子学习甚至控制孩子的生命价值了。教育也就变成了一种“不教”，既解放了学生，也解放了大人。

*

雅集，是中国文化的一个奇特现象，文人雅士聚会由此被称为“雅集”。如“西园雅集”，北宋时期，苏轼、苏辙、黄庭坚、秦观、李公麟以及僧人圆通、道士陈碧虚等人会于驸马都尉王诜府邸西园，写诗作文，品茶寻韵，其言行诗文之雅为一时之盛况。

许多年以来，我一直也想做一个养成教育主题雅集。也就是说，除了家、办公室，为教育界同仁们创造一个小小的“第三去处”。我希望那里有香茶，有好书，也可以亲手触摸到可以养心的美好物质，也可以随心所欲谈教育之外的世界……经过几年的努力，各位理事们拿出自己的稿费、讲课费甚至工资，“乾坤一草堂——养成教育会所”，渐渐开始成形。

*

在文化层面上，很喜欢上海人说的“腔调”，对于“乾坤一草堂——中国教育会馆”，对于其中的每一件“教育物质”，我们希望围绕一种教育理想来建设，我想，这也需要一种腔调，说不清楚是什么东西，或许是低调之奢华，或者是华丽之内心，总之，“你懂的”。

*

“乾坤一草堂——中国教育会馆”的定位是教育界的“雅集”，所谓

“群贤毕至，少长咸集”，“坐而论道，其乐融融”。我坚信教育并非只是一本正经的说教，而应当是一件好玩的事情，“教育在教育之外”也。且“雅集”是中国传统文化意义上的精神血脉之一，继承和发扬而已。

好玩的教育，有可能是具体的、有温度的。

*

以艺术、以物质来弘扬教育之道，是将教育提高到文化层面的一种具体做法。

在新时期养成教育体系中，“教育物质”概念的提出和实践，当是首开先河的，但这条路很长，充满了对人们渴望的“精神食粮”的探索、提炼、精选之辛苦，需要不断精进。

“乾坤一草堂——中国教育会馆”所收藏、推荐的每一件教育物质，不仅具备艺术品之真、精、新之特点，更赋予其教育内涵、文化价值，格物致知，以物言道，道不远人。

“乾坤一草堂——中国教育会馆”顺便还做几件事情：一是举办公益的精品教育课程；二是免费为会员设计、构思书房陈设及家庭文化；三是创建“西部农村教师发展基金”和“未来三十年关键人才培养基金”。

*

苏霍姆林斯基说，美能够自然而然地影响心灵，而且不需要任何解说。

而美育的实现，无非有两条途径：一是拥抱大自然，回归生活美感，体验、表达天地之美、生活之美、人情之美；二是构建一种以艺术物质为载体、文化育人为线索的教育内涵发展实践之路，因为，人是在美的氛围中熏陶出来的。

对于学校来说，将学校文化沉淀、梳理为一个理论实践体系；而对于家庭来说，创建以“书房陈设”为核心的家庭文化体系，是养成教育的最终归宿。

*

当前或者未来相当长的时间内，文化底蕴缺失的问题都会是教育内涵发展的一个瓶颈，这不仅涉及孩子，也涉及每一位教师、校长以及家长。

当我们的精神世界空虚时，可以修行，还可以去抚摸教育物质，每件教育物质所含的精神是一种文化，是古人对世界的认识，我们通过物质实现与古人的对话，实质是文化得以传承的形式，是最高级的一种“修行”和自我教育。文化的力量远远超过精神的训练。

“乾坤一草堂”所主张的教育物质，不仅隐含了文化属性、教育属性，还隐含了情感属性，比如，发现时的惊讶，说服人终于买到或者买不到时的艰辛，欣赏时的得意和乐趣，炫耀时的满足。其实，价格真的不是那么重要了，因为件件“真精稀”，未来价值不可估计。

*

“乾坤一草堂”所倡导的“教育物质”，包括具有教育传承价值的古代艺术品，如古籍善本、名家字画、古家具、老玉等，是同时具备文化价值和教育价值、展现财富的美品，其社会地位甚高，是其他任何物体无法比拟的。任何人都可以鄙视财富，但没人敢鄙视文化。

可以说，所有的“教育物质”都是古代艺术品，但不是所有古代艺术品都是“教育物质”，因为教育传承的属性，决定了“教育物质”在古代艺术品的真、精、稀的基础上，还需要另外一种属性，即：能养人养心，能传递教育之温度。

在教育物质中，“乾坤一草堂”首推佩玉，中国人对玉的感情最深，玉女，冰清玉洁，玉成，玉有五德等说法，无不流露出人们对美玉的向往与爱慕。古人云，君子无故，玉不去身，时刻在提醒人们，当牢记玉德并成为自己的准则。女人喜欢配玉于胸前作为风景，男子喜欢选择玉牌握在手中，发古之幽情。

就文化底蕴的生成和培育而言，“乾坤一草堂——中国教育会馆”还将古籍善本作为重要的教育物质，因为最具文化内涵与教育传承价值的，当是那种“故纸之温暖”。自古以来，藏书都是一件积德的事情，而作为推动教育内涵改革发展为己任的草堂，自然会将大部分人文精神溶解在那些沁人心脾的“颜如玉”之中。

*

最终，教育需要从细枝末节的教育技术创新，回归到教育的原点，以文化人，大象无形，这是新时期养成教育的第三个层面。

“乾坤一草堂”的创构，可以说是一种教育的深刻改革和创新实验，我们希望能通过行动，引领、推动学校和家庭文化建设。文化体系的建立将是未来中国教育内涵发展的核心问题。

“乾坤一草堂”，同时兼具藏书阁、学术沙龙、国学教室、接待室之四功能，在学校文化体系中，类似这样的“场”应当是具象化了的学校之“灵魂”，以沉淀、孕育师生的文化底蕴和文化性格。

在学校里营造类似这样一个空间，实际上就是做一种“高度”，这里的老木器、古书、香茗以及其他老物件，相互沟通，生成一个美的人文空间。在这里，每一本书都有自己的家园，都有自己的尊严。这样的一个世界，它无权势之惧，无金钱之惑，是一个自由交流的空间，时而穿越时空，时而烛照现实。人的家园，应该是物质家园与精神家园的合一，这才是一个完整的家园。

火

*

教育是一件令人如痴如醉的事情。

而且，教育有可能是世界上最能触及人的灵魂的事情。

*

从本质上讲，教育不是一门技术，而是一种大智慧。

一个人的生命意义，其实不在于拥有和享受，也不在于奉献，而在于满足自己的好奇心，探索未知，并最终实现创造。换句话说，创造是生命的最终价值。

*

只要接触过大量的中、小学生和幼儿的人，都会发现很多的现象令人深思、令人费解：

为什么有的孩子聪明伶俐、品学兼优，而有的同龄孩子却愚笨懒惰、不求上进、自暴自弃？

为什么小学前的孩童无所事事、闲散无聊；而一上小学、中学却背上了沉重的学习包袱，有做不完的作业？当下，中小学生的学习负担已经大大地超过成年人的工作量！这一代孩子的童年究竟被谁剥夺了？

为什么有的孩子不用管束便主动进取，还孝敬长辈；而有的孩子在父母催、逼、哄、骗，乃至喋喋不休的“教育”下仍无长进？

为什么许多家庭，在孩子小时尚能享受天伦之乐，可是一旦孩子长成少年，两代人迅速筑起“壁垒”，几乎没有了共同语言？一个锅里吃饭10余年之久，竟不能成为知心朋友，是不是人生的最大悲哀？

为什么中国教育培养出来的人才，学者多，文艺人才多，教育明星也不少，而顶尖的科学家、发明家、工程师，乃至高级技师、技工却屈指可数，以至13亿人口还没有一位科技人才获得人们翘首以待的诺贝尔奖？

……

学习究竟是什么？我们应当如何学习？

教育在人的发展过程中，究竟能起到多大的作用，而教育是什么？难道只是参与一种统一标准的淘汰和选拔吗？

这些疑问让我对教育的本质充满好奇。我渴望能思考清楚，更渴望能探索出适合中国人的更好的教育理念，并转化为一种制度，一种模式，甚至一种教育改革运动，从而在一定程度上推进我们的教育事业。

而教育是一门很深刻的学问，需要诸多学科素养的支持，比如哲学、政治学、伦理学、教育学、心理学、系统工程学、社会学、医学、脑科学等，需要很多心血和时间才能参透。十年前，我主动调离国务院的工作，将自己放到一个便于探索教育真谛的位置上，其间，得到了很多人的鼓励，其中两位教育大师给我发的短信一直保存在手机里，让我心里很温暖：

一、感谢您多年良苦用心，把整个青春都奉献给了国家的教育事业。

二、只要选择得当，奋斗下去会有希望的。我相信你是有卓越才能的。

其实，我觉得，35岁之前，能选定一件值得去做、自己很想做的事情，应该是一个幸运的人，这就够了，我不是教师，但我是教师的教师，是学生的学生。

我内心更加欣慰的是，不仅仅是我一个人在努力，还有很多年轻学者同样也在孜孜而为，是真同志，比如皇甫军伟、唐曾磊、崔宇、张晗东等等，他们都是杰出的青年思想家。

*

在大自然中，才能真正感觉到自己的呼吸是有独特意义的。

呼吸，吐纳也，吐出的是污秽，纳入的是清新。

吐纳，是人作为物质存在的需要，更是人作为精神发展的需要。

人的自我更新，正是由于这种周而复始的运动之节律，甚至可以说，吐纳是人的生存之根本。

世界上最善于吐纳的莫过于乌龟了，所谓龟吸大法是也。乌龟，呼吸如丝，若有若无，静若处子，深入如潜渊……所以乌龟长寿，瑜珈的秘诀也在于吐纳。

可是，我们每天生活在匆忙之中，几乎无法领会呼吸的真谛。

*

五十婆婆七十翁，老来情比少时浓，摩肩并坐犹嫌远，常在欢腾拥抱中。这是著名诗人熊瑾玎和夫人朱瑞媛在年老时合写的一首诗。其中隐含了夫妻之间从红颜到白发之间的人性秘密。您知道这个秘密是什么吗？

泰山脚下有一块三笑石，相传有三位百岁老人，经常在这里锻炼身体，他们各自介绍自己的长寿经验，甲说：饭前一盅酒。乙说：饭后百步走。丙说：老婆长得丑。三人哈哈大笑，“三笑石”由此得名。

*

到山西师范大学实验中学，做高三年级培优主题报告及教育管理干部研修班讲座，顺便调研高二年级强化班的养成教育实施情况。其中高二强化班（学生基础较弱）的十几位教师的探究精神、教育水平与状态以及对每一位学生的关心，让我倍感温暖。我有一种强烈的感觉，那就是——只有基础差的学生才能成就出教育家。我曾经说过，教育家必须来自一线，因为，艰苦而持久的实践才能使得一位上进的教师，从优秀走向卓越，成为一名有教育家精神与情怀的人才。

有人问我，你不是教育家吗？我渴望成为一个有作为的教育家，真正能推动中国教育的教育家。不然，我为什么选择教育？但，我不是。在教育界，我顶多算个跑龙套的，或者搭戏台的。

因为只有每天浸染在学校中的人，才能感觉到真正的教育家都在基层都在一线，他们用自己的心力去做教育，用自己的生命和每一个鲜活的生命对话。

真正的教育家，必须来自实践，又回到实践，必然具有精通、独到、高明的真工夫。其思想一定是超越了感性与理性的，是一种悟性认识，即达到——看山还是山的自然境界。

真正的教育家就是洞明世事，练达人情的人。他们不发玄妙莫测的议论，不写恍兮惚兮的文章，更不幻想捏成什么哲学体系，他们说的话都是中正平和的，人人能懂的，让人看了以后，眼睛立即发亮，心头焕然冰释，觉得确实是那么回事。

教育家一定会以自己活化了的、生动的语言，将复杂的问题简短扼要地叙述清楚，使人信服。这种深入浅出实际上是一种处理井深井宽的深厚功力。

另外，教育家必须具有可读性，可读性并非高深莫测，而是：

一是，要让人能够理解你，能够读懂。

二是，要有丰富的内涵，而且要有一定含蓄性，让人觉得你这个人有趣且丰富，“阅读”你后深有收获，而不是一摊浅水，一望而知深浅，一览无余。

他们在实践中不断开拓内心世界的广度和深度，并且求得真知，彻底弄懂一些问题。他们对自己不断提出更高的要求。

很多人企图成为教育家，在没有成为教育家之前，先有了一身的孤傲、愤世嫉俗等毛病。其实，大多数教育家都是内外谦逊、礼貌的，而且“心平气和、与人为善、实事求是”。但，通常而言，教育家在精神世界里需要经验苦难。

而我，最多算一个教育界的跑龙套的。如果说愿意做一些事情，只是起到了一点“水”的作用——社会上有很多水泥、沙子、石头，水把他们融合在一起为“实用”，为“混凝土”，“水”最后会挥发掉，大家不再记得。所以，有人说，我是教师的教师，学生的学生……

*

我很欣赏这样三句话：

人所具有的我都具有——包括弱点。

我爱躺在夜晚的草地上仰望星宿，但我自己不愿做星宿。

一切都是水到渠成的，而不是通过努力能立即实现的。

*

在学问、职称与官位之间，如何自处？转周国平老师语句一束：苏格拉底的雕塑手艺能考几级，康德是不是教授，歌德在魏玛公国做多大的官……如今有谁会关心这些！关心这些的人是多么可笑！对于历史上的伟人，你是不会在乎他们的职务和职称的。那么，对于你自己，你就非在乎不可吗？

*

忠告是一笔教育财富，更是一种重要的教育形式。

很幸运的是，我们这些世俗之人总能得到高人的忠告或者警告，使得我们始终保持清醒的头脑。

最有价值的忠告是邓小平同志《对后人的10点警告》：

一、国民收入分配要使所有的人都得益。

二、如果搞两极分化，中国就会发生闹革命的问题。

三、如果改革导致两极分化，改革就算失败了。

四、20世纪末，就应突出解决两极分化的问题。

五、城市搞得再漂亮，没有农村这一稳定的基础是不行的。

六、思想文化教育卫生部门，都要以社会效益为一切活动的唯一准则。

七、如果教育问题解决不好，就会误大事，应要负历史责任。

八、中国要出问题，还是出在共产党内部。

九、所有的改革最终能不能成功，还是决定于政治体制的改革。

十、政治体制改革会触及许多人的利益，会遇到很多障碍，主要是涉及广大干部，不仅是我们一批老人。

*

千千万万的人称我是教育家，其实，我知道自己尚年轻、很肤浅，只是后生晚学者还够不上这个称号。也许，三十年后有可能是……只要我坚持下去。

现在，我只想做教育界跑龙套的一名学生，一名比较勤奋的学生，把一件事情做到底。年轻的时候，人的核心竞争力并非才华、智力（这些都不值钱），而是沉得住气、懂得换位思考。

*

如果用三个词来概括优秀教师的素质，那么，应当是：上进、勤奋、换位。上进的人在一线教师中占30%，勤奋的人在一线教师占50%，换位的人在一线教师中占10%，而同时具备这三大素质的人在教师中只占5%，他们是中国教育的脊梁，未来的教育家必然产生于这可贵的5%。

*

再读范仲淹，关于得失深有感触。他在《书扇示门人》中这样写道：一派青山景色幽，前人田地后人收，后人收得莫欢喜，还有收人在后头。收田收地如此，我们“挥斥指点”或者“孜孜以求”的一切呢？

*

我一直喜欢那种在风中的感觉，特别是伫立在一望无际的田野之中，风中有韶乐，有诗意婉转，有丘壑，有灵魂的香味。这是教育者的一种情怀，这种情怀叫守望。

“守”的是心态，是经验，是中国文化力量，是人格底线；“望”的是未来，是前途，是世界，是孩子内心期盼的那种像母爱一样温暖的眼神。

*

很多同志称我为教育大家。我内心里是很忐忑的，其实我根本不是，因为我身上现在还有很多的“小聪明”，我一直努力消除那些小聪明。

所谓大家，一定是大巧若拙，大象无形，故而须经历一个漫长的蜕变过程，一般人不愿意承受蜕变的痛苦与煎熬，所以当下鲜有大家。也许，三十年后我有可能是呢。

教育于我来说，只是一种生活，具体而言是一种我喜欢并坚持到底的生活形式。我想把这种生活过得扎实一些、认真一些、愉快一些。

*

王蒙先生说，宁愿做一个恶人，也不愿意做一个无趣的男人。我也在想，一个男人，不打牌，不喝酒，不旅游，不读书，不谈论女人，不自嘲，不离家出走，不逛公园，不抽烟，不贪恋美食，不收藏，不写文章，不转发荤段子……不知道有没有这样的男人，如果有，他真的是很可怜、很无趣。这样的男人是不可以交往的。

教育专家冉乃彦先生说，怎么王蒙和林格都是美丑不分啊。我有可能分不清，但王蒙一定是分美丑的，他的句式中“宁……不”已经呈现了他的一种诙谐和深刻，美丑之分也有境界。明末大家张岱有一颇为自得的名言：“人无癖不可与交，以其无深情也；人无痴不可与交，以其无真气也。”异曲同工也。

*

最近，知名人士洪晃说：上世纪九十年代初认识一位官员，他在一个中央研究机构工作，他的研究项目是中国的改革，穿得破破烂烂，皮鞋总是张着嘴，拎着一个旧得不能再旧的公文包，全国到处跑，问他到底在研究啥，他总是笑着说：“我什么都不研究，我是销售员，在全国推销希望。”

上世纪九十年代末，我也正好在洪晃所谈到的那家国务院直属的研究机构工作，当时感觉所有同事、领导，都自觉地放下个人得失，走遍千山万水，推销中国的希望、为各项事业的改革做实验找出路、总结推广经验。当时我们的一把手对我的忠告是——用脚做学问，这句话将影响我一生。也正是在那个时候，我下决心改造我们的教育，尽管自己的力量很小，也要竭尽全部之力气。

*

奥地利著名作家茨威格对罗丹有三个评价：伟大人物的心地是好的；伟大人物的生活是简单朴素的；伟大人物的工作是聚精会神的。我的理解是：

心地好。

教育孩子就种植庄稼，土地板结了怎么使劲都是徒劳的。教育的土壤是教育者的心地，心地好至少包括这四个字的内涵：一是平，中正平和，对强者不嫉妒，对弱者不摆架子；二是省，对于自己的错误勇于反思心怀愧疚；三是软，心地柔软，包容别人；四是温，说话有温度，以心灵暖心灵。其实也是教育者的德之所在。

简朴生活。

所谓简单朴素的生活，做起来是最难的。一是极度简化生活，抗拒诱惑，向心灵深处走去，向内看；二是做事情思路清晰，少做，做好，做到位；三是尽量不麻烦别人，自己的事情自己做。其实其逻辑起点是内心秩序稳定单纯，而不是随波逐流。

聚精会神工作。

所谓的工作聚精会神，主要是指专注、专心、专业。我一直很喜欢“痴迷”这个词，其实说的一种情感，一种享受的精神状态，一种超然忘我无碍于物的意志。比如一个学生痴迷于学习，这就是一种综合了的人格之美，其中蕴含着多少的精神力量啊。

我写完这几个字时，窗外晨曦照进心灵。我们在还没有成为伟大人物之前，倒是可以先拥有这三项伟大人物的品质。其实，我们每一个人是否成为伟人是次要的，凡人也可以有自己的光，只要内心崇尚和支持这些品质，自己就也就有了光，照亮自己，也照亮别人。

*

与教育家刘永胜一晤。刘校长是中国教育界第一个主张一所学校首先要有魂的人，十几年前在柳斌、董奇、孙云晓等支持下，北京光明小学率先提出“我能行”的办学之魂，并在实践中转化为一以贯之的评价操作系统。今天北京师范大学常务副校长董奇正好也在，他们都是教育界具有真知灼见的高人啊。

北京来自一线的教育家中，除了刘永胜，我尊敬并推崇的还有刘长铭、李金初等，他们都是素质教育忠实的践行者、思想者，从不咋咋呼呼，静心做教育，有官也不做，有钱也不挣，做一所学校的校长，一做就是一辈子。

这在北京不容易做到，内心必须有深沉的教育情怀、伟大的教育胸怀、坚定的教育信念。

我经常在想，教育智慧是从哪里来的？仅仅依靠读书是不够的，更加重要的是和高人在一起。我虽无什么智慧，但对教育有一些较为深入的思考，主要原因是：十几年来，我行走在中国大地上，走进上千所学校，接触了数以千计的校长、教育专家，是他们一点点教会了我，我把来自千万朵花儿的花粉提炼为蜜，反过来服务于他们，这就是我常说的实践高于理论的真谛。

我对中国教育始终保持积极乐观的态度，大多是因为在这个浮躁的世界里，每天行走在这片土地上，我看到了教育界更多的是光明与希望，以及看到许多一辈子静心做教育的人身上的教育意志。谁也无法改变我的这种积极。

*

那年，我穿上军装，义无反顾地奔向广袤的科尔沁大草原当兵锻炼。

在狼群嚎叫的夜晚紧握钢枪站岗；

风雨无阻每天跑10公里赶回来抢吃限量的炒鸡蛋，因为拿不到到达终点的纸条吃不到鸡蛋，只能吃炖土豆；

一长排男战士凌晨紧急集合后站在草原上对着太阳“解放”成一道彩虹；

炮弹过后遍地狼烟到处是烧了半熟的野兔，当然，还有战士们自己养的猪，偷偷杀了打牙祭；

草原无路，人人都可以开着吉普车根本不需要练习，就能向前进；

没有电话，只能写信给远方牵挂的人，收到回信时已经两个月之后了；

……

后来就特别能理解冯小刚电影中那位百万富翁把老乡家的鸡偷光了的窘迫。终于，盼来了北京总部来接我们的骊山大轿车。

可如今，我心中的科尔沁草原，可安在？

*

我们的基地在科尔沁草原深处，500里以内无人烟，现在想来，实际上那就是我的“瓦尔登湖”，那时陪伴我的只有一套《聊斋志异》，天天抱着仅有的这套书“参禅”，当然，参的是“野狐禅”而已，呵呵。

鲁迅说聊斋“花妖狐魅，多具人情”、“和易可亲，忘为异类”，蒲松龄写人和大自然的谐和，写人和包括狼虫虎豹在内的生物和睦相处，正好配上我的“瓦尔登湖”。

*

所有的经历都是有意义的。

时间是用来浪费的。

即便如此，人一生中所有的经历都是有意义的，这些经历都会在一个人的内心中酝酿为精神的价值。或许这就是命运之使然吧。

假如，现在仍能让我有三个月时间回到那片大草原，安静地、悠闲地仰望蓝蓝的天、绿莹莹的海子，还有那无边无垠的野生向日葵迎风微笑，我是百分之百愿意的。就是不知道是否还有能力和热情在大雪漫天的深夜，背负81-1自动步枪和20斤的背包，摸黑急行军40公里了。

不过，如果是那样，我依然会带上一套《聊斋志异》。夜晚的时候，屏息看婴宁的笑、恒娘的妩媚、绿衣女的婉妙、葛巾的国色天香……梦，是未达成的愿望。

*

“从容”不易，是人一生的追求。

“从”在于灵魂有所皈依，所以不是读书能解决的，而是追随圣者的足迹，找到一种足以为之牺牲的坚定信念，使得灵魂不再空洞；而“容”在于包容，在于“知止”，在于对生命价值的一种自我觉醒，即：大其心容天下之物。

*

人出生时，是自卑的，经过体验成功，渐渐建立了自信，从此就有了人格的建立。就像爬山，从山脚下出发，经过努力渐渐到了巅峰（自信的佳境）。但巅峰并非终点，要能从巅峰“走下来”才能算是“自然”，“自然”是一个人的人格的全部完成。

“自然”实质就是中的精神，无色，无臭，无形，无相，是自然而然，是看透但不全看透，是通达但又无动于衷。可是要达到自然，须抵达自我的巅峰之后。经历过了，方能淡然而抵。可见，“自我”真的是人的迷途啊！我们的教育，通常像一只船，只负责渡河，将人的自我引向高处，但如何“走下来”，可能就需要交给我们无法左右的命运了。

*

教育家于漪说，教师的德性和智性是生命之魂，当你们以自己的青春和智慧启迪和滴灌学生的德性和智性成长时，一定能品尝到人间最大的幸福。

我的理解是，教师的德性包括爱心、包容、善良三大内容，以生命激扬生命。教师的智性包括真理、思维、能力三大内容，以智慧启迪智慧。

*

红尘滚滚，现代人经常会遇见的三种负面情绪：一是抱怨，抱怨必然导致内心混乱而干扰正确的选择；二是浮躁，缺乏远见，更缺乏平常心，每一件事情都不能认真做到最好；三是不安，由于思维的封闭或者僵化，不能换位看、不能发展地看，处于不安之中。

教育者内在觉醒的最大障碍，似乎也是这三种情绪结合而成的自我迷宫。而教育者的情绪恰恰是孩子情绪的镜子，当我们的情绪不能安静之际，孩子的情绪也就是失控的，此时，一切教育就失去了意义。

*

很多时候，用自己的感知器官去面对生活之美的时候，我们的心灵就被净化了。在这个世界上，唯有“美”能引领我们的灵魂上升。

上海的这位倡导美育的朋友说，艺术起源于一个人为了要把自己体验过的感情传达给别人，于是在自己内心深处重新唤起这种情感，并用某种外在的标志表达出来。而高雅的艺术品，犹如远方走来的一位清纯女子，初时不能让人有惊艳之感，再看就如一道山泉，缓缓地向心中渗透，心境因而澄明清静。

在实践中，我倾向于倡导我周围的人，去接触、感知、创造美轮美奂的具体物质，因为这种具体的美，我们的心灵可以直接抵达，不用训练和教化，鲜明而通透。

关于美的认知与经验，仍以老蜜蜡为例，老蜜蜡这种植物化石，深埋地下逾千万年，因色彩多样、质地柔美而深受人们喜爱。有诗人称为“时光的固化，瞬间的永恒”。老蜜蜡凝结了千百万年的生物能量，蕴含着无数神奇传说，散发出独特迷人的魅力。它虽无黄金的奢华，没有钻石的耀眼光泽，但其含蓄不过分张扬的气质，内敛且幽深的美感，历史上多少帝王、贵族、高雅人士为之着迷、陶醉。

*

其实，是不是猴子，不可以只看外形，更应当看其内心。

远古时期，森林里着了大火，被迫跑出来的猴子先变成了人，而生活在没有着火的森林里的猴子，直到现在仍然还是猴子。

我们的生活周围，貌似一样，但很多人是人，也有很多人是猴子。

经历会刻画一个人的内心，我们知道，内心世界丰富的人，总是从人群里一眼被分辨出来。

而知识会濡染一个人的内心，即使同样是唱歌，听刘欢的歌总能听见声音之后的丰富与深度。

也就说，一个人的生命有两条，一条是生物意义上的，一条是文化意义上的，后者取决于曾经被多少的“森林之火”惊吓过、驱逐过、冶炼过。

*

与老朋友、画家张先生谈功课。

我想，技法是必要的，但技法到了最高水平，无非仍然是一个匠人。

也许，画坛大家各有各的道，但我们现在传播的他们的“道”，是他们成为大家之后，在一种心理暗示下梳理的一些经验而已，不足为道。

成就一名大家，其核心问题是内心的境界。内心的境界分为三个层面，其实，这也是人生三境界：

一、自己。就是看山是山。从自卑走出来后，找到了自己。此为第一境界。

二、自信。就是独往高楼，望尽天涯路。亦为：看山不是山，是得到山的印象；看人不是人，而是看人的心灵。

无数多的人，到了这个境界，就止步了，以为到了人生的颠峰，其实谬也。

三、自然。即看山还是山。到了自信的颠峰后，需要走下来，否则就会高处不胜寒。“走下来”，就是自然。

人到了自然的境界以后，艺术创造就变成了一种流露，而不是创作，如此，才真正会有大作，才能成为一代宗师。

*

新年的意义，于我来说，在于更加彻底地放下自我，处于一个无须他人了解、无须沟通的教育以外的人文低洼之所在。而此时，一个人的绝对的无能和无力，实质上是一种更高境界的自由和释怀。

*

人的内功是天赋的，但增强内功则需要后天的努力。

努力的方法无他：一是认真；二是坚持。努力的内容无非是三件简单的事情：读书，结识智者，锻炼身体。

结合起来就是：认真读好手头上的每一本书，不惜一切代价争取和智者结识、对话，每天坚持锻炼身体一小时。

内功日渐增长，也许得不到金钱和名誉，但可以让人更加自由、踏实、幸福。

*

佛教的伟大在于世俗化，即：在世俗化之间引导人们静心，向善。这一点，几乎没有其他的宗教或者哲学能够达到。

再好的学问，如果不能直指人心，不能通透、深刻，不能接地气，就会变成摆设或者祭品。当然，需要补充一句，我们这个世界，也是需要摆设和祭品的。

*

近期行程过万里，而伴随我的一本书是老麦的《老麦咖啡馆》，让人安静如斯的一本书。

老麦说，我不得不承认，我的修为尚浅，我并不是被上帝选中的那个无所不能的英雄。每每这个时候，会从梦中突然惊醒。在有限的生命旅程中，为什么要被所谓世俗意义上的成功概念绑架着生活？为什么不去遵从自己的意愿，过自己想要的生活？

老麦还说，无聊也是一种幸福。因为，之所以无聊，肯定生活无忧，身体无恙，无忧无恙，难道不是一种幸福吗？

我正在着手创建的“乾坤一草堂”教育茶舍，也希望能像老麦咖啡馆那样，安放人的心灵……让我们做教育的人和不做教育的人，好好地生活着。

*

走着走着，花就开了。大抵上，所有的事情都是这样，积累是最大的智慧，积累的秘诀是反复小成功。

*

我是教育专家？非也，即使有人认为是，我也不愿意戴这个帽子。至少到目前为止，我只是一个寻找者和探索者，也不是寻找和探索教育本身，而是不断探索自己而已。原因是自能独立思考始，时常会感觉到内心深处的虚无、自私甚至狂妄，因而走在路上，总觉如履薄冰，战战兢兢。

记得当初张岱年先生的四字告诫：大道直行。现在看来，意味深长。做任何事情，无所谓伟大壮观还是微不足道，关键是要在“道”上，不在“道”上，任何路，走着走着就会走不下去，所谓“穷”也，欲“富”而往往不达。那么，何为道？清慎勤忍也。

近日读了朋友的微信，深以为然，让我觉得这一生确实应当是这样度过的：

最好的人生是这样的：既有敏感的灵魂又有粗糙的神经，既有滚烫的血液又有沉静的眼神，既有深沉的想法又有世俗的趣味，既有仰望星空的诗意又有脚踏实地的坚定。经历了长夜，守到了黎明，穿行过黑暗，还相信阳光，带着强大的内心上路，脸上有自己的笑容。

*

你是积极的，来到你周围的人就是积极的；你是焦虑的，你接触到的人就是焦虑的。你的周遭，一切皆因为自己。不能要求所有的人都喜欢你，因为你没有那么重要。安静，自在，不引起过分热闹的关注，独立而随意，即使处身角落，只取悦于喜欢你的人即可，这就是人生。

*

不是写了几本杂书就是“作家”。我还是喜欢陈丹青的清醒，在与读者互动的环节，他被读者称为“作家”后，立即否认：“什么人都可以称为作家吗？你有独立的创作吗？你写过什么正经的小说吗？就我而言，我顶多能被称为‘写家’”。

在教育领域，不是做出一点名堂就是“教育家”。就我个人体会而言，我始终觉得自己只是中国教育界的一名学生，顶多算是一名“学者”，这，已经有些高抬自己了。

*

在我的行走旅程中，反复吟唱一个旋律，那就是“春来草自青”，其实这句话的隐喻是“无事此静坐”。于生命本然之前，“声嘶力竭”与“理论自信”是可笑的。唯有归于自然平和，埋头于具体细致，方为教育之本真。

疏松土壤，涵养水系，播种耘田，秋日收获。一个人的心田，一所学校的提质增效，一个区域的教育内涵发展，须如农民种地，细致扎实，全心而为，把每一步都做到极致，不知不觉中，花儿就会开放，而喜悦的秋收是顺带的福。

*

命运就是我们周围的人。敬惜我们周围的每一个人，敬惜家人、友人、同事，包括曾经擦肩而过的每一个人，就是敬惜我们自己的命运。

尤其是爱着的或者爱过如今不在一起的人，都是需要敬惜和善待的，因为我们所有的经历，无论甜与苦，幸福与辛酸，都成全了自己完整的人生。

安妮宝贝说，要始终保持敬畏之心，对阳光，对美，对痛楚。仿佛我们的活，也只是一棵春天中洁白花树的简单生涯。不管是竭力盛放，还是静默颓败，都如此甘愿和珍重。

人生三件事情：做人，做事，生活，其中真味何尝不是通过敬惜这颗基本心来生成的、炼就的。可以说，人生之中心，敬惜两字也。

*

幸福是什么？

幸福是灵魂的香味。

仅有物质的满足是不够的，人的生活还包括精神世界的丰富。

仅有精神世界的丰富是不够的，最为重要的是还要有灵魂层面的追求。

那样，即使遇到了天灾人祸，仍然能坚强地活着。

人的品质从某一种意义上说就是人的灵魂。

说一个人是高贵的，就是指他在灵魂意义上具有自己别具一格的价值观，教育者是高贵的，因为教育者的价值指向是改变人的灵魂世界。

*

幸福是一朵三瓣花。

第一瓣是“有人可以拥抱”。不仅仅是指婚姻，也不仅仅是指知己，而是一种永恒，是一种生死相随的信念，包括对我们的孩子成长的信念。

第二瓣是“有事情做”。人应当在某一种价值的指引下做事情，做正确的事情，教育是一件令人如痴如醉的且正确的事情。

第三瓣是“有些想望”。任何时候，都要保持一些想望或者希冀，只有前路才能让一个人精神焕发，即使是望梅止渴也比浑浑噩噩更显生机。

*

幸福是一种幸福感。

每一个人都有自己的独特的体验，没有统一的标准。

但，不能回避的是，必须建立在一种平衡之上。

人的痛苦大多数是因为“想要”的东西得不到。

而实质上，人的幸福的源头恰恰只是——创造并拥有、珍惜自己真正“需要”的东西。

“想要”的东西是外在的，是欲望的。

“需要”的东西是内在的，是真切的。

人在“想要”和“需要”之间徘徊时，幸福感就渐渐消逝了。比如，能100年安静地居住在一个人的心里是人真正“需要”的，而与爱情相关的其他一切“外在”其实都是“想要”的，是奢侈品。前者让人幸福，后者让人迷茫。

教育者的幸福感是建立在受教育者的自由生长并臻于美轮美奂的基础上的，泰戈尔说，不是棰的击打，而是水的载歌载舞使得鹅卵石美轮美奂。

*

幸福＝物质／欲望

这是现世生活的幸福公式。满足了欲望，人就会快乐和幸福，但张扬了欲望而外在条件无法匹配时，人就痛苦。

因此，把欲望控制好，把物质管理好，是建立幸福的基本技巧。

其实，幸福的源头，都在一个字里面。

这个字就是：心。

其实，无论是——心花怒放，心满意足，心想事成，心旷神怡……

心里有，就什么都会有。

心里没有，就什么都没有。

若问我幸福在哪里？

幸福，就在你的心里。

*

有人说，我们的脚步太快，以致忘记了思考，结果丢失了自己。

但，更加可怕的是，我们一直陷于思考之中，却经常忘记了去感受，感受爱，感受人情之美，感受命运带给我们的欢乐……

因此，就感到迷茫了……

没有把握问题实质的思考是没有任何用处的，仅徒增了很多因为权衡得失而导致的“麻烦”而已。

而我们自己真正需要的生命价值，却因此散落在了指缝间，散落在了岁月长河里，一去不复返。

我们经常在问，为什么，怎么办？是选择，还是放弃……

这样的问题通常都是没有答案的。

因为，我们只知道问“为什么”、“怎么办”，而忽略了最基本的问题——“是什么”。“是什么”没有搞清楚，谁又能告诉你“为什么”、“怎么办”呢？

而究竟“是什么”呢？除了敲定“概念”以外，最为重要的是，用心去感受，用耳朵去倾听，用手去做，用身体去体验……

我要说的是，99%的问题，当你确实搞明白“是什么”了，“为什么”、“怎么办”实际上已经迎刃而解了。

人生苦短，最基本的往往是最重要的。记得陈道明说，人活得简单就高级。意味深长。

只要有时间，走弯路倒没什么。

而我们的问题是，做正确的事情，还是如何正确地做事情。

*

著名作家余华所著《兄弟》后记中，有一段这样的文字，意味深长：“耶稣说：‘你们要走窄门。因为引到灭亡，那门是宽的，路是大的，去的人也多。引到永生，那门是窄的，路是小的，找着的人也少。’我想无论是教育还是人生，正确的出发都是走进窄门。不要被宽阔的大门所迷惑，那里面的路没有多长。”

这个窄门就是，从内涵方向出发，探索教育之根，实现不教而教，把家长、教师和孩子从根本上解放出来。

我想，中国教育的前途是光明的，但需要不断完善和改革，中国的事情，都是需要自下而上进行变革的，这是历史的必然选择。《国家中长期教育改革和发展规划纲要》也为我们自下而上的教育改革提供了改革的巨大空间，这是令人欣慰的。

*

教育的“用”并非“小用”，而是“大用”。

著名存在主义哲学家海德格尔在1962年7月18日做的一个演讲中，就曾引用了《庄子·逍遥游》的一个“无用之大树”的段落。

庄子所谓“无用”之“用”，置大的“用”寓于“无用”之中的思想，对海德格尔产生了很大的吸引力。海德格尔在后期著作中也多处阐发了“用”的思想，当然也是指“大用”，是“存在”对人的“占用”、“使用”。

《庄子·逍遥游》中，庄子说了两个无用的东西，一个是大葫芦，因为其大，反而不能装东西，看似个无用的东西了，可是庄子说，你若是把它系在腰上，却可以藉此漂洋过海；还有一个是长满瘤子的参天大树，似乎成不了栋梁之材，可是庄子说，你若是把它种在旷野里，却是个乘凉的好去处。

人的生命价值在于创造，教育者的生命价值在于创造教育之“大用”，此为教育者的幸福所在。

*

问：命运是什么？

答：命运就是你周围的人。

问：你是不是又在教育我们要珍惜缘分呢？

答：不，不是教育，我没有资格，只是与你分享。

问：那你认为，应当如何理解和掌握“缘分”。

答：缘分，就是你的手掌里的纹。打开，清晰无疑。闭合，尽在掌握。这里有一篇很好的文章，讲缘分的，比我解释得细致和中听。

问：世界上怎样的人最美？

答：佛经里说，带着微笑的人最美。微笑是世界语，是爱的光芒。我们应当每天把爱的光芒传递给别人。我还认为，能给人带来快乐的人最美，因为，他的内心充满了宽容、智慧、爱、幽默。

问：那，快乐是什么？

答：快乐是内心的愉悦感。通常有两种，一是享受的快乐，满足之后立即就空虚——稍纵即逝。二是克服局限、自我更新之后的快乐，先痛苦，后快乐——持久而值得回味。

问：我们是否应当以追逐快乐为唯一生活原则?

答：否，仅仅把追逐快乐当作生活原则，是肤浅的，是表面的，是热闹的，容易把自己弄丢了。而又因为自我的建立通常是提供给别人快乐时完成，所以，我认为，应当把提供给别人快乐作为唯一生活原则。

问：快乐是哲学命题吗?

答：是的，很多人不知道，快乐其实是哲学中的一个大问题。

*

择高处居，就平处坐，向宽处行，发上等愿，结中等缘，享下等福——前国家副主席荣毅仁一生为国做事，出钱出力，个人生活节俭，低调为人，一如既往，终于大成。

*

欢笑是生命的盛开。生命如果没有欢笑、欢愉，正如树儿从不开花。**教育的魅力就在于给每一个生命输送一种精神能量，使其自然盛开、怒放，并给予庆祝。**

后　记

本书是笔者多年积淀和提炼出来的一本新型读本，适合各位深度阅读。

回到一个基本问题上来，那就是：什么是教育，教育的本质是什么？我认为教育的实质就是教育者的自我修炼，而这种修炼是一种向内看的、向心灵深处走去的自我发现之旅。希望能以此书为契机，抛砖引玉，引导大家共同探索自己、发现自己、创造自己。

本书计划是在中小学教师内部培训和家庭教育专家培训中使用的，后来发现，其实，每一个有缘人，都可以通过这种深度阅读，建立一种关系，这种关系是微妙而神奇的，实质上是心灵与心灵之间的一种对话。

林格敬呈